C. H. Spurgeon · Ratschläge für Seelengewinner

Charles Haddon Spurgeon

Ratschläge für Seelengewinner

Verlag der Evangelischen Gesellschaft Wuppertal
Oncken Verlag Wuppertal und Kassel

2. Taschenbuchauflage 1987

© 1975 Oncken Verlag Wuppertal und
Verlag der Evangelischen Gesellschaft Wuppertal
Umschlaggestaltung: Carsten Buschke, Leichlingen 2
Gesamtherstellung: Ebner Ulm
ISBN 3-7893-7186-6 (Oncken)
ISBN 3-87857-218-2 (Ev. Gesellschaft)

Inhalt

Vorwort

Wir leben nicht in einem geschichtslosen Raum, vielmehr sind wir eingebettet in die jeweilige Geschichte unseres Volkes mit ihren geistigen und ideologischen Strömungen. Aus diesem Raum können wir uns selber nicht ausladen, es sei denn, wir würden Hand an uns selber legen.

Nicht anders verhält es sich mit der Gemeinde Jesu. Sie hat ihre eigene Geschichte und ihren auftragsgemäßen Weg. Niemand, keine Macht dieser Welt, kann ihr das eine oder andere streitig machen. Der Herr hat sich in jeder Zeit in seiner Gemeinde Menschen für besondere Aufgaben zugestaltet. Unter ihnen hat der englische Erweckungsprediger und begnadete Seelsorger C. H. Spurgeon einen ihm eigenen Platz. Er ist zum Menschenfischer gesetzt worden. Von ihm können wir lernen, was es heißt, Menschen zu Jesus zu rufen. Seine Erfahrungen sind nicht veraltet, sondern biblisch gewachsen. Sie sind nicht erdacht, sondern durchlebt, durchlitten und durchbetet.

Die ersten sechs Kapitel enthalten Vorlesungen im »College«. Ihm folgen vier Ansprachen an Sonntagsschullehrer, Straßenmissionare und Freunde, die zu Gebetsversammlungen jeweils am Montagabend im Tabernakel zusammenkamen. Außerdem enthält der Band Predigten, die sich mit der eigentlichen Aufgabe jedes Gläubigen befassen, Menschen zu Jesus zu führen.

Vergessen dürfen wir nicht, daß Spurgeon 40 Jahre lang durch seine Predigten und Schriften viele Menschen zum Glauben an den Sohn Gottes und sein Wort hat führen dürfen. Er ist vielen in aller Welt das Werkzeug zur Bekehrung geworden und das über seinen Heimgang hinaus. Übersehen werden darf nicht, daß jede Übersetzung an Ursprünglichkeit verliert. Dennoch kommt das Eigentliche des Anliegens dieses Vaters in Christo zum Tragen.

Deshalb meinen wir, im vorliegenden Band den Verkündigern, Jugenddiakonen, wie allen Mitarbeitern im Reiche Gottes eine Hilfe und Anleitung zu geben. Dabei geht es uns nicht um das Werkzeug, das der Herr gebraucht, sondern um den Auftrag, den er uns gegeben hat. Wir können nur Handlanger sein. ER aber bleibt der Herr, das Haupt seiner Gemeinde.

Ulrich Affeld

Was heißt es, eine Seele gewinnen?

Ich habe vor, liebe Brüder, wenn Gott mir Kraft verleiht, Ihnen einen kleinen Kurs Vorlesungen unter dem Titel »Der Seelengewinner« zu halten. Seelengewinnen ist das Hauptgeschäft des christlichen Predigers; eigentlich müßte es das Hauptanliegen jedes wahren Gläubigen sein. Jeder von uns sollte mit Simon Petrus sprechen: »Ich will hin fischen gehen«; und mit Paulus sollte es unser Ziel sein, »daß ich allenthalben ja etliche selig mache«.

Wir wollen unsre Reden über diesen Gegenstand damit beginnen, daß wir die Frage erwägen:

Was heißt es, eine Seele gewinnen?

Diese Frage wollen wir zuerst beantworten, indem wir beschreiben, was es *nicht* heißt. Wir betrachten es nicht als Seelengewinnung, Mitglieder anderer Kirchengemeinschaften zu stehlen und sie dahin zu bringen, unser besonderes Losungswort auszusprechen; wir streben vielmehr danach, Seelen zu Christus zu führen, und nicht Übergetretene in unsere Synagoge zu bringen. Es gibt Schafdiebe, von denen ich leider sagen muß, daß sie nicht »Brüder« sind, oder wenigstens, daß sie nicht in brüderlicher Weise handeln. Ihrem Herrn müssen sie stehen oder fallen. Wir halten es für sehr niedrig, unser eigenes Haus aus den Ruinen der Häuser unserer Nachbarn zu bauen; wir ziehen es weit vor, für uns selber die Steine aus dem Steinbruch auszubrechen. Ich hoffe, wir stimmen alle mit der weitherzigen Gesinnung Dr. Chalmers' überein, der, als man ihm sagte, eine gewisse Sache wäre für die besonderen Interessen der »Freien Kirche Schottlands« nicht gut, obwohl förderlich für die Religion des Landes im allgemeinen, erwiderte: »Was ist die Freie Kirche im Vergleich mit dem geistlichen Wohle des schottischen Volkes?« Was, in der Tat, ist irgendeine Kirche oder was sind alle Kirchen zusammen, als bloße Organisationen betrachtet, wenn sie mit dem sittlichen und geistlichen Wohl des Volkes im Widerstreit stehen oder wenn sie das Reich Christi hindern? Weil Gott die Menschen durch die Kirche segnet, darum wünschen wir ihr Gedeihen, und nicht bloß um der Kirche selbst willen. Zuweilen mischt sich Selbstsucht in unseren Eifer für die Vergrößerung unseres Kreises, und von diesem bösen Geiste möge die Gnade Gottes uns befreien! Die Ausbreitung des Reiches ist mehr zu wünschen als das Wachstum einer bestimmten Glaubensfamilie. Wir würden ernstlich arbeiten, um einen, der an die Seligkeit durch den freien Willen glaubt, zu dem Glauben an die Seligkeit aus Gnaden zu bringen, denn wir sehnen uns, alle religiöse Lehre auf den festen Fels der Wahrheit gebaut zu sehen und nicht auf den Sand der Einbildungskraft. Aber doch ist unser Hauptziel nicht die Berichtigung von Meinungen, sondern die Wiedergeburt der Menschen. Wir wollen sie *zu Christus* bringen und nicht zu unsern eigenen, besonderen Ansichten vom Christentum. Unsere erste Sorge muß sein, daß die Schafe zu dem großen Hirten gesammelt werden; nachher ist Zeit genug da, sie für unsere verschiedenen Hürden zu sichern. Proselytenmachen ist eine passende Arbeit für Pharisäer; Menschen für Gott zu gewinnen ist das ehrenvolle Streben der Prediger Christi.

Ferner halten wir nicht dafür, daß das etwas mit Seelengewinnen zu tun hat, wenn man eiligst neue Namen in das Mitgliederverzeichnis einträgt, um am Ende des Jahres von einem guten Zuwachs zu sprechen. Das ist leicht getan, und es gibt Brüder, die große Mühe, um nicht zu sagen Künste, anwenden, um dies zu bewerkstelligen; aber wenn das das Alpha und Omega der Bemühungen eines Predigers ist, wird das Ergebnis beklagenswert sein. Nein, laßt uns wahrhaft Bekehrte in die Gemeinde hinein bringen; denn es ist ein Teil unserer Arbeit, sie alles halten zu lehren, was Christus ihnen befohlen hat. Aber als Jünger, und nicht bloß mit dem Munde Bekennende, sollen wir dieses lehren; wenn wir das nicht beachten, können wir hierbei mehr Schaden als Gutes tun. Wenn man Unbekehrte in die Gemeinde aufnimmt, schwächt und entwürdigt man dieselbe; so ist ein scheinbarer Gewinn in Wirklichkeit ein Verlust. Ich gehöre nicht zu denen, die gegen jede Statistik sind, glaube auch nicht, daß sie alle Arten von Übel erzeugt, denn sie schafft viel Gutes, wenn sie genau ist und richtig gebraucht wird. Es ist gut, daß die Leute »die Blöße des Landes« sehen, wenn die Statistik eine Abnahme aufweist, damit sie auf die Knie getrieben werden und den Herrn um neuen Segen bitten; und auf der anderen Seite ist es durchaus nicht schlecht, daß die Arbeiter ermutigt werden, wenn ihnen ein Bericht über Zunahme und Wachstum vorgelegt wird. Es würde mir sehr leid tun, wenn das Zuzählen und Abzählen und das Darlegen des Bestandes aufgegeben würde, denn es ist wichtig, daß wir unsern zahlenmäßigen Stand kennen. Man hat bemerkt, daß diejenigen, die dies Verfahren ablehnen, oft Brüder sind, die durch unbefriedigende Berichte gedemütigt werden. Ich hörte neulich von einem Prediger (von dem bekannt war, daß der Kreis seiner Zuhörer bis auf ein Minimum herabgesunken war), daß er recht gescheit geschrieben hatte: »Unsere Kirche sieht hinauf.« Als er darüber befragt wurde, erwiderte er: »Jedermann weiß, daß die Kirche auf dem Rücken liegt, und sie kann nichts anderes tun als hinaufsehen.« Wenn Gemeinden in dieser Weise »hinaufsehen«, so sagen ihre Pastoren gewöhnlich, daß die Statistik ein sehr trügerisches Ding sei und daß man das Werk des Geistes nicht in Tabellen fassen und das Gedeihen einer Kirche nicht nach Zahlen berechnen könne. Die Wahrheit ist, man *kann* sehr richtig rechnen, wenn die Zahlen ehrlich sind und wenn man alle Umstände in Erwägung zieht; wenn kein Zuwachs da ist, kann man mit ziemlicher Sicherheit annehmen, daß nicht viel getan worden ist, und wenn eine klare Abnahme zu verzeichnen ist, kann man den Schluß ziehen, daß die Gebete der Mitglieder und die Predigten des Pastors nicht von der kräftigsten Art sind.

Trotzdem: jede Eile, Mitglieder in die Gemeinde hineinzubringen, ist sehr schädlich, sowohl für die Gemeinde wie für die mutmaßlich Bekehrten. Ich erinnere mich sehr wohl einiger junger Männer von sittlich reinem Charakter, die auch in bezug auf das geistliche Leben zu Hoffnungen Anlaß gaben. Aber statt ihre Herzen zu prüfen und auf ihre wirkliche Bekehrung abzuzielen, ließ ihnen der Pastor keine Ruhe, bis er sie überredet hatte, ein Bekenntnis des Glaubens abzulegen. Er meinte, sie würden dann in geistlichen Dingen sich unter höherer Verpflichtung fühlen, und glaubte ganz sicher zu gehen, wenn er sie dazu antriebe; denn »sie gäben so viel Anlaß zu Hoffnungen«. Er bildete sich ein, daß eine aufmerksame Prüfung sie entmutigen und abstoßen könne. Um sie zu gewinnen, machte er sie zu Heuchlern. Diese jungen Männer sind jetzt viel weiter von der Gemeinde Gottes entfernt, als sie es gewesen wären, wenn man sie an dem für sie geeigneten Platz gehalten, sie gewarnt und ihnen gesagt hätte, daß sie noch nicht zu Gott bekehrt seien. Es ist ein ernstlicher Schaden für jeden, der voreilig in die Zahl der Gläubigen aufgenommen wird, zu glauben, daß er wirklich wiedergeboren sei. Ich bin gewiß, daß es so ist; denn ich spreche nach sorgfältiger Beobachtung. Einige der offenbarsten Sünder, die mir bekannt sind, waren einst Mitglieder von Gemeinden und waren, wie ich glaube, durch ungehöriges, wohlgemeintes, aber unweises Drängen dahin gebracht worden, ein Bekenntnis abzulegen. Denken Sie deshalb nicht, daß Seelengewinnung durch Vermehrung von Taufen und Vergrößerung des äußeren Bestandes ihrer Gemeinde getan und gesichert wird. Was bedeuten solche Depeschen vom Schlachtfelde: »Gestern abend wurden vierzehn Seelen zur Erkenntnis ihrer Sünde gebracht, fünfzehn wurden gerechtfertigt und acht empfingen völlige Heiligung?« Ich bin müde dieses öffentlichen Prahlens, dieses Zählens ungelegter Eier, dieser Schaustellung zweifelhafter Beute. Geben Sie es auf, solches Zählen der Personen, solche eitle Anmaßung, in einer halben Minute feststellen zu wollen, was die Prüfung einer ganzen Lebenszeit nötig haben wird. Hoffen Sie das Beste, aber seien Sie nüchtern in Ihrer höchsten Aufregung.

Es ist auch das kein Seelengewinnen, liebe Freunde, wenn man bloß Aufregung erzeugt. Aufregung begleitet jede große Bewegung. Wir mögen mit Recht fragen, ob die Bewegung ernst und mächtig gewesen ist, wenn sie ebenso ruhig wie eine Bibelstunde im Salon verlief. Man kann nicht gut große Felsen sprengen, ohne das Geräusch der Explosionen zu erzeugen, und auch nicht eine Schlacht liefern und dabei jeden so still wie eine Maus halten. An einem trockenen Tage bewegt sich kein Wagen die Straße entlang, ohne daß das Geräusch und Staub erzeugt. Reibung und Erregung sind das natürliche Ergebnis einer Kraft, die in Bewegung ist. So müssen und werden, wenn der Geist Gottes über einer Versammlung schwebt und die Seelen der Menschen bewegt werden, auch gewisse sichtbare Zeichen der Bewegung da sein, obgleich diese nie mit der Bewegung selber verwechselt werden dürfen. Wenn die Leute sich einbilden, das sei der Zweck beim Fahren eines Wagens, Staub zu machen, so könnten sie einen Besen nehmen und mit ihm sehr schnell ebensoviel Staub aufwirbeln, wie es fünfzig Kutscher tun; aber sie werden damit mehr Unannehmlichkeiten schaffen als Nutzen. Aufregung ist etwas Beiläufiges wie der Staub, und keinen Augenblick soll man darauf abzielen. Als das Weib in Lukas 15 ihr Haus fegte, tat sie es, um ihr Geld zu finden und nicht, um eine Staubwolke aufzuwirbeln.

Zielen Sie nicht auf Sensation und »Effekt« ab. Fließende Tränen und feuchte Augen, Schluchzen und Schreien, volle Nachversammlungen und alle Art von Erregungen mögen vorkommen und ertragen werden als Begleiter wahrer Gefühle; aber, bitte, legen Sie es nicht auf Erzeugung derselben an.

Es geschieht sehr häufig, daß Bekehrte, die während solcher Aufregung geboren wurden, sterben, sobald diese vorüber ist. Sie gleichen gewissen Insekten, die das Erzeugnis eines sehr warmen Tages sind und die sterben, wenn die Sonne untergeht. Gewisse Bekehrte leben wie die Salamander im Feuer; aber in einer vernünftigen Temperatur hauchen sie ihr Leben aus. Ich habe keine Freude an einem Glauben, der einen heißen Kopf nötig hat oder ihn erzeugt. Ich begehre die Frömmigkeit, die auf Golgatha gedeiht und nicht auf dem Vesuv. Der größte Eifer für Christus verträgt sich mit gesundem Verstand und mit Vernunft; Raserei, Geschrei, Fanatismus sind Erzeugnisse eines andern Eifers, der »mit Unverstand« verbunden ist. Wir sollen die Menschen für die »Kammer des Königs« vorbereiten und nicht für das ausgepolsterte Zimmer im Irrenhaus. Niemandem tut es mehr leid als mir, daß eine solche Warnung nötig ist; aber wenn ich an die tollen Einfälle gewisser wilder Erweckungsprediger denke, so kann ich nicht weniger sagen und könnte noch sehr viel mehr sagen.

Was ist es um das wirkliche Gewinnen einer Seele für Gott? Worin besteht das Verfahren, durch welches eine Seele zu Gott und zum Heil geführt wird? Ich halte dafür, daß eins der Hauptmittel darin besteht, *die Menschen zu unterweisen, so daß sie die Wahrheit Gottes kennenlernen.* Unterweisung durch das Evangelium ist der Anfang aller wahren Arbeit an den Menschenseelen. »Gehet hin und lehret alle Völker und taufet sie im Namen des Vaters und des Sohnes und des heiligen Geistes, und lehret sie halten alles, was ich euch befohlen habe . . . Und siehe, ich bin bei euch alle Tage bis an der Welt Ende« (Matth. 28, 19–20). Mit Lehren beginnt das Werk der wirklichen Seelengewinnung.

Das Evangelium nach Jesaja heißt: »Neiget eure Ohren her und kommt her zu mir; höret, so wird eure Seele leben.« Es ist also unsere Sache, den Menschen etwas zu geben, was des Hörens wert ist, kurz, sie zu unterweisen. Wir sind gesandt zu evangelisieren oder das Evangelium aller Kreatur zu predigen, und das tun wir nicht, wenn wir den Menschen nicht die großen Wahrheiten der Offenbarung Gottes predigen. Das Evangelium ist gute Botschaft. Wenn man einige Prediger hört, könnte man denken, das Evangelium sei eine Prise heiligen Schnupftabaks, die Leute aufzuwecken, oder eine Flasche feurigen, geistigen Getränkes, ihr Gehirn zu erregen. Es ist aber nichts von der Art; es ist eine Botschaft, es ist Belehrung, Unterweisung über Dinge, die die Menschen wissen müssen, Ankündigungen, die denjenigen zum Segen werden sollen, die sie hören. Es ist nicht eine magische Beschwörungsformel oder ein Zauber, dessen Kraft in einer Sammlung von Lauten besteht. Es ist eine Offenbarung von Tatsachen und Wahrheiten, welche Kenntnis und Glauben erfordern. Das Evangelium ist ein einsichtiges göttliches Programm und wendet sich an den Verstand der Menschen; es ist eine Sache für das Nachdenken und die Betrachtung und wendet sich deshalb auch an das Gewissen und die Denkkraft des Menschen. Wenn wir deshalb die Menschen nicht etwas lehren, mögen wir rufen: »*Glaubet! Glaubet! Glaubet!*«, aber was sollen sie glauben? Jede Ermahnung setzt eine entsprechende Unterweisung voraus, sonst bedeutet sie nichts. »*Entrinnet!*« Wem denn? Also erfordert solche Aufforderung die Lehre von dem kommenden Gericht über die Sünde. »*Fliehet!*« Aber wohin? Also müssen Sie Christus und seine Wunder predigen; ja, und die klare Lehre von der Versöhnung durch das Opfer. »*Tut Buße!*« Wofür? Hier müssen Sie Fragen beantworten wie die: Was ist Sünde? Was ist das Übel der Sünde? Was sind die Folgen der Sünde? »*Bekehret euch!*« Aber was heißt, sich bekehren? Durch welche Macht können wir bekehrt werden? Wovon? Wozu? Das Feld der Unterweisung ist groß, wenn die Menschen die errettende Wahrheit kennenlernen sollen. »Es ist nicht gut, daß die Seele ohne Kenntnis sei« (Sprüche 19, 2 n. d. engl. Üb.), und als des Herrn Werkzeugen ist es unsere Sache, den Menschen die Wahrheit so bekannt zu machen, daß sie dieselbe glauben und ihre Kraft spüren können. Wir sollen nicht versuchen, sie im Dunkeln zu erretten, sondern in der Kraft des Heiligen Geistes sollen wir streben, sie von der Finsternis zum Licht zu bringen.

Glauben Sie also nicht, liebe Freunde, daß Sie, wenn Sie in Erwekkungsversammlungen oder zu besonderen evangelistischen Gottesdiensten gehen, die Lehren des Evangeliums weglassen müßten; im Gegenteil: Sie sollten die Lehren von der Gnade gerade dann besonders betont verkünden. Predigen Sie die evangelistischen Lehren klar, mit Liebe, einfach und deutlich, und besonders diejenigen Wahrheiten, die sich auf den Zustand des Menschen und die Gnade Gottes beziehen. Einige Schwärmer scheinen zu meinen, daß ein Prediger, sobald er die Unbekehrten anredet, absichtlich mit seinen gewöhnlichen Lehrpredigten in Widerspruch treten müßte, weil keine Bekehrungen stattfinden würden, wenn er den ganzen Rat Gottes predige. Es läuft im Grunde darauf hinaus, Brüder, daß wir die ganze Wahrheit verhehlen und so Falschaussagen machen sollen, um Seelen zu retten. Wir sollten also die Wahrheit zu Gottes Kindern reden, weil diese nichts anderes hören wollen; aber wir sollen Sündern in den Glauben dadurch hineinlocken, indem wir einen Teil der Wahrheit übertreiben und den übrigen verbergen bis zu einer gelegeneren Zeit. Dies ist eine seltsame Theorie, und doch heißen viele sie gut. Ihnen zufolge sollen wir die Erlösung einer auserwählten Zahl den Kindern Gottes predigen, aber die allgemeine Erlösung muß unsere Lehre sein, wenn wir mit denen, die draußen sind, reden; wir sollen den Gläubigen sagen, daß die Errettung ganz aus Gnaden ist, aber zu Sündern sollen wir so sprechen, als ob sie sich selber erretten müßten; wir sollen die Christen lehren, daß der Heilige Geist allein Menschenherzen bekehren kann, aber wenn wir mit den Unerretteten sprechen, darf der Heilige Geist kaum genannt werden. Wir haben Christum nicht also gelernt. Andere haben so gehandelt; aber laßt sie uns als Warnungszeichen und nicht als Beispiel dienen. Der, der uns sandte, Seelen zu gewinnen, gestattet uns weder Hinterlist anzuwenden noch die Wahrheit zu unterdrücken. Sein Werk kann ohne solche verdächtigen Methoden getan werden.

Vielleicht werden einige von Ihnen erwidern: Aber doch hat Gott halbwahre Aussagen und wilde Behauptungen gesegnet. Seien Sie dessen nicht ganz so gewiß! Ich wage zu behaupten, daß Gott Falschheiten nicht segnet; er mag auch die Wahrheit segnen, welche mit Irrtum vermischt ist; aber viel mehr Segen wäre gekommen, wenn die Predigt sich mehr in Übereinstimmung mit seinem eigenen Worte befunden hätte. Ich kann nicht zugeben, daß der Herr evangelistischen Jesuitismus segnet, und die Unterdrückung der Wahrheit ist nicht zu hart benannt, wenn ich sie so nenne. Die Vorenthaltung der Lehre von dem gänzlichen Verderben des Menschen hat an vielen Leuten, die eine gewisse Art von Predigten gehört haben, ernstlichen Schaden angerichtet. Sie werden nicht wahrhaft geheilt, weil sie nicht die Krankheit kennen, an der sie leiden; sie sind niemals wahrhaft bekleidet, weil nichts getan wurde, sie zu entkleiden. In vielen Predigten wird die Entfremdung des Menschen von Gott und die Selbstsucht und Schlechtigkeit eines solchen Zustandes nicht genügend enthüllt, und darum wird nicht genug Herzensforschung und Gewissenserweckung durch sie bewirkt. Es muß den Menschen gesagt werden, daß sie ewig verloren sind, wenn nicht die göttliche Gnade sie aus ihrer Feindschaft gegen Gott herausbringt, und sie müssen an die Unumschränktheit Gottes erinnert werden und daran, daß er nicht verpflichtet ist, sie aus diesem Zustand herauszubringen, daß er gerecht sein würde, wenn er sie darin ließe; daß sie kein Verdienst vor ihm geltend machen können und keine Ansprüche an ihn haben, sondern daß, wenn sie errettet werden sollen, es nur aus Gnaden sein kann, und aus Gnaden allein. Des Predigers Werk ist es, die Sünder niederzuwerfen in völlige Hilflosigkeit, damit sie gezwungen werden, zu dem aufzublicken, der allein ihnen helfen kann.

Der Versuch, eine Seele für Jesus zu gewinnen dadurch, daß man sie in Unwissenheit über irgendeine Wahrheit erhält, steht dem Willen Gottes entgegen, und das Bemühen, Menschen zu erretten durch bloßes Haschen nach Beifall oder durch Aufregung oder Redekunst ist ebenso närrisch wie die Hoffnung, einen Engel durch Vogelleim zu halten oder einen Stern mit Musik anzulocken. Das Anziehendste ist das Evangelium in seiner Reinheit. Die Waffe, womit der Herr die Menschen besiegt, ist die Wahrheit, wie sie in Jesus zu finden ist. Man wird dabei erfahren, daß das Evangelium jeder Anforderung entspricht: es ist ein Pfeil, der das härteste Herz durchbohren kann, ein Balsam, der die tödlichste Wunde heilt. Predigen Sie es, und predigen Sie nichts anderes. Verlassen Sie sich unbedingt auf das alte, alte Evangelium. Sie brauchen keine anderen Netze, wenn Sie Menschen fischen wollen; die Ihr Meister Ihnen gegeben hat, sind stark genug für die großen Fische und haben Maschen, die fein genug sind, um die kleinen zu halten. Spannen Sie diese Netze aus und keine andern, so brauchen Sie nicht zu zweifeln an der Erfüllung seines Wortes: »Ich will euch zu Menschenfischern machen«.

Zweitens: Um eine Seele zu gewinnen, ist es notwendig, nicht nur einen Hörer zu unterweisen und ihn die Wahrheit erkennen zu lehren, *sondern sie ihm so einzuprägen, daß er sie fühlt.* Eine bloß lehrhafte Predigtweise, die sich stets an den Verstand wendet und das Gefühl unberührt läßt, wäre sicherlich eine falsche Sache. »Die Beine des Lahmen sind nicht gleich«, sagt Salomo (Sprüche 26, 7 n. d. engl. Übers.); und die ungleichen Beine einiger Prediger machen sie zu Krüppeln. Wir haben einen solchen umherhinken sehen mit einem langen Lehrbein und einem sehr kurzen Gefühlsbein. Es ist etwas Schreckliches, wenn ein Mann von solch lehrhafter Natur ist, daß er kühl von dem Geschick der Gottlosen sprechen kann, so daß, wenn er auch nicht gerade Gott dafür lobt, es ihm doch auch keine Angst des Herzens verursacht, an das Verderben von Millionen unseres Geschlechtes zu denken. Dies ist entsetzlich! Ich hasse es, die Schrecken des Herrn verkünden zu hören von Männern, deren hartes Gesicht, harter Ton und gefühllose Seele eine Art von lehrhafter Austrocknung verraten; alle Milch menschlicher Freundlichkeit ist in ihnen vertrocknet. Da ein solcher Prediger selbst kein Gefühl hat, so erzeugt er auch bei anderen keines, und die Leute sitzen und hören zu, während er trockne, leblose Behauptungen aufstellt, bis sie dahin kommen ihn zu schätzen, weil er »gesund« im Glauben ist. Und sie selber werden auch »gesund«; ich brauche nicht hinzuzufügen, daß sie auch in gesunden Schlaf fallen oder, wenn sie noch etwas Leben haben, es damit zubringen, Ketzerei zu treiben und ernstmeinende Männer um eines Wortes willen zu verurteilen. Mögen wir nie in diesen Geist getauft werden! Was ich auch glaube oder nicht glaube, das Gebot, meinen Nächsten zu lieben wie mich selbst, gilt immer noch für mich, und Gott verhüte, daß irgendwelche Ansichten oder Meinungen meine Seele so zusammenziehen und mein Herz so verhärten, daß ich dies Gesetz der Liebe vergesse! Die Liebe zu Gott ist das Erste, aber dies verringert keineswegs die Verpflichtung, die Menschen zu lieben; in der Tat, das erste Gebot schließt das zweite ein. Wir sollen unseres Nächsten Bekehrung wünschen, weil wir ihn lieben, und wir sollen von Gottes liebevollem Evangelium in liebevollen Ausdrücken zu ihm sprechen, weil unser Herz sein ewiges Wohl wünscht.

Ein Sünder hat ein Herz sowohl wie einen Kopf; ein Sünder hat Gefühle sowohl wie Gedanken, und wir müssen uns an beide wenden. Ein Sünder wird nie bekehrt werden, solange nicht seine Empfindungen angesprochen sind. Wenn er keinen Schmerz über die Sünde empfindet und wenn er nicht die geringste Freude bei der Aufnahme des Wortes fühlt, können Sie nicht viel Hoffnung für ihn haben. Die Wahrheit muß in seine Seele eindringen und sie mit ihrer eigenen Farbe färben. Das Wort muß wie ein starker Wind sein, der durch das ganze Herz hindurchfährt und den ganzen Menschen lenkt, eben wie ein Feld reifenden Korns in dem Sommerwind hin und her wogt. Glaube ohne Gefühl ist Glaube ohne Leben.

Aber dennoch müssen wir acht darauf haben, wie diese Empfindungen verursacht werden. Spielen Sie nicht auf der Seele, indem Sie Gefühle erregen, welche nicht geistlich sind. Einige Prediger lieben es sehr, Begräbnisse und sterbende Kinder in ihre Reden hineinzubringen, so daß schon die natürliche Liebe die Leute weinen macht. Aber welchen Wert hat das hier? Wozu nützt es, einer Mutter Kummer oder einer Witwe Schmerzen neu aufzureißen? Ich glaube nicht, daß unser barmherziger Herr uns gesandt hat, um die Menschen über ihre abgeschiedenen Lieben weinen zu machen, indem wir von neuem ihre Gräber graben und vergangene Begebenheiten der Trennung und des Wehes wiederum vorführen. Warum sollte er das? Zugegeben, daß Sie mit Nutzen das Totenbett eines Christen oder eines sterbenden Sünders als einen Beweis von der Ruhe des Glaubens in dem einen Fall und den Schrecken des Gewissens in dem andern brauchen können; aber aus der bewiesenen Tatsache und nicht aus der Illustration muß der Nutzen kommen. Natürlicher Schmerz dient an sich zu nichts. Ich sehe darin nur eine Ablenkung von höheren Gedanken und einen Preis, der zu groß ist, um ihn von weichen Herzen verlangen zu können, wenn wir sie nicht entschädigen können, indem wir bleibende geistliche Eindrücke in den Stamm natürlicher Liebe pfropfen. »Es war eine glänzende Rede, voll Leidenschaft«, sagte einer, der sie gehört hatte. Ja, aber was bewirkt dieses Pathos für das praktische Leben? Ein junger Prediger machte die Bemerkung: »Ergriff es Sie nicht sehr, eine so große Versammlung weinen zu sehen?« – »Ja«, erwiderte sein einsichtiger Freund, »aber noch mehr ergriff mich der Gedanke, daß sie wahrscheinlich noch mehr bei einem Schauspiel geweint haben würde.« So ist es, und das Weinen mag in beiden Fällen gleich wertlos sein. Ich sah ein Mädchen an Bord eines Dampfschiffes ein Buch lesen und weinen, als wenn ihr das Herz brechen wollte; aber als ich einen Blick auf das Buch warf, sah ich, daß es nur einer jener albernen Romane war, die an den Bahnhöfen in großer Menge verkauft werden. Ihre Tränen waren eine bloße Verschwendung von Feuchtigkeit, und das sind auch die, die durch solche Kanzelgeschichtchen und Totenbettmalereien erzeugt werden.

Wenn unsere Hörer über ihre Sünden und vor Sehnsucht nach Jesus weinen wollen, so mögen ihre Tränen in Strömen fließen; aber wenn die Ursache ihres Schmerzes bloß natürlicher und ganz und gar nicht geistlicher Art ist, was für Gutes wird dadurch getan, daß man sie zum Weinen bringt? Es mag etwas Gutes darin sein, die Leute froh zu machen, denn es ist Leid genug in dieser Welt, und je mehr wir die Fröhlichkeit fördern können, desto besser. Aber wozu nützt es, unnötiges Elend hervorzubringen? Was für ein Recht haben Sie, durch die Welt zu gehen und jeden mit Ihrer Lanzette zu stechen, bloß um Ihre Geschicklichkeit in der Chirurgie zu zeigen? Ein wahrer Arzt macht nur Einschnitte, um Heilungen zu bewirken, und ein weiser Prediger erregt nur schmerzliche Empfindungen in den Menschen mit der bestimmten Absicht, ihren Seelen dadurch Segen zu bringen. Sie und ich müssen fortfahren, auf die Herzen der Menschen einzudringen, bis sie gebrochen sind, und dann müssen wir dabei bleiben, Christus den Gekreuzigten zu predigen, bis ihre Herzen verbunden sind. Wenn dies getan ist, müssen wir anhalten mit der Verkündigung des Evangeliums, bis ihre ganze Natur dem Evangelium untertan geworden ist. Schon bei dieser vorbereitenden Arbeit werden Sie fühlen, daß Sie des Heiligen Geistes bedürfen, der mit Ihnen und durch Sie arbeitet. Aber dieses Bedürfnis wird noch klarer werden, wenn wir einen Schritt weiter gehen und von der neuen Geburt selbst sprechen, in welcher der Heilige Geist in seiner ganzen göttlichen Art und Weise wirkt.

Ich habe schon betont, daß Unterweisung und Eindringlichkeit unbedingt nötig zum Seelengewinnen sind; aber sie sind nicht alles, – sie sind in der Tat nur Mittel zu dem gewünschten Zweck. Ein weit größeres Werk muß getan werden, ehe ein Mensch errettet ist. Ein

Wunder göttlicher Gnade muß an der Seele geschehen, das weit über alles hinausgeht, was durch Menschenkraft vollbracht werden kann. Von allen, die wir gern für Jesus gewinnen möchten, gilt: »Es sei denn, daß jemand von neuem geboren werde, kann er das Reich Gottes nicht sehen.« *Der Heilige Geist muß die Wiedergeburt in den Menschen, die wir lieben, wirken,* sonst können sie niemals die ewige Herrlichkeit erlangen. Sie müssen zu einem neuen Leben erweckt werden, und sie müssen neue Kreaturen in Christus werden. Dieselbe Kraft, welche die Auferstehung und die Schöpfung bewirkt, muß in ihrer ganzen Macht an ihnen wirksam werden; nichts Geringeres als dieses genügt. Sie müssen von oben wiedergeboren werden. Auf den ersten Anblick mag es scheinen, als wenn damit menschliche Werkzeuge ganz beiseite geschoben würden. Aber wenn wir auf die Schrift hören, finden wir nichts, was eine solche Schlußfolgerung rechtfertigt, im Gegenteil! Sicherlich lesen wir da, daß der Herr alles in allem ist, aber wir finden keinen Wink, daß er dabei auf den Gebrauch von Werkzeugen verzichtet. Des Herrn Majestät und Macht wird um so herrlicher gesehen, weil er durch Werkzeuge wirkt. Gott ist so groß, daß er den Werkzeugen, die er gebraucht, sogar Ehre beizulegen vermag, indem er in hohen Ausdrücken von ihnen spricht und ihnen großen Einfluß einräumt. Es ist leider möglich, zu wenig von dem Heiligen Geist zu sagen; In der Tat, ich fürchte, dies sei eine der schreienden Sünden unserer Zeit. Dennoch spricht das unfehlbare Wort, welches die Wahrheit stets im richtigen Gleichgewicht hält und den Heiligen Geist hoch erhebt, nicht erniedrigend von den Menschen, durch welche er wirkt. Gott sieht seine Ehre nicht als so fraglich an, daß sie nur durch Herabsetzung des menschlichen Werkzeuges aufrecht erhalten werden könnte. Es sind zwei Stellen in den Briefen, die, nebeneinander gehalten, mich oft in Staunen versetzt haben. Paulus vergleicht sich sowohl mit dem Vater als auch der Mutter in Sachen der neuen Geburt. Er sagt von einem Bekehrten: »Den ich gezeuget habe in meinen Banden«, und von einer ganzen Gemeinde sagt er: »Meine lieben Kinder, welche ich abermals mit Ängsten gebäre, bis daß Christus in euch eine Gestalt gewinne.« Das ist doch kühn geredet, in der Tat viel kühner, als die moderne Orthodoxie auch dem am meisten gesegneten Prediger gestatten würde. Und doch ist es eine Sprache, die vom Geist Gottes erlaubt, ja diktiert ist und deshalb nicht kritisiert werden darf. Solche geheimnisvolle Macht verleiht

Gott den Werkzeugen, die er verordnet, so daß wir »Gottes Mitarbeiter« genannt werden; und dies ist zugleich auch die Quelle unserer Verantwortlichkeit und der Grund unserer Hoffnung.

Die Wiedergeburt oder die neue Geburt wirkt eine Veränderung in der ganzen Natur des Menschen, und so weit wir beurteilen können, liegt ihr Wesen in der Einpflanzung einer neuen Grundkraft im Innern des Menschen. Der Heilige Geist schafft in uns eine neue, himmlische und unsterbliche Natur, welche in der Schrift »der Geist« genannt wird, zum Unterschied von der Seele. Unsere Lehre von der Wiedergeburt ist die, daß der Mensch in seiner gefallenen Natur nur aus Leib und Seele besteht und daß, wenn er wiedergeboren wird, in ihm eine neue und höhere Natur erschaffen wird – »der Geist«, welcher ein Funke von dem ewigen Feuer des Lebens und der Liebe Gottes ist. Dieser fällt in das Herz des Menschen und bleibt da und macht den Empfänger »teilhaftig der göttlichen Natur«. Von da an besteht der Mensch aus drei Teilen, Leib, Seele und Geist, und der Geist ist die herrschende Kraft von den dreien. Sie werden sich alle jenes bedeutungsvollen Kapitels über die Auferstehung erinnern, 1. Kor. 15, wo im Grundtext der Unterschied klar ans Licht tritt und selbst in der Übersetzung wahrgenommen werden kann*. Die Stelle »Es wird gesäet ein seelischer Leib und wird auferstehen ein geistlicher Leib. Es gibt einen seelischen Leib, und es gibt einen geistlichen Leib. Wie geschrieben steht: Der erste Mensch, Adam, war gemacht zu einer lebendigen *Seele;* der letzte Adam war gemacht zu einem lebengebenden *Geist.* Aber das, was geistlich ist, war nicht zuerst, sondern das, was seelisch ist; und darnach das, was geistlich ist.« – Wir sind zuerst in dem natürlichen oder seelischen Stadium des Seins, wie der erste Adam, und in der Wiedergeburt treten wir dann in einen neuen Zustand ein, in den Besitz des lebengebenden »Geistes«. Ohne diesen Geist kann kein Mensch das Himmelreich sehen oder in dasselbe eingehen. Es muß deshalb unser dringender Wunsch sein, daß der Heilige Geist unsere Hörer besuche und sie von neuem erschaffe; daß er auf diese dürren Gebeine herabkomme und das ewige Leben in sie hineinhauche. Bis dieses getan ist, können sie niemals die Wahrheit auf-

---

* 1. Kor. 15, 45 heißt nach der engl. Übersetzung: »Der erste Mensch, Adam, war gemacht zu einer lebendigen Seele; der letzte Adam zu einem lebendigen Geist.« A. d. Üb.

nehmen; »denn der natürliche Mensch vernimmt nichts vom Geiste Gottes; es ist ihm eine Torheit und er kann es nicht erkennen, denn es muß geistlich verstanden sein.« – »Fleischlich gesinnt sein ist eine Feindschaft wider Gott; sintemal es dem Gesetz Gottes nicht untertan ist, denn es vermag es auch nicht.« Ein neuer und himmlischer Sinn muß durch Gottes Allmacht geschaffen werden, sonst muß der Mensch im Tode bleiben. Sie sehen also, daß wir ein gewaltiges Werk vor uns haben, zu dem wir in uns selber ganz und gar untüchtig sind. Kein einziger Prediger auf Erden kann eine Seele erretten. Ebensowenig können wir alle zusammen oder alle Heiligen auf Erden und im Himmel die Wiedergeburt in einem einzigen Menschen bewirken. Die ganze Sache steht schief, wenn wir uns nicht als solche betrachten, die vom Heiligen Geist gebraucht werden und mit seiner Macht erfüllt sein müssen. Andererseits sind die Wunder der Wiedergeburt, die unsere Predigt begleiten, die besten Siegel und Zeugnisse unseres Amtes. Während die Apostel sich auf die Wunder Christi und auf die, welche sie in seinem Namen taten, berufen konnten, berufen wir uns auf die Wunder des Heiligen Geistes, welche ebenso göttlich und ebenso wirklich sind wie die unseres Herrn. Diese Wunder sind die Schöpfung eines neuen Lebens in der menschlichen Brust und die völlige Veränderung des ganzen Wesens derjenigen, auf die der Geist herabkommt.

Da dieses von Gott gezeugte geistliche Leben im Menschen ein Geheimnis ist, wird es nützlicher sein, wenn wir bei den Zeichen verweilen, die ihm folgen und die es begleiten; denn die sind es, auf welche wir uns abzielen müssen. Zuerst wird die Wiedergeburt sich zeigen in der Erkenntnis der eigenen Sündhaftigkeit. Dies halten wir für ein unentbehrliches Zeichen für das Werk des göttlichen Geistes. Das neue Leben verursacht, wenn es ins Herz kommt, tiefen innerlichen Schmerz. Obgleich wir heutzutage von Leuten hören, die geheilt wurden, ehe sie verwundet waren, und zu einer Gewißheit ihrer Rechtfertigung kamen, ohne daß sie je ihre Verurteilung beklagt haben, so bezweifeln wir doch sehr den Wert solcher Heilungen und Rechtfertigungen. Diese Art und Weise ist nicht der Wahrheit gemäß. Gott bekleidet die Menschen nicht, ehe er sie zuvor entkleidet hat, und er macht sie auch nicht lebendig durch das Evangelium, ehe er sie durch das Gesetz getötet hat. Wenn Sie Leute antreffen, in denen keine Spur von Sündengefühl ist, so können Sie ganz gewiß sein, daß der Heilige Geist noch nicht auf sie gewirkt hat; denn, »wenn derselbe kommt, wird er die Welt strafen um die Sünde, um die Gerechtigkeit und um das Gericht«. Wenn der Geist des Herrn uns anhaucht, läßt er verdorren alle Herrlichkeit des Menschen, die nur wie die Blume des Grases ist, und offenbart dann eine höhere und bleibendere Herrlichkeit. Seien Sie nicht erstaunt, wenn Sie dieses Sündengefühl sehr heftig und beängstigend empfinden. Aber verurteilen Sie andererseits diejenigen nicht, in denen es weniger heftig ist; denn wenn die Sünde betrauert, bekannt, aufgegeben und verabscheut wird, dann ist das eine klare Frucht des Geistes. Viel von dem Schrecken und Unglauben, der sich mit dem Sündengefühl verbindet, ist nicht vom Geist Gottes, sondern kommt vom Satan oder von der verderbten Natur; doch muß ein wahres und tiefes Sündengefühl da sein; und der Prediger muß dahin arbeiten, dies zu erzeugen, denn wo es nicht ist, hat die neue Geburt nicht stattgefunden.

Ebenso gewiß ist es, daß die wahre Bekehrung erkannt werden kann *an dem einfachen Glauben an Jesus Christus*. Es ist nicht nötig, hierüber mit Ihnen zu sprechen, denn Sie selbst sind völlig davon überzeugt. Der Glaube ist der wahre Mittelpunkt des Ziels, auf das Sie ihre Pfeile richten. Der Beweis, daß Sie die Seele eines Menschen für Jesus gewonnen haben, liegt Ihnen solange nicht vor, als bis er mit sich selbst und seinem eigenen Verdienst am Ende ist und sich Christus hingegeben hat. Große Sorgfalt muß darauf verwendet werden, daß dieser Glaube an Christus der Glaube an ein vollständiges Heil und nicht nur an einen Teil desselben ist. Sehr viele meinen, daß der Herr Jesus die vergangenen Sünden vergibt, aber sie können ihm nicht vertrauen, daß er sie in der Zukunft bewahren werde. Sie vertrauen ihm im Blick auf die vergangenen Jahre, aber nicht in bezug auf die kommenden, während in der Schrift von keiner solchen Teilung des Heils je gesprochen wird. Entweder trug Christus alle unsere Sünden oder keine; entweder errettet er uns ein für allemal oder gar nicht. Sein Tod kann nie wiederholt werden und muß die Sühne gewesen sein auch für die künftigen Sünden der Gläubigen, sonst sind sie verloren, da sie auf keine künftige Versöhnung hoffen können, aber sicherlich in der Zukunft noch Sünde begehen werden. Gelobt sei sein Name, »durch ihn sind alle, die das glauben, gerechtfertigt von allen« (Apg. 13, 38. 39. n. d. engl.

Übers.). Die Errettung aus Gnaden ist eine ewige Errettung. Die Sünder müssen Christus ihre Seelen für alle Ewigkeit anbefehlen, daß er sie bewahre; wie können sie anders Errettete sein? Ach, nach der Lehre einiger sind die Gläubigen nur zum Teil errettet und müssen sich im Blick auf den übrigen Teil auf ihre eigenen künftigen Bemühungen verlassen. Ist dies das Evangelium? Ich meine nicht. Echter Glaube traut auf einen ganzen Christus und auf eine ganze Errettung. Ist es zu verwundern, daß viele Bekehrte abfallen, wenn sie in der Tat niemals gelehrt waren, von Jesus eine ewige Errettung anzunehmen, sondern nur eine zeitweilige Bekehrung? Eine fehlerhafte Darstellung Christi erzeugt einen fehlerhaften Glauben, und wenn dieser an seiner eigenen Schwäche dahinsiecht, wer ist dafür zu tadeln? Ihnen geschieht nach ihrem Glauben; der Prediger und der Träger eines teilweisen Glaubens müssen gemeinsam die Schuld tragen, wenn ihr armes, verstümmeltes Vertrauen zusammenbricht. Ich möchte um so ernstlicher hierauf bestehen, weil ein halbgesetzlicher Glaube so häufig ist. Wir müssen den zitternden Sünder antreiben, ganz und allein und für immer dem Herrn Jesu zu vertrauen, sonst zieht er den Schluß, daß er im Geiste anfangen und im Fleische vollenden muß. Er wird sicher im Glauben wandeln, soweit es die Vergangenheit betrifft, und dann in Werken, wenn die Zukunft in Betracht kommt, und dies wird verhängnisvoll sein. Wahrer Glaube an Jesus empfängt *ewiges* Leben und sieht eine vollkommene Errettung in ihm, dessen eines Opfer das Volk Gottes ein für allemal geheiligt hat. Das Wissen, errettet zu sein, vollständig errettet in Christus Jesus, ist nicht, wie einige meinen, die Quelle fleischlicher Sicherheit und der Feind heiligen Eifers, sondern das gerade Gegenteil. Befreit von der Furcht und angetrieben von heiliger Dankbarkeit gegen seinen Erlöser, wird der Wiedergeborene der Tugend fähig und mit Eifer für Gottes Ehre erfüllt. Solange er in einem Gefühl von Unsicherheit zittert, richtet er seine Hauptgedanken auf seine eigenen Angelegenheiten; aber fest auf den Felsen des Heils gegründet, hat er Zeit und Herz, das neue Lied zu singen, das der Herr in seinen Mund gelegt hat. Dann ist seine sittliche Errettung vollständig; denn das Ich hat nicht mehr die Herrschaft über ihn. Seien Sie nicht zufrieden, bis Sie in Ihren Bekehrten ein klares Zeugnis von einem einfachen, aufrichtigen und entschiedenen Glauben an den Herrn Jesus sehen.

Zusammen mit ungeteiltem Glauben an Jesus Christus muß auch *ungeheuchelte Buße* sein. Buße ist ein altmodisches Wort, von den neueren Erweckungspredigern nicht viel gebraucht. »Oh«, sagte eines Tages ein Pastor zu mir, »es bedeutet bloß eine Sinnesänderung«. Er hielt dies für eine tiefsinnige Bemerkung. »Nur eine Sinnesänderung.« Aber was für eine Änderung! Eine Sinnesänderung in bezug auf alles! Statt zu sagen: »Es ist bloß eine Sinnesänderung«, scheint es mir richtiger zu sagen, daß es eine große und tiefe Änderung ist – ja, eine Änderung des Sinnes selber. Aber was immer das griechische Wort bedeuten mag, Buße ist keine Kleinigkeit. Sie werden keine bessere Definition finden als die in einem Kinderliede, wonach Buße tun heißt, die Sünden verlassen, die wir einst liebten, und unsere ernstliche Reue dadurch zu zeigen, daß wir sie nicht mehr begehen. – Wahre Bekehrung ist stets begleitet von einem Sündengefühl, worüber wir schon gesprochen haben; von einem Schmerz über die Sünde, einem heiligen Kummer darüber, daß wir sie begangen haben, von einem Haß gegen die Sünde, der beweist, daß ihre Herrschaft über uns zu Ende ist; und von einem Aufgeben der Sünde, welches zeigt, daß das innere Leben der Seele auf das äußere Leben einwirkt. Wahrer Glaube und wahre Buße sind Zwillinge; es würde müßig sein, sagen zu wollen, wer zuerst geboren ist. Alle Speichen eines Rades bewegen sich zugleich, wenn das Rad sich bewegt, und ebenso gleichzeitig beginnen alle Gnaden, wenn die Wiedergeburt vom Heiligen Geist gewirkt ist. Buße indessen muß da sein. Kein Sünder blickt auf den Heiland mit einem trockenen Auge oder einem harten Herzen. Streben Sie deshalb darnach, daß das Herz bricht, das Gewissen verdammt und die Seele von der Sünde entwöhnt wird, und seien Sie nicht zufrieden, bis der ganze Sinn tief und gründlich verändert ist.

Ein anderer Beweis, daß eine Seele für Christus gewonnen ist, findet sich in *einer wirklichen Änderung des Lebens.* Wenn ein Mensch nicht anders lebt als vorher, sowohl im Hause als außer dem Hause, hat seine Buße es nötig, daß Buße für sie getan wird, und seine Bekehrung ist eine Erdichtung. Nicht nur Handlung und Sprache, sondern Geist und Temperament muß verändert werden. »Aber«, sagt jemand, »die Gnade wird oft auf einen Wildling gepfropft.« Ich weiß das, aber was ist die Frucht des Pfropfens? Die Frucht wird wie das Pfropfreis sein, und nicht wie der ursprüngliche Stamm.

»Aber«, sagt ein anderer, »ich bin sehr hitziger Natur und ganz plötzlich überkommt mich der Zorn. Er ist bald vorbei, und ich bereue ihn sehr. Obwohl ich mich nicht beherrschen kann, bin ich doch ganz gewiß, daß ich ein Christ bin.« Nicht so schnell, mein Freund, sonst möchte ich antworten, daß ich des Gegenteils ebenso gewiß sei. Was nützt es, daß du bald abkühlst, wenn du in zwei oder drei Minuten alles um dich her verbrühst? Wenn ein Mann mich in seiner Wut mit dem Dolch sticht, wird es meine Wunde nicht heilen, wenn ich sehe, daß ihm sein Wahnsinn leid tut. Ein heftiges Temperament muß überwunden und der ganze Mensch muß erneuert werden, sonst ist die Bekehrung zweifelhaft. Wir sollen nicht unsern Hörern eine eingeschränkte Heiligkeit vorhalten und sagen: Es wird ganz recht um euch stehen, wenn ihr schon diesen Grad erreicht. Die Schrift spricht: »Wer Sünde tut, der ist vom Teufel.« Das Bleiben unter der Macht einer erkannten Sünde ist ein Zeichen dafür, daß wir noch Knechte der Sünde sind; denn »des Knechte seid ihr, dem ihr gehorsam seid«. Müßig sind die Prahlereien eines Menschen, der in seinem Innern die Liebe zu irgend einer Übertretung hegt. Er mag fühlen, was er will, und glauben, was er will, er ist noch »voll bitterer Galle und verknüpft mit Ungerechtigkeit«, so lange eine einzige Sünde sein Herz und sein Leben beherrscht. Wahre Wiedergeburt pflanzt einen Haß gegen alles Böse ein, und wenn jemand an *einer* Sünde Freude hat, so ist das hinreichend, um keine begründete Hoffnung für ihn aufkommen zu lassen. Ein Mann braucht nicht ein Dutzend Gifte zu nehmen, um sein Leben zu vernichten, eins ist genug.

Es muß Übereinstimmung zwischen dem Leben und dem Bekenntnis sein. Ein Christ bekennt, daß er der Sünde entsagt; wenn er dies nicht tut, so ist schon sein Name ein Betrug. Ein Betrunkener trat eines Tages auf Rowland Hill zu und sagte: »Ich bin einer von Ihren Bekehrten.« – »Ich glaube wohl, daß Sie das sind«, erwiderte der scharfsinnige und verständige Prediger, »aber Sie sind keiner von des Herrn Bekehrten, sonst würden Sie nicht betrunken sein.« Auf diese praktische Probe müssen wir alle unsre Werke stellen.

In den Bekehrten müssen wir auch *wahres Gebet* sehen, denn dies ist der Lebensodem wahrer Frömmigkeit. Wenn aber kein Gebet da ist, können Sie sicher sein, daß die Seele tot ist. Wir sollen nicht die Menschen zum Gebet antreiben, als wäre es die große evangelische

Pflicht und der *eine* vorgeschriebene Weg des Heils; denn unsere Hauptbotschaft ist: »Glaubet an den Herrn Jesus Christus.« Es ist leicht, das Gebet an den unrechten Platz zu setzen und es darzustellen als eine Art Werk, durch welches die Menschen leben sollen; aber dies werden Sie, wie ich hoffe, sorgfältig vermeiden. Der Glaube ist die große Gnadengabe des Evangeliums. Aber wir können dabei nicht vergessen, daß wahrer Glaube immer betet, und wenn ein Mensch bekennt, daß er an Jesus glaubt, und doch nicht täglich zum Herrn ruft, dürfen wir seinen Glauben oder seine Bekehrung nicht für echt halten. Des Heiligen Geistes Offenbarung, durch die er Ananias von der Bekehrung des Paulus überzeugte, hieß nicht: »Siehe, er redet laut von seiner Freude und seinen Gefühlen«, sondern: »Siehe, er betet«, und dies Gebet war ernstes, aus gebrochenem Herzen kommendes Sündenbekenntnis und Flehen. O daß wir dieses sichere Zeugnis bei allen sähen, die behaupten, bekehrt zu sein!

Es muß auch *eine Willigkeit sich finden, dem Herrn in allen seinen Geboten zu gehorchen.* Es ist eine Schande, wenn ein Mensch sich als einen Jünger bekennt und sich doch weigert, in gewissen Punkten den Willen seines Herrn kennenzulernen, oder sogar wagt, ihm den Gehorsam zu verweigern, wenn ihm dieser Wille bekannt ist. Wie kann ein Mensch ein Jünger Christi sein, wenn er in offenem Ungehorsam gegen ihn lebt?

Wenn einer, der sich einen Bekehrten nennt, deutlich und überlegt erklärt, daß er seines Herrn Willen kennt, aber ihn nicht zu erfüllen beabsichtigt, dürfen Sie nicht seiner Vermessenheit nachgeben, sondern es ist Ihre Pflicht, ihm zu sagen, daß er nicht errettet ist. Hat der Herr nicht gesprochen: »Wer nicht sein Kreuz trägt und mir nachfolgt, der kann nicht mein Jünger sein«? Irrtümer über das, was des Herrn Wille ist, sollen mit Sanftmut berichtigt werden, aber jeder eigensinnige Ungehorsam ist verderblich; ihn zu dulden wäre Verrat an dem, der uns sandte. Jesus muß ebensowohl als Herr wie als Heiland von uns angenommen werden, und wo sich in diesem Punkt ein Schwanken findet, da ist der Grund des Lebens aus Gott noch nicht gelegt.

So sehen Sie, meine Brüder, die Zeichen, die beweisen, daß eine Seele gewonnen ist, sind keineswegs unbedeutend, und von dem

Werk, das getan werden muß, ehe diese Zeichen sich finden können, darf nicht leichtfertig gesprochen werden. Ein Seelengewinner kann nichts ohne Gott tun. Er muß entweder auf den Unsichtbaren seine Zuversicht setzen oder dem Teufel ein Spott werden, denn dieser blickt mit gänzlicher Verachtung auf alle, die da meinen, mit bloßen Worten und Argumenten die menschliche Natur bezwingen zu können. An alle, welche hoffen, eine solche Arbeit werde ihnen in ihrer eigenen Kraft gelingen, möchten wir die Worte richten, die der Herr zu Hiob sprach: »Kannst du den Leviathan ziehen mit dem Hamen und seine Zunge mit einer Schnur fassen? Kannst du mit ihm spielen wie mit einem Vogel? Oder ihn für deine Mädchen anbinden? Wenn du deine Hand an ihn legst, so bedenke, daß es ein Streit ist, den du nicht ausführen wirst. Siehe, jede Hoffnung wird an ihm zuschanden, schon wenn einer ihn sieht, stürzt er zu Boden.« Vertrauen auf Gott ist unsere Stärke und unsere Freude; in diesem Vertrauen wollen wir ausgehen und suchen, Seelen für ihn zu gewinnen.

Im Beruf unseres Predigtdienstes wird in dieser Hinsicht allerdings auch vieles fehlschlagen. Es gibt viele Vögel, die ich glaubte gefangen zu haben; es gelang mir sogar, Salz auf ihren Schwanz zu streuen, aber sie sind dennoch wieder fortgeflogen. Ich erinnere mich eines Mannes, den ich Thomas Sorglos nennen will. Er war der Schrecken des Dorfes, in dem er lebte. Es geschahen viele Brandstiftungen in der Gegend, und die meisten Leute schrieben sie ihm zu. Zuweilen war er zwei oder drei Wochen lang fortwährend betrunken, und dann raste und tobte er wie ein Wahnsinniger. Dieser Mann kam, mich zu hören; ich erinnere mich des Aufsehens, das er in der kleinen Kapelle erregte, als er hereinkam. Er saß da und verliebte sich in mich. Ich denke, das war die einzige Bekehrung, die mit ihm vorging, aber er behauptete, bekehrt zu sein. Dem Anschein nach war er wirklich bußfertig und wurde äußerlich ein ganz anderer, gab sein Trinken und Fluchen auf und war in vieler Hinsicht musterhaft. Ich sah ihn einmal eine Barke schleppen mit vielleicht hundert Leuten an Bord, die er zu einem Orte zog, wo ich predigen sollte. Er freute sich der Arbeit und sang so froh und glücklich, wie nur einer von ihnen singen konnte. Wenn jemand ein Wort gegen den Herrn oder seinen Diener sprach, zauderte er keinen Augenblick, sondern wies ihn gehörig zurecht. Ehe ich die Gegend verließ, fürchtete ich, daß kein wirkliches Gnadenwerk in ihm geschehen war. Er war eine Art wilder Rothaut. Ich habe gehört, daß er einen Vogel fing, ihn pflückte und ihn roh auf dem Felde aß. Dies ist nicht die Handlungsweise eines christlichen Mannes, es gehört nicht zu dem, was lieblich ist und was wohl lautet. Nachdem ich aus der Gegend fortgegangen war, habe ich mich nach ihm erkundigt und konnte nichts Gutes von ihm hören. Der Einfluß, der ihn äußerlich auf dem rechten Wege hielt, war nicht mehr vorhanden; er wurde schlimmer als zuvor, und ihm war auf keine Weise beizukommen! Dieses mein Werk konnte nicht die Feuerprobe bestehen; es konnte nicht einmal eine gewöhnliche Versuchung ertragen, nachdem derjenige, welcher Einfluß über ihn hatte, fort war. Wenn Sie das Dorf oder die Stadt verlassen, wo Sie gepredigt haben, ist es sehr wahrscheinlich, daß einige, die »fein liefen«, zurückgehen werden. Sie hatten eine Zuneigung für Sie, und Ihre Worte hatten eine Art magnetischen Einfluß auf sie, und wenn sie fort sind, so »frisset der Hund wieder, was er gespeiet hat, und die Sau wälzet sich nach der Schwemme wieder im Kot«. Seien Sie nicht zu eilig mit dem Zählen dieser angeblich Bekehrten! Nehmen Sie dieselben nicht zu früh in die Gemeinde auf! Seien Sie nicht zu stolz auf deren Begeisterung, wenn diese nicht mit einem großen Grad von Weichheit und Demut verbunden ist, welcher anzeigt, daß der Heilige Geist wirklich in ihrem Innern gewirkt hat.

Ich erinnere mich eines anderen Falles von ganz anderer Art. Ich will diese Person Fräulein Marie Seicht nennen; denn sie war eine junge Dame, die niemals viel Kopf gehabt hatte; aber sie wohnte in einem Hause mit mehreren christlichen jungen Damen und behauptete, bekehrt zu sein. Als ich mit ihr sprach, war scheinbar alles da, was man wünschen konnte. Ich dachte daran, sie zur Aufnahme in die Gemeinde vorzuschlagen; aber dann hielt ich es doch für das Beste, ihr erst noch eine kurze Probezeit zu geben. Nach einer Weile verließ sie den Platz, wo sie wohnte, und ging an einen Ort, wo sie nicht viel hatte, was sie in geistlichen Dingen fördern konnte. Ich hörte nie wieder etwas von ihr, ausgenommen, daß sie ihre ganze Zeit damit zubrächte, sich hübsch zu kleiden, wie sie irgend konnte, und an Vergnügungen teilzunehmen. Sie ist ein Typ derer, die nicht viel geistige Ausrüstung haben, und wenn die Gnade Gottes nicht den leeren Platz in Besitz nimmt, so gehen sie bald zurück zur Welt.

Ich habe auch mehrere gekannt, die einem jungen Mann glichen, den ich Karl Geschickt nennen will, ungewöhnlich geschickte Leute in allem und jedem, sehr geschickt auch darin, Religiosität nachzumachen, wenn sie sich damit befaßten. Sie beteten sehr fließend; sie versuchten zu predigen und taten es sehr gut. Was sie auch taten, sie taten es aus dem Stegreif, es war ebenso leicht für sie, wie ihre Hand zu küssen. Haben Sie es nicht zu eilig, solche Leute in die Gemeinde aufzunehmen; sie haben keine Demütigung wegen ihrer Sünde gekannt, kein zerbrochenes Herz, kein Gefühl für göttliche Gnade. Sie rufen: »Alles gut!« und weg gehen sie; aber Sie werden finden, daß sie Ihnen niemals Ihre Arbeit und Mühe vergelten. Sie sind imstande, die Sprache des Volkes Gottes zu reden, so gut wie die Besten seiner Heiligen, sie reden sogar von ihren Zweifeln und Befürchtungen und machen eine tiefe Erfahrung in fünf Minuten. Sie sind ein wenig zu geschickt und tun leicht viel Schaden, wenn sie in die Gemeinde aufgenommen werden. Darum lassen Sie dieselben, wo möglich, nicht hinein.

Ich erinnere mich auch eines Mannes, der sehr heilig in seinem Sprechen war. Ich will ihn Johannes Schönredner nennen. Oh, wie schlau war der Heuchler! Er kam zu unsern jungen Männern, führte sie in alle Arten von Sünde und Schlechtigkeit ein, und doch besuchte er mich und hatte eine halbe Stunde lang ein geistliches Gespräch mit mir. Ein abscheulicher Elender, der in offener Sünde lebte zu derselben Zeit, wo er suchte, zu des Herrn Tisch zu kommen, in unsere Vereine einzutreten und einer der Führer in allen guten Werken zu sein. Halten Sie Ihr Wetterauge offen, meine Brüder! Sie werden zu Ihnen kommen mit Geld in den Händen, wie der Fisch des Petrus mit dem Silber im Munde, und sie werden Ihnen viel Hilfe leisten bei der Arbeit! Sie sprechen so sanft und sind so vollkommene Gentlemen! Ja, ich glaube, Judas war ein Mann von dieser Art, sehr geschickt darin, seine Umgebung zu täuschen. Wir müssen, wenn wir es irgendwie können, uns hüten, solche in die Gemeinde aufzunehmen. Sie mögen am Ende eines Gottesdienstes zu sich selber sagen: »Das ist ein glänzender Fischzug!« Warten Sie ein wenig. Denken Sie an unseres Heilandes Worte: »Das Himmelreich ist gleich einem Netz, das ins Meer geworfen wird, damit man allerlei Gattung fänget. Wenn es aber voll ist, so ziehen sie es heraus an das Ufer, sitzen und lesen die guten in ein Gefäß zusammen, aber die faulen werfen sie weg.« Zählen Sie Ihre Fische nicht, ehe sie gebraten sind, und rechnen Sie Ihre Bekehrten nicht zusammen, ehe Sie dieselben erprobt und geprüft haben. Dieses Verfahren mag Ihre Arbeit etwas langsamer machen, aber sie wird dann, Brüder, eine sichere sein. Tun Sie Ihr Werk standhaft und gut, so daß Ihre Nachfolger nicht zu sagen brauchen, sie hätten mehr Mühe gehabt, die Gemeinde von denjenigen zu reinigen, die nie hätten aufgenommen werden sollen, als Sie beim Aufnehmen derselben gehabt haben. Wenn Gott Sie instand setzt, dreitausend Steine an einem Tage in seinen geistlichen Tempel hineinzubauen, so mögen Sie es tun. Aber Petrus ist der einzige Maurer gewesen, der bis jetzt eine solche Großtat vollbracht hat. Gehen Sie nicht hin, die hölzerne Mauer anzumalen, als wäre sie solider Stein; sondern lassen Sie all Ihr Bauen wirklich fest und wahrhaft sein; denn nur diese Art Werk ist es wert, getan zu werden. Lassen Sie all Ihr Bauen für Gott dem des Apostels Paulus gleich sein: »Ich von Gottes Gnade, die mir gegeben ist, habe den Grund geleget als ein weiser Baumeister; ein anderer bauet darauf. Ein jeglicher aber sehe zu, wie er darauf baue. Einen anderen Grund kann niemand legen, außer dem, der gelegt ist, welcher ist Jesus Christus. So aber jemand auf diesen Grund bauet Gold, Silber, Edelsteine, Holz, Heu, Stoppeln, so wird eines jeglichen Werk offenbar werden, der Tag wird es klar machen; denn es wird durchs Feuer offenbar werden, und welcherlei eines jeglichen Werk sei, wird das Feuer bewähren. Wird jemandes Werk bleiben, das er darauf gebauet hat, so wird er Lohn empfangen. Wird aber jemandes Werk verbrennen, so wird er Schaden leiden; er selbst aber wird selig werden, doch so, wie durch's Feuer hindurch.«

Erfordernisse für das Seelengewinnen mit Beziehung auf Gott

Unser Hauptgeschäft, Brüder, ist das, Seelen für Jesus zu gewinnen. Gleich den Hufschmieden tut es uns not, sehr vieles zu wissen. Aber gerade wie der Schmied von Pferden etwas wissen *muß*, und wie Hufeisen für sie zu machen sind, so *müssen* wir auch von Seelen etwas wissen und davon, wie sie für Gott zu gewinnen sind. Der Teil des Themas, über den ich jetzt zu Ihnen reden will, ist

die Befähigung zum Seelen-Gewinnen,

und zwar werde ich nur über die Befähigungen reden, welche in der Richtung zu Gott hin liegen. Ich will versuchen, den Gegenstand in einer dem gesunden Verstand entsprechenden Weise zu behandeln, indem ich Sie bitte, selbst zu urteilen, welche Befähigungen Gott natürlicherweise in seinen Knechten sucht, welche er am ehesten billigen und am wahrscheinlichsten gebrauchen würde. Sie müssen wissen, daß jeder Arbeiter, wenn er weise ist, ein Werkzeug gebraucht, das für den Zweck, den er im Auge hat, dienlich ist. Es gibt einige Künstler, die niemals imstande gewesen sind, auf einer andern als ihrer eigenen Violine zu spielen oder mit etwas anderem als ihrem eigenen Pinsel und Farbenbrett zu malen. Gewiß liebt es auch der große Gott, der mächtigste aller Arbeiter, in seinem großen Kunstwerk des Seelengewinnens seine eigenen, besonderen Werkzeuge zu gebrauchen. Bei der alten Schöpfung gebrauchte er nichts als seine eigenen Instrumente: »Er sprach und es geschah«, und in der neuen Schöpfung ist das wirksame Mittel immer noch sein mächtiges Wort. Er spricht es aber durch die Predigt seiner Knechte, und deshalb müssen sie Posaunen sein, die sich dazu eignen, daß er durch sie spricht, Werkzeuge, die tauglich sind, sein Wort zu den Ohren und den Herzen der Menschen zu bringen. Urteilen Sie also, meine Brüder, ob Gott Sie gebrauchen wird; versetzen Sie sich an seine Stelle und denken Sie daran, welche Art Menschen Sie am ehesten gebrauchen würden, wenn Sie an der Stelle Gottes wären.

Ich bin gewiß, Sie würden zuallererst sagen, daß *ein Mann, der ein Seelengewinner sein soll, heilig sein muß.* Ach! Wie wenige, die zu predigen versuchen, bedenken das recht! Wenn sie es täten, würde es ihnen sofort in die Augen springen, daß der Ewige niemals unreine Werkzeuge gebraucht, daß der dreimalheilige Gott nur heilige Werkzeuge zur Vollbringung seines Werkes wählt. Kein verständiger Mann würde seinen Wein in schmutzige Flaschen gießen; kein freundlicher und guter Vater würde seinen Kindern erlauben, ein unsittliches Theaterstück zu sehen. So will auch Gott nicht ans Werk gehen mit Werkzeugen, die ihm Unehre bereiten würden. Angenommen, es wäre bekannt, daß Gott, wenn Menschen nur gescheit wären, sie gebrauchte, wie immer auch ihr Charakter und ihr Wandel beschaffen sein möge. Angenommen, man wüßte, daß man in dem Werk Gottes ebensowohl durch Ränke und Unwahrheit wie durch Ehrlichkeit und Aufrichtigkeit guten Fortgang erzielen könne – welcher Mann in der Welt, der Gerechtigkeitssinn hätte, würde sich nicht eines solchen Sachverhaltes schämen? Aber, Brüder, es ist nicht so. Es gibt gegenwärtig viele, die uns sagen, daß das Theater eine große Schule für die Sittlichkeit sei. Das muß eine seltsame Schule sein, in welcher die Lehrer nie ihre eigenen Lehren zu lernen brauchen. In Gottes Schule müssen die Lehrer Meister in der Kunst der Heiligung sein. Wenn wir ein Ding mit unsern Lippen lehren und ein anderes mit unserm Leben, so werden unsere Zuhörer sagen: »Arzt, hilf dir selber!« – »Du sagst: Tut Buße. Wo ist deine Buße? Du sagst: Dient Gott und seid seinem Willen gehorsam. Bist du seinem Willen gehorsam?« – Ein unheiliger Prediger würde ein Spott der Welt und eine Unehre für Gott sein. »Reiniget euch, die ihr des Herrn Geräte tragt!« Gott wird durch einen Toren reden, wenn dieser nur ein heiliger Mann ist. Ich meine natürlich nicht, daß Gott Toren zu seinen Predigern wählt. Aber lassen Sie einen Mann nur wirklich heilig werden, und er wird, wenn er auch nur die allergeringste Fähigkeit besitzt, doch ein tauglicheres Werkzeug in Gottes Hand sein als der Mann von außergewöhnlichem Talent, der dem göttlichen Willen nicht gehorsam ist und nicht rein und lauter vor den Augen Gottes, des allmächtigen Herrn.

Liebe Brüder, ich bitte Sie, Ihre eigene persönliche Heiligung als etwas höchst Wichtiges anzusehen. Leben Sie vor Gott! Wenn Sie es nicht tun, wird der Herr nicht mit Ihnen sein; er wird von Ihnen sprechen wie von den falschen Propheten der alten Zeit: »So ich sie doch nicht gesandt und ihnen nichts befohlen habe und sie auch diesem Volk nichts nütze sind, spricht der Herr.« Sie mögen sehr schöne Predigten halten, aber wenn Sie selber nicht in der Heiligung stehen, werden keine Seelen durch sie errettet werden. Wahrscheinlich werden Sie selbst nicht zugeben wollen, daß Ihr Mangel an Heiligkeit der Grund Ihres Nichterfolges ist. Sie werden die Hörer tadeln, Sie werden die Zeit tadeln, in der Sie leben, Sie werden alles tadeln, ausgenommen sich selber. Aber gerade da wird die Wurzel des ganzen Unheils liegen. Zuweilen liegt das Übel in der Familie des Predigers, seine Söhne und Töchter sind Empörer wider Gott; schlechte Reden werden sogar unter seinen eigenen Kindern gestattet; und seine Rügen sind nur wie Elis milde Frage an seine bösen Söhne: »Warum tut ihr solches?« Zuweilen ist der Prediger weltlich, gewinnsüchtig, nachlässig in seinem Werk. Das ist nicht nach Gottes Sinn, und er wird einen solchen Mann nicht segnen. Als Georg Müller in Mentone predigte, war es eine Ansprache, wie ein gewöhnlicher Lehrer sie vor einer Sonntagsschule halten könnte; doch habe ich nie eine Predigt gehört, die mir so gut getan und meiner Seele reicheren Gewinn gebracht hätte. Was sie so eindrücklich machte, war der George Müller darin. Daß Sie es recht verstehen: Er predigte nicht sich selbst, sondern Jesus Christus den Herrn; Müller war nur da als Zeuge für die Wahrheit, aber er legte dies Zeugnis in einer solchen Weise ab, daß man nicht umhin konnte, zu sagen: »Dieser Mann predigt nicht nur, was er glaubt, sondern auch, was er lebt.« In jedem Worte, das er aussprach, schien sein herrliches Glaubensleben sowohl auf das Ohr wie auf das Herz zu fallen. Es war mir eine Wonne, dazusitzen und ihm zuzuhören; von neuen oder kräftigen Gedanken war keine Spur in der ganzen Rede. Heiligkeit war die Macht des Predigers, und Sie können sich darauf verlassen: wenn Gott uns segnen soll, muß unsere Stärke eben da liegen.

Diese Heiligkeit sollte sich zeigen in seiner Gemeinschaft mit Gott. Wenn ein Mann seine eigene Botschaft ausrichtet, wird sie so viel Kraft haben, wie sein eigenes Wesen ihr gibt; aber wenn er seines Herrn Botschaft ausrichtet, die er von den Lippen seines Herrn gehört hat, wird das etwas ganz anderes sein. Wenn er etwas in sich aufnehmen kann von dem Geist des Herrn, als dieser ihn anblickte und ihm die Botschaft gab, wenn er den Ausdruck von dem Antlitz seines Herrn und den Ton seiner Stimme wiedergeben kann, das wird auch etwas ganz anderes sein. Lesen Sie Mr. Cheynes Denkwürdigkeiten. Es ist keine große Frische der Gedanken darin, es ist nichts ganz Neues oder Schlagendes darin, aber wenn Sie es lesen, wird es Ihnen gut tun; denn Sie werden fühlen, daß es die Lebensgeschichte eines Mannes ist, der mit Gott wandelte. Moody würde nie mit der Kraft gesprochen haben, mit der er es tat, wenn er nicht ein Leben der Gemeinschaft mit dem Vater und mit seinem Sohne, Jesus Christus, geführt hätte. Die größte Kraft der Predigt liegt in dem, was der Predigt vorausgegangen ist. Sie müssen für den ganzen Gottesdienst sich vorbereiten durch innige Gemeinschaft mit Gott und wirkliche Heiligkeit.

Sie werden alle zugeben, daß ein Mann, wenn er als Seelengewinner gebraucht werden soll, selbst *geistliches Leben in hohem Maße* haben muß. Sie wissen, Brüder, unser Werk ist es, durch Gottes Hilfe anderen Leben mitzuteilen. Denken wir an Elisa, der sich über das tote Kind legte und es ins Leben zurückbrachte. Des Propheten Stab konnte das nicht, weil kein Leben darin war. Das Leben muß durch ein lebendiges Werkzeug mitgeteilt werden, und der Mann, welcher das Leben mitteilen soll, muß selber sehr viel davon haben. Sie erinnern sich der Worte Christi: »Wer an mich glaubt, wie die Schrift sagt, von des Leibe werden Ströme des lebendigen Wassers fließen«, d. h., der Heilige Geist, wenn er in einem lebendigen Kinde Gottes wohnt, steigt hernach aus dem Herzen desselben auf wie ein Quell oder ein Fluß, so daß andere kommen und an des Geistes gnadenvollen Einflüssen teilnehmen. Ich denke nicht, daß einer unter Ihnen ist, der wünscht, ein toter Prediger zu sein. Gott will keine toten Werkzeuge gebrauchen, um lebendige Wunder zu wirken; er will lebendige Menschen haben, und zwar Menschen, die *ganz* lebendig sind. Es gibt viele, die lebendig sind, aber nicht ganz und gar lebendig. Ich sah einmal ein Gemälde über die Auferstehung, eins der sonderbarsten Bilder, die ich je gesehen habe. Der Künstler hatte versucht, den Augenblick zu malen, wo das Werk erst halb fertig ist; da waren einige, die bis an den halben Leib hinunter lebendig waren, bei einigen war nur *ein* Arm lebendig, bei andern ein Teil ihres Kopfes. Es gibt Menschen, die nur ungefähr zur Hälfte lebendig sind; sie haben lebendige Kinnbacken, aber kein lebendiges Herz; andere haben ein lebendiges Herz, aber kein lebendiges Gehirn; andere haben ein lebendiges Auge, sie können die Dinge ziemlich deutlich sehen, aber ihre Herzen sind nicht lebendig, sie vermögen gute Beschreibungen zu geben von dem, was sie sehen, aber die Wärme der Liebe fehlt dabei. Es gibt einige Prediger, die zur Hälfte Engel sind und zur Hälfte – nun, laßt uns sagen, Maden. Das ist zwar ein furchtbarer Gegensatz; aber es gibt viele Beispiele davon. Sind solche hier? Diese Leute predigen gut, und Sie sagen, wenn sie einen von ihnen hören: »Das ist ein frommer Mann.« Sie erfahren, daß er in das und das Haus zum Abendessen geht; Sie denken, da will ich auch hingehen, um die gottseligen Worte zu hören, die von seinen Lippen kommen werden. Aber wie Sie da sitzen und beobachten, was kommt heraus? – Maden! Es war ein Engel auf der Kanzel, nun kommen die Würmer! Es ist leider oft so, aber es sollte nie so sein. Wenn wir wahre Zeugen Gottes sein wollen, müssen wir ganz Engel sein und keine Würmer. Gott erlöse uns von dem Zustand des Halbtodes! Er mache uns ganz lebendig vom Scheitel bis zur Sohle! Ich kenne einige solcher Prediger; man kann nicht in Berührung mit ihnen kommen, ohne die Macht des geistlichen Lebens zu spüren, das in ihnen ist, und zwar nicht bloß, während sie von geistlichen Dingen reden, nein auch in den natürlichsten Dingen der Welt spürt man es diesen Männern ab, daß sie ganz für Gott leben.

Solche Männer werden von Gott zur Lebendigmachung von anderen gebraucht.

Gesetzt den Fall, es wäre Ihnen möglich, an die Stelle Gottes erhoben zu werden, meinen Sie nicht auch, daß Sie weiter einen Menschen gebrauchen würden, der wenig von sich selbst hält, *einen Mann von demütigem Geiste*? Wenn Sie einen sehr stolzen Mann sehen, würden Sie ihn zu Ihrem Diener nehmen? Seien Sie gewiß: Der große Gott hat eine Vorliebe für die, welche demütig sind. »Denn also spricht der Hohe und Erhabene, der ewiglich wohnt, des Name heilig ist, der ich in der Höhe und im Heiligtum wohne und bei denen, so zerschlagenen und demütigen Geistes sind, auf daß ich erquicke den Geist der Gedemütigten und das Herz der Zerschlagenen.« Er verabscheut die Stolzen, und wenn er die Hohen und Mächtigen sieht, so geht er an ihnen vorüber. Aber wenn er Demütige sieht, hat er Gefallen daran, sie zu erhöhen. Besonders hat er Wohlgefallen an der Demut bei seinen Predigern. Es ist ein furchtbarer Anblick, einen stolzen Prediger zu sehen. Wenige Dinge können dem Teufel wenn er das Land umher durchzieht, mehr Freude bereiten als dieses. Das ist etwas, was ihn froh macht, und er spricht zu sich selber: »Hier sind alle Voraussetzungen gegeben für einen baldigen großen Fall.« Einige Prediger zeigen ihren Stolz schon durch ihre Redeweise auf der Kanzel. Man kann nie die Art vergessen, in der sie ihren Text verkündigten: »*Ich* bin es, fürchtet euch nicht.« Andre tun ihn kund in ihrem Anzug, in der albernen Eitelkeit ihrer Kleider oder sonst in ihrem gewöhnlichen Gespräch, in dem sie beständig die Mängel anderer vergrößern und sich über ihre eigenen außerordentlichen Vorzüge verbreiten. Es gibt zwei Arten von stolzen Leuten; und zuweilen ist es schwer zu sagen, welche von den zweien die schlimmere ist. Da sind zuerst die, welche voller Eitelkeit sind, die nur von sich selber sprechen und andere Leute auffordern, das gleiche zu tun, sie auf dem Rükken zu pätscheln und ihnen die Federn glatt zu streichen. Sie sind ganz erfüllt von ihrem kleinen Stückchen Ich und stolzieren umher, sprechend: »Lobt mich, bitte, lobt mich, ich wünsche es«, wie ein kleines Kind, das zu jedem im Zimmer geht und sagt: »Sieh mein neues Kleid, ist es nicht hübsch?« Sie mögen einige von diesen hübschen Kindern schon gesehen haben; ich habe viele angetroffen. Die andre Art Stolz ist zu groß für dergleichen. Sie kümmert sich nicht darum; sie verachtet die Leute so sehr, daß sie sich nicht herabläßt, ihr Lob zu wünschen. Sie ist so ungemein zufrieden mit sich selbst, daß sie sich nicht herunterbeugt, um zu erwägen, was andere von ihr denken. Ich habe zuweilen gedacht, daß diese für das geistliche Leben die gefährlichere Art des Stolzes sei; denn sie ist die respektablere von den beiden. Es ist im Grunde etwas sehr Edles darin, wenn man zu stolz ist, um stolz zu sein. Gesetzt, jene großen Esel gähnen dich an, sei nicht ein solcher Esel, sie zu beachten. Aber jene andere arme, kleine Seele sagt: »Nun, jedermanns Lob ist etwas wert«, und so legt sie den Speck in ihre Mausefallen und versucht, kleine Mäuse mit Lob zu fangen, um sie zum Frühstück zu kochen. Sie hat mächtigen Appetit auf solche Dinge. Brüder, befreien Sie sich von beiden Arten des Stolzes, falls Sie irgend etwas von einer derselben an sich haben. Der Zwerg-Stolz und der Werwolf-Stolz sind beide ein Greuel vor dem Herrn. Vergessen Sie nie, daß Sie Jünger dessen sind, der sprach: »Lernet von mir, denn ich bin sanftmütig und von Herzen demütig.«

Demut heißt nicht, eine niedrige Meinung von sich selbst zu haben. Wenn ein Mann eine niedrige Meinung von sich selbst hat, ist es sehr wohl möglich, daß seine Schätzung richtig ist. Ich habe einige Leute gekannt, deren Meinung von sich nach dem, was sie sagten, allerdings sehr niedrig war. Sie dachten so gering von ihren Kräften, daß sie niemals den Versuch wagten, etwas Gutes zu tun; sie sagten, sie hätten kein Selbstvertrauen. Mir sind einige bekannt, die so wundervoll demütig waren, daß sie stets einen leichten Platz für sich aussuchten. Sie waren zu demütig, etwas zu tun, was ihnen Tadel zuziehen konnte. Sie nannten es Demut, aber ich dachte, »sündhafte Liebe zur Bequemlichkeit« wäre ein besserer Name dafür gewesen. Wahre Demut wird Sie dahin führen, richtig von sich selber zu denken, nämlich die Wahrheit über sich zu denken.

In der Sache des Seelengewinnens macht die Demut Sie fühlen, daß Sie gar nichts sind, und daß Sie, wenn Gott Ihnen Erfolg in dem Werke gibt, ihm alle Ehre zuschreiben müssen, weil Ihnen kein Verdienst dabei mit Recht zukommen kann. Wenn Sie keinen Erfolg haben, wird die Demut Sie dahin leiten, Ihre eigene Torheit und Schwäche zu tadeln, nicht Gottes unumschränkte Herrschaft. Warum sollte Gott Segen geben und Sie dann mit der Ehre dafür weglaufen lassen? Die Ehre der Errettung von Seelen gehört ihm, und ihm allein. Warum wollen Sie denn versuchen, dieselbe zu stehlen? Sie wissen, wieviele diesen Diebstahl versuchen: »Als ich an dem und dem Orte predigte, kamen am Schluß des Gottesdienstes fünfzehn Personen zu mir in die Sakristei und dankten mir für die Predigt, die ich gehalten hatte.« Du und deine schöne Predigt seien gehängt – denn wirklich, du bist der Verdammung würdig, wenn du die Ehre für dich nimmst, die Gott allein gebührt. – Sie erinnern sich der Geschichte von dem jungen Prinzen, der in das Zimmer kam, wo sein sterbender Vater, wie er meinte, schlafend lag, und sich des Königs Krone auf den Kopf setzte, um zu sehen, wie sie ihm passen würde. Der König, der ihn beobachtete, sagte: »Warte eine kleine Weile, mein Sohn, warte, bis ich tot bin.« Wenn Sie Neigung fühlen, die Krone der Ehre auf Ihr Haupt zu setzen, denken Sie, daß Sie Gott sagen hören: »Warte, bis ich tot bin, ehe du meine Krone aufprobierst.« Da dieses nie der Fall sein wird, täten wir besser, die

Krone nicht anzurühren und sie den tragen zu lassen, dem sie von Rechts wegen gehört. Unsere Losung muß immer sein: »Nicht uns, Herr, nicht uns, sondern deinem Namen gib Ehre um deine Gnade und Wahrheit.«

Einige Männer, die keine Demut besaßen, sind aus dem Predigtamt hinausgetrieben worden; denn der Herr will die nicht gebrauchen, die nicht ihm ganz allein die Ehre geben wollen. Demut ist eins der Haupterfordernisse für gesegnete Wirksamkeit. Viele sind aus der Liste der gesegneten Prediger verschwunden, weil sie sich im Stolz erhoben und dadurch in die Schlinge des Satans gerieten. Vielleicht meinen Sie, weil Sie nur arme Studenten seien, wäre nicht zu fürchten, daß Sie in diese Sünde fallen könnten. Aber es ist sehr wohl möglich, daß gerade aus diesem Grunde bei einigen um so mehr Gefahr besteht, wenn Gott Sie segnen und Sie in eine hervorragende Stellung setzen sollte. Ein Mann, der sein ganzes Leben lang in Kreisen der hohen Gesellschaft sich bewegt hat, fühlt die Veränderung nicht so sehr, wenn er eine Stellung erreicht, die für andere eine Erhöhung sein würde. Ich habe oft das Gefühl, daß bei einigen Männern, die ich nennen könnte, ein großer Mißgriff gemacht worden ist. Sobald sie bekehrt waren, wurden sie ganz aus ihren früheren Verbindungen herausgerissen und als beliebte Prediger in die Öffentlichkeit hineingestellt. Es war sehr schade, daß viele Leute kleine Könige aus ihnen machten und so den Weg für ihren Fall bahnten; denn sie konnten den plötzlichen Wechsel nicht ertragen. Es wäre gut gewesen, wenn jedermann sie gezwackt und geschmäht hätte die ersten zehn oder zwanzig Jahre lang; denn das hätte ihnen wahrscheinlich sehr viel späteres Elend erspart. Ich bin immer sehr dankbar für die rauhe Behandlung, die ich in meinen frühen Tagen von Leuten aller Art erlitt. In dem Augenblick, wo ich nur irgend etwas Gutes tat, waren sie wie eine Koppel Hunde hinter mir her. Ich hatte keine Zeit, mich niederzusetzen und mit dem zu prahlen, was ich getan hatte; denn sie brüllten und wüteten beständig gegen mich. Wenn ich ganz plötzlich hinaufgehoben worden wäre oder dahin gestellt, wo ich jetzt bin, spricht die Wahrscheinlichkeit dafür, daß ich ebenso rasch wieder hinuntergesunken wäre. Wenn Sie das Seminar verlassen, wird es gut für Sie sein, wenn Sie behandelt werden, wie ich behandelt wurde. Falls Sie großen Erfolg haben, wird es Ihnen den Kopf verdrehen, wenn Gott nicht zuläßt, daß Sie in der einen oder anderen Weise zu leiden haben. Kommen Sie je in Versuchung zu sprechen: »Das ist die große Babel, die ich erbauet habe«, so denken Sie an Nebukadnezar. Er wurde von den Leuten verstoßen, und er aß Gras wie Ochsen, und sein Leib lag unter dem Tau des Himmels und wurde naß; bis sein Haar wuchs, so groß wie Adlerfedern, und seine Nägel wie Vogelklauen wurden. Gott hat viele Mittel, stolze Nebukadnezare herunterzubringen, und er kann auch Sie sehr leicht demütigen, wenn Sie sich je in ihrem Dünkel erheben. Dieser Punkt, daß ein Seelengewinner tiefe Demut nötig hat, bedarf keines Beweises. Jeder kann schon mit einem halben Auge sehen, daß es nicht wahrscheinlich ist, daß Gott einen Mann segnen wird, wenn er nicht wahrhaft demütig ist.

Das Nächste, was zum Erfolg im Werke des Herrn nötig ist – und es ist etwas Hochwichtiges –, ist *ein lebendiger Glaube*. Sie wissen, Brüder, wie der Herr Jesus nicht viele Zeichen in seinem Vaterlande tun konnte »um ihres Unglaubens willen«. Und es ist ebenso wahr, daß Gott durch einige Männer nicht viele Zeichen tun kann um *ihres* Unglaubens willen. Wenn wir nicht glauben wollen, so werden wir auch nicht von Gott gebraucht werden. »Euch geschehe nach eurem Glauben« ist eins der unabänderlichen Gesetze seines Reiches. »So ihr Glauben habt als ein Senfkorn, so möget ihr sagen zu diesem Berge: Hebe dich von hinnen dorthin! so wird er sich heben und euch wird nichts unmöglich sein.« Aber wenn gefragt werden muß »Wo ist euer Glaube?« werden die Berge sich nicht für euch bewegen, nicht einmal ein armer Maulbeerbaum wird sich vom Platze rühren.

Sie müssen Glauben haben, Brüder, an Ihren Beruf zum Predigtamt; Sie müssen ohne einen Zweifel glauben, daß Sie wirklich von Gott zu Predigern des Evangeliums Christi erwählt sind. Wenn Sie fest glauben, daß Gott Sie berufen hat, das Evangelium zu predigen, so werden Sie es mit Mut und Zuversicht verkünden und werden fühlen, daß Sie ein Recht haben, es zu tun. Haben Sie den Eindruck, daß Sie möglicherweise nur ein Eindringling sein könnten, so werden Sie nichts Bedeutendes tun. Sie werden nur ein armer, hinkender, schüchterner, halb sich entschuldigender Prediger sein, um dessen Botschaft sich niemand kümmern wird. Sie täten besser, nicht mit Predigen anzufangen, ehe Sie ganz gewiß sind, daß Gott Sie zu dem Werk berufen hat. Einmal schrieb jemand an mich, um zu fragen, ob er predigen solle oder nicht. Wenn ich nicht weiß, was für eine Erwiderung ich jemanden schicken soll, so versuche ich stets, eine so weise Antwort zu geben, wie mir nur möglich ist. Also schrieb ich diesem Mann: »Lieber Freund! Wenn der Herr Ihren Mund aufgetan hat, so kann der Teufel ihn nicht schließen; aber wenn der Teufel ihn aufgetan hat, so möge der Herr ihn schließen!« Sechs Monate später traf ich diesen Mann, und er dankte mir für meinen Brief, der ihn sehr ermutigt hätte, mit Predigen fortzufahren. »Wieso?« fragte ich. Er erwiderte: »Sie schrieben, wenn der Herr Ihren Mund aufgetan hat, so kann der Teufel ihn nicht schließen.« – Ja, das hatte ich getan, aber ich hatte auch die andere Seite der Sache gemeint. »Oh«, sagte er sogleich, »die bezog sich nicht auf mich«. Wir können immer Zeichen und Sprüche haben, die unsern eignen Ideen entsprechen, wenn wir sie auszulegen wissen. Wenn Sie echten Glauben an Ihren Beruf zum Predigtamt haben, so werden Sie mit Luther bereit sein, das Evangelium zu predigen, selbst wenn sie im Maule des Leviathan zwischen seinen großen Zähnen ständen.

Sie müssen auch glauben, daß die Botschaft, die Sie zu verkünden haben, Gottes Wort ist. Ich wollte lieber, Sie glaubten ein halbes Dutzend Lehren kräftig, als hundert nur schwach. Wenn Ihre Hand nicht groß genug ist, viel zu halten, so halten Sie das fest, was Sie können. Wenn uns allen erlaubt wäre, so viel Gold, wie wir könnten, von einem Haufen wegzutragen, und es zu einem wirklichen Stoßen und Schieben käme, würde es nicht viel nützen, eine sehr große Börse zu haben. Am besten würde in dem Gedränge derjenige wegkommen, der, so viel er könnte, in seiner Hand fest hielte und es nicht fahren ließe. Wir mögen zuweilen gut tun, den Knaben in der alten Fabel nachzuahmen. Als er seine Hand in einen enghalsigen Krug steckte und so viele Nüsse ergriff, wie er halten konnte, vermochte er nicht eine von ihnen herauszubringen; aber als er die Hälfte fahren ließ, zog er die andern mit Leichtigkeit heraus. So müssen wir es machen. Wir können nicht alles halten, es ist unmöglich, unsere Hand ist nicht groß genug. Aber wenn wir etwas hineinbekommen, wollen wir es festhalten und es eng umklammern. Glauben Sie, was Sie glauben, sonst werden sie niemals einen andern überreden, es zu glauben. Wenn Sie anfangen: »Ich denke, dies ist eine Wahrheit, und als ein junger Mann möchte ich euch um eine freundliche Aufmerksamkeit bitten für das, was ich sagen werde; ich spreche nur die Vermutung aus« usw.; wenn dies Ihre Predigtweise ist, so ist das die leichteste Art, Zweifler zu bilden. Ich möchte Sie lieber sagen hören: »Jung wie ich bin, was ich zu sagen habe, kommt von Gott, und Gottes Wort sagt so und so, hier ist es, und ihr müßt glauben, was Gott sagt, sonst werdet ihr verloren sein.« Die Leute, die Sie hören, werden sagen: »Dieser junge Mensch glaubt sicherlich etwas«; und wahrscheinlich werden einige von ihnen auch zum Glauben gebracht werden. Gott gebraucht den Glauben seiner Prediger, um Glauben in andern Menschen zu erzeugen. Sie können sich darauf verlassen, daß Seelen nicht errettet werden durch einen Prediger, der zweifelt; und das Predigen Ihrer Zweifel und Ihrer Fragen kann unmöglich eine Seele für Christus gewinnen. Sie müssen großen Glauben an das Wort Gottes haben, wenn Sie die Seelen derer gewinnen sollen, die es hören.

Sie müssen auch glauben an die Macht dieser Botschaft, die Menschen zu erretten. Sie mögen die Geschichte von einem unserer ersten Studenten gehört haben, der zu mir kam und sagte: »Ich habe nun mehrere Monate lang gepredigt, und ich glaube nicht, daß es eine einzige Bekehrung gegeben habe.« Ich sagte zu ihm: »Erwarten Sie denn, daß der Herr Sie segnen wird und Seelen erretten jedesmal, wenn Sie Ihren Mund öffnen?« – »Nein, mein Herr«, erwiderte er. »Nun wohl«, antwortete ich, »wenn Sie das selbst nicht glauben, wie soll der Herr Ihnen solchen Segen geben?« Ich hatte ihn sehr nett gefangen; aber viele andere würden mir in derselben Weise geantwortet haben. Sie glauben zitternd, es sei möglich durch irgend eine seltsame geheimnisvolle Methode, daß Gott einmal in hundert Predigten eine Viertelseele gewinnen könnte. Sie haben kaum so viel Glauben, daß sie aufrecht in ihren Stiefeln stehen können; wie können sie erwarten, daß Gott sie segnet? Ich gehe gern auf die Kanzel in der Gewißheit: »Dies ist Gottes Wort, das ich in seinem Namen verkündigen werde; es kann nicht leer zu ihm zurückkommen; ich habe um seinen Segen dazu gebetet, und er hat verheißen, ihn zu geben, und seine Absichten werden erreicht werden, ob meine Botschaft ein Geruch des Lebens zum Leben oder des Todes zum Tode ist für die, welche sie hören.«

Nun, wenn Sie so fühlen, was wird das Ergebnis sein, wenn Seelen doch nicht errettet werden? Sie werden besondere Gebetsversammlungen ansetzen und zu erfahren suchen, weshalb die Leute nicht zu Christus kommen; sie werden für die Suchenden besondere Versammlungen halten; Sie werden den Leuten mit fröhlichem Gesicht entgegenkommen, damit sie sehen, daß sie einen Segen erwarten, aber zu gleicher Zeit werden Sie ihnen sagen, daß Sie bitter enttäuscht sein würden, wenn der Herr Ihnen keine Bekehrungen gäbe. Doch, wie ist es an vielen Orten? Niemand betet viel in dieser Sache, es sind keine Versammlungen da, um Gott anzurufen um seinen Segen, der Prediger fordert nie die Leute auf, zu kommen und ihm von dem Gnadenwerk in ihren Seelen zu erzählen. Wahrlich, wahrlich, ich sage Ihnen, er hat seinen Lohn; er erhält das, worum er gebeten; er empfängt, was er erwartet; sein Meister gibt ihm seinen Groschen, aber sonst nichts. Das Gebot lautet: »Tue deinen Mund weit auf, laß mich ihn füllen«; und hier sitzen wir, mit geschlossenen Lippen und warten auf den Segen. Tun Sie Ihren Mund auf, Bruder, mit voller Erwartung, festem Glauben, und nach Ihrem Glauben wird Ihnen geschehen.

Das ist der wesentliche Punkt, Sie müssen an Gott glauben und an sein Evangelium, wenn Sie Seelengewinner sein sollen. Einiges andere darf fehlen, aber der Glaube nie. Es ist wahr, daß Gott nicht immer seine Barmherzigkeit nach unserem Unglauben mißt, denn er hat an andere Leute zu denken ebensowohl wie an uns. Aber wenn man die Sache mit gesundem Verstand betrachtet, so scheint es, daß das geeignetste Werkzeug für das Werk des Herrn der Mann ist, der erwartet, daß Gott ihn brauchen wird und der in der Kraft dieser Überzeugung an seine Arbeit geht: Wenn Erfolg kommt, ist er nicht überrascht, denn er hat danach ausgeschaut. Er säte lebendigen Samen, und er erwartete eine Ernte davon; er »ließ sein Brot über das Wasser fahren« und beabsichtigt, zu suchen und zu harren, bis er es wieder findet.

Noch eins, wenn ein Mann in seinem Predigtamt Erfolg haben und viele Seelen gewinnen soll, so muß es ihm *gründlicher Ernst* damit sein. Kennen wir nicht manche, die in einer so leblosen Art predigen, daß es höchst unwahrscheinlich ist, daß jemals einer durch das berührt werden wird, was sie sagen? Ich war zugegen, als ein guter Mann den Herrn bat, die Predigt, die er zu halten im Begriff wäre, zur Bekehrung von Sündern zu segnen. Ich wünsche nicht, die Allmacht Gottes einzuschränken, aber ich glaube nicht, daß Gott an irgendeinem Sünder die Predigt hätte segnen können, ausgenommen wenn er den Hörer das mißverstehen ließ, was der Prediger sagte. Es war eine von jenen »schön polierten Schürhaken-Predigten«, wie ich sie nenne. Sie wissen, es gibt Schürhaken im Salon, die nur zum Ansehen, aber nicht zum Gebrauch sind. Wenn Sie je versuchten, das Feuer damit zu schüren, würde die Dame des Hauses Ihnen an den Kragen gehen. Diese Predigten sind gerade wie solche Schürhaken, poliert, glänzend und kalt. Es scheint, als wenn sie in irgendeiner Beziehung zu Leuten auf den Fixsternen stehen könnten, jedenfalls haben sie keinen Zusammenhang mit irgend jemand in dieser Welt. Was für Gutes aus solchen Reden entstehen könnte, kann niemand sagen. Aber ich bin gewiß, es ist nicht mehr Kraft genug in ihnen, eine Schabe oder eine Spinne zu töten; sicherlich ist keine Kraft in ihnen, eine tote Seele zum Leben zu bringen. Es gibt einige Predigten, von denen es ganz wahr ist: je mehr Sie daran denken, desto geringer denken Sie davon, und wenn irgend ein armer Sünder hingeht, solche zu hören in der Hoffnung, errettet zu werden, so kann man nur sagen, daß der Prediger ihm wahrscheinlich mehr im Wege steht, wenn er zum Himmel gehen will, als daß er ihm die rechte Straße weist.

Sie können ganz gewiß sein, Sie werden den Leuten die Wahrheit verständlich machen, wenn Sie wirklich wünschen, es zu tun. Aber wenn es Ihnen nicht heiliger Ernst damit ist, so erreichen Sie es nicht. Wenn ein Mann mitten in der Nacht an meine Tür klopfte, und mir, wenn ich den Kopf aus dem Fenster steckte, um zu wissen, was es gäbe, in sehr ruhigem, gleichgültigem Tone sagte: »Es brennt hinten in Ihrem Hause«, so würde ich wenig an Feuer denken und geneigt sein, ihm einen Krug Wasser über den Kopf zu gießen. Wenn ich auf der Straße gehe und ein Mann zu mir tritt und in heiterem Ton sagt: »Guten Tag, mein Herr, wissen Sie, daß ich vor Hunger sterbe? Ich habe seit langer Zeit nichts zu essen gehabt, wirklich nichts«, so würde ich erwidern: »Mein guter Mann, Sie scheinen es sehr leicht zu nehmen; ich glaube nicht, daß Sie viel Mangel leiden, sonst würden Sie nicht so unbekümmert dabei sein.« Manche Leute scheinen in dieser Art zu predigen: »Meine lieben Freunde, es ist Sonntag, darum bin ich hier; ich bin die ganze Woche über in meinem Studierzimmer gewesen, und nun, hoffe ich, werdet ihr auf das hören, was ich euch zu sagen habe. Ich weiß nicht, ob etwas darin ist, was euch besonders interessieren wird, aber ich habe gehört, daß einige von euch in Gefahr sind, an einen Ort zu gehen, den ich nicht zu nennen wünsche, der aber kein angenehmer Platz sein soll. Ich habe euch besonders zu predigen, daß Jesus das eine und das andere tat, was in der einen oder anderen Weise auch noch für uns Bedeutung hat, und wenn ihr darauf achtet, so werdet ihr möglicherweise –« usw. – Das ist in einer Nußschale der volle Inhalt mancher Predigt. Es ist nichts in solchem Gerede, wovon irgend jemand Nutzen haben kann. Und nachdem der Mann in dieser Weise dreiviertel Stunden fortgefahren ist, schließt er damit, daß er sagt: »Jetzt ist es Zeit, nach Hause zu gehen«, und er hofft, daß die Gemeindevorsteher ihm ein paar Groschen für seine Dienste geben werden. Nun, Brüder, dergleichen darf nicht sein. Wir sind nicht in die Welt gekommen, um unsere eigene und anderer Leute Zeit in dieser Weise zu verschwenden.

Ich hoffe, wir sind zu etwas Besserem geboren, als bloß Späne in der Suppe, völlig nutzlos, zu sein wie der Mann, den ich eben beschrieben habe. Stellen Sie sich nur vor, Gott sendet einen Mann in die Welt, der suchen soll, Seelen zu gewinnen, und dies ist seine Sinnesart und der Geist, der sein ganzes Leben durchdringt. Es gibt einige Prediger, die beständig erschöpft sind vom Nichtstun; sie halten zwei Predigten einer gewissen Art am Sonntag und sagen, daß die Anstrengung fast ihr Leben verzehrt. Dann gehen sie hin und machen kleine Pastoralbesuche, die darin bestehen, daß sie eine Tasse Tee trinken und über gewöhnliche Dinge schwatzen; aber es ist keine gewaltige Angst um Seelen da, kein »Wehe! Wehe!« auf ihren Herzen und Lippen, keine vollkommene Hingabe, kein Eifer im Dienste Gottes. Nun, wenn der Herr sie hinwegfegt, wenn er sie abhaut als Bäume, die das Land hindern, wird das keine Überraschung sein. Der Herr Jesus Christus weinte über Jerusalem, und Sie werden über Sünder zu weinen haben, wenn diese durch Sie gerettet werden sollen. Liebe Brüder, nehmen Sie es ernst, legen Sie Ihre ganze Seele in das Werk, sonst geben Sie es lieber auf.

Ein anderes Erfordernis, das fürs Seelengewinnen wesentlich ist, ist *große Herzenseinfalt*. Ich weiß nicht, ob ich gründlich erklären kann, was ich damit meine, aber ich will versuchen, es klarzumachen, indem ich es etwas anderem gegenüberstelle. Sie kennen einige, die zu weise sind, um einfache Gläubige zu sein; sie wissen so sehr viel, daß sie nichts glauben, was einfach und deutlich ist. Ihre Seelen sind mit solchen Leckerbissen gespeist, daß sie von nichts leben können als von indianischen Vogelnestern und dergleichen Luxusartikeln. Es gibt keine Milch, frisch von der Kuh gekommen, die gut genug für sie wäre, sie sind viel zu superfein, ein solches Getränk zu trinken. Alles, was sie haben, muß unvergleichlich sein. Gott segnet aber nicht diese auserlesenen himmlischen Stutzer, diese geistlichen Aristokraten. Nein, nein; sobald Sie dieselben sehen, denken Sie ruhig: »Sie mögen gut genug als Diener des Grafen N. N. sein, aber sie sind nicht die Männer, Gottes Werk zu tun. Es ist nicht wahrscheinlich, daß er solche große Herren, wie sie sind, gebraucht.« Wenn sie einen Text auswählen, so erklären sie nie seinen wahren Sinn; sondern gehen um ihn herum und machen etwas ausfindig, was der Heilige Geist niemals damit sagen wollte. Und wenn sie einen ihrer kostbaren »neuen Gedanken« ergriffen haben – oh! was für ein Wesen machen sie davon! Aber es ist nur ein alter Hering, den Sie gefunden haben! Nun werden wir von diesem alten Hering die nächsten sechs Monate hören, bis jemand anders einen andern findet. Was für ein Freudengeschrei erheben sie darüber! »Herrlich! Herrlich! Herrlich! dieser neue kostbare Gedanke!« Ein neues Buch kommt darüber heraus, damit sie beweisen, welch tiefe Denker und erleuchtete Menschen sie sind. Gott segnet aber nicht diese Art von Weisheit.

Unter Herzenseinfalt verstehe ich, daß ein Mann ins Predigtamt eintritt augenscheinlich zur Ehre Gottes und um Seelen zu gewinnen, und zu keinem anderen Zwecke. Es gibt einige, die gern Seelen gewinnen und Gott verherrlichen würden, wenn es mit gebührender Rücksicht auf ihr eigenes Interesse und ihre eigene Ehre geschehen könnte. Sie würden hoch erfreut sein, das Reich Christi auszubreiten, wenn das Reich Christi ihren erstaunlichen Kräften vollen Spielraum gewähren wollte. Sie würden sich mit Seelengewinnen befassen, wenn es die Leute bewegen würde, die Pferde von ihrem Wagen abzuspannen und sie im Triumph durch die Straße zu ziehen; sie müssen etwas sein; sie müssen bekannt werden, man muß von ihnen sprechen, sie müssen die Leute sagen hören: »Was für ein herrlicher Mann ist dies!« Natürlich, sie geben Gott die Ehre, nachdem sie den Saft herausgesogen haben, aber sie selbst müssen die Apfelsine zuerst haben. Nun, Sie wissen, dieser Geist findet sich sogar unter Predigern; aber Gott kann ihn nicht ertragen. Er will nicht das haben, was ein Mensch übrig läßt; er will alle Ehre haben oder gar keine. Wenn ein Mann danach strebt, sich selber zu dienen, Ehre für sich zu erlangen, statt zu suchen, Gott zu dienen und ihn allein zu ehren, so will Gott der Herr ihn nicht gebrauchen. Ein Mann, der von Gott gebraucht werden soll, muß glauben, daß das Werk, das er beginnt, zur Ehre Gottes ist, und er darf aus keinem andern Beweggrunde arbeiten. Wenn Leute hingehen, um gewisse Prediger zu hören, so ist alles, wessen sie sich nachher erinnern, daß sie treffliche Schauspieler gesehen haben. Aber wenn sie einen wahrhaft vollmächtigen Prediger gehört haben, denken sie nicht daran, wie er aussah oder wie er sprach, sondern an die ernsten Wahrheiten, die er verkündete. – Ein anderer dehnt das, was er zu sagen hat, so lange aus, daß die Hörer zueinander sagen: »Seht ihr nicht, wie er sich dauernd wiederholt? Er predigt für sein Brot.« Ich möchte jedoch, daß man von einem Prediger sage: »Dieser Mann sprach auch höchst unangenehme Ansichten aus und tat während der ganzen Predigt nichts, als uns das Wort Gottes einzuschärfen; sein einziges Ziel war, uns zur Buße und zum Glauben an Christum zu bringen.« Das ist die Art von Männern, welche der Herr gerne segnet.

Ich freue mich, wenn ich Männer sehe wie einige, die hier vor mir sind. Ich sagte zu ihnen: »Sie haben jetzt ein gutes Gehalt und würden wahrscheinlich eine einflußreiche Stellung in der Welt erlangen. Wenn Sie aber Ihr Geschäft aufgeben und ins Seminar eintreten, so werden Sie sehr wahrscheinlich Ihr ganzes Leben lang ein armer Prediger sein«, und sie blickten mich an und sprachen: »Ich will lieber hungern und Seelen gewinnen, als mein Leben in einem andern Berufe zubringen.« Die meisten von Ihnen sind solche Art Männer, ich glaube, Sie alle sind es. Es darf nie ein Auge da sein für Gottes Ehre *und* das fette Schaf; es darf nie Gottes Ehre sein *und* Ihre eigene Ehre und Achtung bei den Menschen. Es geht nicht; es muß Gottes Ehre allein sein, nichts weniger und nichts anderes. Mit wahrer Einfalt des Herzens muß der Prediger suchen, Gott zu gefallen, ob er Männern und Frauen gefällt oder nicht.

Schließlich: Es muß *eine vollständige Übergabe Ihrer selbst an Gott da* sein, in dem Sinne, daß Sie von dieser Zeit an nicht wünschen, Ihre eigenen Gedanken zu denken, sondern Gottes; und daß Sie beschließen, nichts von eigener Erfindung zu predigen, sondern Gottes Wort; und ferner, daß Sie sich vornehmen, diese Wahrheit nicht in Ihrer eigenen Weise zu verkünden, sondern in Gottes Weise. Angenommen, Sie lesen Ihre Predigten ab, was nicht sehr wahrscheinlich ist, so wünschen Sie nichts zu schreiben, was nicht ganz nach dem Willen Gottes ist. Wenn Ihnen ein schönes, langes Wort einfällt, so fragen Sie sich, ob es wohl einen geistlichen Segen für Ihre Hörer bringen werde. Wenn Sie das nicht glauben, so lassen Sie es weg. Dann ist da dieses großartige Stück Poesie, das Sie zwar nicht verstehen konnten, aber doch fühlten, daß Sie es nicht weglassen könnten; aber als Sie sich fragten, ob es für die große Mehrzahl Ihrer Hörer wohl lehrreich sein würde, waren Sie genötigt, es zu verwerfen. Sie müssen jene Edelsteine, die Sie auf einem literarischen Staubhaufen fanden, in die Krone Ihrer Rede hineinstecken, wenn Sie den Leuten zeigen wollen, wie fleißig *Sie* gewesen sind. Aber wenn Sie wünschen, sich ganz Gottes Händen zu überlassen, so ist es wahrscheinlich, daß er sie dazu bewegen wird, einige sehr einfache Behauptungen aufzustellen, eine alltägliche Bemerkung zu machen, etwas zu sagen, was jedem bekannt ist. Wenn Sie sich angeregt fühlen, das in Ihre Predigt hineinzulegen, so tun Sie es jedenfalls, selbst wenn Sie die langen Worte und die Verse und die Edelsteine auszulassen haben; denn es mag sein, daß der Herr diese einfache Darlegung des Evangeliums einem armen Sünder, der den Heiland sucht, zum Segen dienen läßt.

Wenn Sie sich so rücksichtslos dem Geiste und dem Willen Gottes hingeben, werden Sie später, wenn Sie ins Predigtamt eintreten, zuweilen angetrieben werden, einen seltsamen Ausdruck zu gebrauchen oder ein sonderbares Gebet vor Gott zu bringen, das Ihnen selber wunderlich erscheint. Aber es wird Ihnen nachher alles erklärt werden, wenn jemand zu Ihnen kommt und sagt, daß er nie die Wahrheit verstanden habe, bis Sie dieselbe an jenem Tage in so ungewöhnlicher Weise ausdrückten. Sie werden wahrscheinlich eine solche Eingebung gerade dann fühlen, wenn Sie sich durch Studium und Gebet gründlich für Ihren Dienst auf der Kanzel vorbereitet haben. Ich dringe stets in Sie, sich gebührend vorzubereiten, ja, selbst alles aufzuschreiben, was Sie zu sagen beabsichtigen; aber nicht hinzugehen und es zu halten wie ein Papagei, der nur wiederholt, was man ihn gelehrt hat. Wenn Sie das tun, werden Sie sich sicherlich nicht der Führung des Heiligen Geistes überlassen haben.

Ich habe keine Zweifel daran, daß Sie zweilen das Gefühl haben werden, Sie müßten einige hübsche Verse von einem unserer Dichter oder ein treffliches Zitat von einem klassischen Schriftsteller in die Predigt hineinlegen. Sie waren ganz sicher, daß die Leute, wenn sie diese Predigt hörten, fühlen müßten, daß etwas darin sei. Es mag indes sein, daß der Herr sie als zu gut betrachtet, um sie segnen zu können; es ist zu viel darin. Sie ist wie das Heer der Männer, das bei Gideon war; es waren zu viele für den Herrn. Er konnte die Midianiter nicht in ihre Hände geben; Israel möchte sich rühmen und sagen: Meine Hand hat mich erlöset. Als zweiundzwanzigtausend weggeschickt waren, sprach der Herr zu Gideon: »Des Volks ist noch zu viel«, und alle mußten fortgeschickt werden, ausgenommen die dreihundert Mann, die das Wasser geleckt hatten, und darauf sprach der Herr zu Gideon: »Stehe auf und gehe hinab zum Lager, denn ich habe es in deine Hände gegeben.« So spricht der Herr von einigen Ihrer Predigten: »Ich kann nichts Gutes damit tun; sie sind zu großartig.« Da ist die eine mit den vierzehn Unterteilungen; lassen Sie sieben davon weg, dann wird der Herr sie vielleicht segnen. Eines Tages mag es geschehen, gerade wenn Sie mitten in Ihrer Rede sind, daß Ihnen ein Gedanke kommt und Sie werden zu sich sagen: »Wenn ich den ausspreche, wird der alte Gemeindevorsteher sehr böse werden. Und da ist soeben noch ein Herr hereingekommen, der eine Schule hält, er ist ein Kritiker, und es wird ihm sicher nicht gefallen, wenn ich dies sage. Und außerdem, hier sind »diese Übergebliebenen nach der Wahl der Gnaden«, und die Hypercalvinisten oben in der Galerie werden mir einen jener himmlischen Blicke zuwerfen, die so bedeutungsvoll sind.« Nun, Bruder, seien Sie bereit, alles zu sagen, was Gott Ihnen zu sagen gibt, ohne Rücksicht auf alle Folgen und ganz unbekümmert um das, was die »Hyper« oder irgendwelche andere Leute denken oder tun werden.

Eins der Haupterfordernisse bei dem Pinsel eines großen Künstlers ist, daß derselbe so nachgiebig ist, daß der Künstler mit ihm tun kann, was er will. Ein Harfenspieler spielt gern auf einer besonderen Harfe, weil er das Instrument kennt und das Instrument ihn beinahe zu kennen scheint. Wenn Gott seine Hand auf die Saiten Ihrer Seele legt und jede Kraft in Ihrem Innern den Bewegungen seiner Hand zu antworten scheint, so sind Sie auch ein Instrument, das er gebrauchen kann. Wenn ein großes Schiff auf der See ist und ein kleines Kräuseln des Wassers kommt, so wird es davon nicht im geringsten bewegt. Hier kommt eine mäßig große Welle, aber das gewaltige Kriegsschiff fühlt es nicht; es liegt ruhig auf dem tiefen Wasser. Aber blicken Sie eben über den Rand hinaus. Sehen Sie jene Korken drunten: Wenn nur eine Fliege ins Wasser fällt, so fühlen sie die Bewegung und tanzen auf der kleinen Welle. Mögen Sie von der Kraft Gottes ebenso leicht bewegt werden wie der Kork auf der Oberfläche des Meeres! Ich bin gewiß, daß diese Ganzhingabe eines der wesentlichen Erfordernisse ist für einen Prediger, der ein Seelengewinner sein soll. Es gibt ein Etwas, das gesagt werden muß, wenn Sie das Mittel sein sollen, jenen Mann in der Ecke zu Jesus zu führen. Wehe Ihnen, wenn Sie nicht bereit sind, es zu sagen; wehe Ihnen, wenn Sie bange sind, es zu sagen; wehe Ihnen, wenn Sie sich schämen, es zu sagen; wehe Ihnen, wenn Sie nicht wagen, es zu sagen, weil jemand oben in dem Kirchenstuhl sagen könnte, Sie wären zu ernst, zu enthusiastisch, zu eifrig!

Diese sieben Dinge denke ich, sind die Erfordernisse in Richtung zu Gott hin, die sich jedem von Ihnen aufdrängen würden, wenn Sie versuchten, sich an die Stelle des Höchsten zu versetzen, und darüber nachdächten, was Sie von denen wünschen würden, die Sie zum Seelengewinnen ausersehen haben. Möge Gott uns allen die Erfordernisse geben um Christi willen! Amen.

Erfordernisse für das Seelengewinnen mit Beziehung auf die Menschen

Sie erinnern sich, Brüder, daß ich bei der letzten Gelegenheit über die Erfordernisse für Seelengewinnung mit Beziehung auf Gott sprach; ich versuchte, Ihnen die Art von Männern zu beschreiben, welche Gott am wahrscheinlichsten dazu gebrauchen würde. Heute habe ich vor, als Thema zu nehmen:

Die Kennzeichen eines Seelengewinners mit Beziehung auf die Menschen

Ich könnte fast dieselben Punkte nennen, die ich Ihnen früher aufzählte; denn ich denke, daß diejenigen Eigenschaften, die sich vor Gott für den von ihm gewünschten Zweck als annehmbar erweisen, wahrscheinlich auch den Beifall der Menschen finden werden.

Es hat viele Männer in der Welt gegeben, die durchaus nicht für dieses Werk geeignet waren. Zuerst lassen Sie mich sagen, daß *ein ganz Unwissender wahrscheinlich kein großer Seelengewinner sein wird.* Ein Mensch, der nur weiß, daß er ein Sünder ist und Christus ein Heiland, mag denen sehr nützlich sein, die in demselben Zustande sind wie er, und es ist seine Pflicht, mit der geringen Kenntnis, die er besitzt, so viel zu tun, wie er irgend kann. Aber im allgemeinen würde ich nicht erwarten, daß ein solcher sehr viel im Dienste Gottes gebraucht werden wird. Hätte er eine weitere und tiefere Erfahrung von den göttlichen Dingen; wäre er ein Gelehrter im höchsten Sinne des Wortes, weil von Gott gelehrt, so könnte er seine Kenntnis zum Wohle anderer gebrauchen. Aber da er selbst die göttlichen Dinge nur kümmerlich kennt, sehe ich nicht ein, wie er andere Menschen sie lehren könnte. Wahrlich, es muß etwas Licht in der Kerze sein, wenn sie der Menschen Finsternis erhellen soll, und es muß etwas Kenntnis in dem sein, der ein Lehrer seiner Mitmenschen sein soll. Der Mann, der fast oder ganz unwissend ist, wie sehr er auch den Willen hat, Gutes zu tun, muß von dem Wettlauf großer Seelengewinner ausgeschlossen werden. Er ist nicht einmal befähigt, in die Schranken zu treten, und deshalb lassen Sie uns alle bitten, Brüder, daß wir gut unterwiesen sein mögen in der Wahrheit, damit wir tüchtig sind, auch andere zu lehren.

Zugegeben, daß Sie nicht zu der Klasse der eben erwähnten Unwissenden gehören, sondern vorausgesetzt, daß Sie wohl unterrichtet sind in der besten Weisheit, was sind die Eigenschaften, die Sie Menschen gegenüber zeigen müssen, wenn Sie diese für den Herrn gewinnen? Ich würde sagen, wir müssen *offenbare Aufrichtigkeit* haben; nicht nur Aufrichtigkeit, sondern eine, die sofort jedem offenbar wird, der ehrlich darnach sucht. Es muß Ihren Hörern ganz klar sein, daß Sie einen festen Glauben haben an die Wahrheit, die Sie predigen; sonst werden Sie dieselben niemals zum Glauben bringen. Wenn Sie nicht über jeden Zweifel hinaus überzeugt sind, daß Sie selber diese Wahrheit glauben, so wird keine Wirksamkeit und keine Kraft in Ihrer Predigt sein. Niemand darf Sie im Verdacht haben, daß Sie andern verkünden, was Sie selber nicht völlig glauben; wenn dies je der Fall wäre, wird Ihre Arbeit wirkungslos sein. Alle, die Ihnen zuhören, sollten fühlen, daß Sie einem der edelsten Berufe verschrieben sind und eins der heiligsten Geschäfte vollziehen, die jemals dem Menschen zugefallen sind. Wenn Sie das Evangelium nur gering schätzen, ist es unmöglich, daß diejenigen, die Ihre Verkündigung hören, sehr davon beeinflußt werden. Neulich hörte ich in bezug auf einen gewissen Prediger die Frage: »Hielt er eine gute Predigt?« und die Antwort war: »Was er *sagte,* war sehr gut.« – »Aber hatten Sie Nutzen von der Predigt?« – »Nein, nicht im geringsten.« – »War es keine gute Predigt?« Wieder kam die erste Antwort: »Was er *sagte,* war sehr gut.« – »Was meinen Sie, warum hatten Sie keinen Nutzen von der Predigt, wenn das, was der Pastor sagte, sehr gut war?« Die Erklärung, die der Zuhörer gab, war diese: »Ich hatte keinen Nutzen von der Predigt, weil ich kein Vertrauen zu dem hatte, der sie hielt; er war einfach ein Schauspieler, der seine Rolle spielte; ich glaube nicht, daß er fühlte, was er predigte, oder daß er sich darum kümmerte, ob wir es fühlten und glaubten oder nicht.«

Wo es so steht, kann man nicht erwarten, daß die Hörer Nutzen von der Rede haben, was der Prediger auch sagen mag; sie mögen versuchen zu denken, daß die Wahrheit, die er vorträgt, köstlich ist, sie mögen sich vornehmen, von der Speise sich zu nähren, wer ihnen die Schüssel auch vorsetze. Aber es nützt nichts, sie können es nicht; sie können den herzlosen Redner nicht trennen von der Botschaft, die er so nachlässig vorträgt. Sobald ein Mann seine Arbeit eine bloße Sache der Form oder der Routine werden läßt, sinkt sie zu einem Tun herab, bei welchem der Prediger nur ein Schauspieler ist. Er spielt bloß eine Rolle, wie er es in einem Stück auf dem Theater tun könnte; er spricht nicht aus seiner innersten Seele heraus wie ein Mann, der von Gott gesandt ist. Ich beschwöre Sie, Brüder, sprechen Sie aus Ihrem Herzen heraus, oder sonst sprechen Sie gar nicht. Wenn Sie schweigen können, so schweigen Sie; aber wenn Sie für Gott sprechen müssen, so seien Sie völlig aufrichtig darin. Es würde besser für Sie sein, ins Geschäft zurückzugehen und Butter abzuwiegen oder Rollen Garn zu verkaufen oder irgend etwas anderes zu tun, als daß Sie vorgeben, Prediger des Evangeliums zu sein, wenn Gott Sie nicht dazu berufen hat. Ich glaube, das Verdammungswürdigste, was ein Mensch tun kann, ist das Evangelium zu predigen als ein bloßer Schauspieler und den Gottesdienst in eine Art theatralische Aufführung zu verwandeln. Eine solche Karikatur ist des Teufels würdiger als Gottes. Die göttliche Wahrheit ist viel zu köstlich, um zum Gegenstand solches Gespöttes gemacht zu werden. Sie können sich darauf verlassen, wenn die Leute erst argwöhnen, daß Sie nicht aufrichtig sind, so werden sie Ihnen nie anders als mit Widerwillen zuhören, und es wird nicht wahrscheinlich sein, daß sie Ihre Botschaft glauben werden, sobald Sie ihnen Anlaß geben zu denken, daß Sie selber sie nicht glauben.

Ich hoffe, ich habe nicht unrecht, wenn ich annehme, daß wir alle ganz aufrichtig im Dienste unsers Meisters sind. Deshalb will ich weiter gehen zu dem, was mir das nächste Erfordernis zu sein scheint, und das ist *ersichtlicher Ernst*. Der Befehl an den Menschen, der ein wahrer Diener Jesu Christi sein will, lautet: »Du sollst Gott, deinen Herrn, lieben von ganzem Herzen, von ganzer Seele, von ganzem Gemüte und von allen deinen Kräften.« Wenn ein Mann ein Seelengewinner sein soll, so muß er Stärke des Gefühls besitzen, ebensowohl wie Aufrichtigkeit des Herzens. Man kann die feierlichsten Warnungen und die furchtbarsten Drohungen auch in so gleichgültiger oder sorgloser Art aussprechen, daß niemand im geringsten davon ergriffen wird. Und man kann die liebevollsten Ermahnungen in so halbherziger Manier wiederholen, daß niemand dadurch zur Liebe oder zur Furcht bewogen wird. Ich glaube, Brüder, daß fürs Seelengewinnen der Ernst wichtiger ist als fast alles andere. Ich habe einige gesehen und gehört, die sehr armselige Prediger waren und doch viele Seelen zum Heiland führten durch den Ernst, mit dem sie ihre Botschaft ausrichteten. Es war durchaus gar nichts in ihren Predigten (bis der Händler seine Butter darin einwickelte), dennoch brachten diese schwachen Predigten viele zu Christus. Es war nicht so sehr das, was die Prediger sagten, als die Art, wie sie es sagten, was die Herzen der Hörer traf. Die einfachste Wahrheit wurde durch den Ernst und die tiefe Bewegung dessen, der sie verkündete, so ins Herz gedrückt, daß sie eine überraschende Wirkung hervorbrachte. Wenn einer der Herren hier mir eine Kanonenkugel schenkte, vielleicht eine von fünfzig oder hundert Pfund Gewicht und ich sie im Zimmer umher rollen ließe, und ein anderer mir eine Flintenkugel gäbe und eine Flinte, aus der ich sie abfeuern könnte, so weiß ich, welche von beiden Kugeln die wirksamere sein würde. Möge niemand die kleine Kugel verachten; denn sehr oft ist sie es, die die Sünde tötet und den Sünder dazu. So, Brüder, ist es nicht die Fülle der Worte, die von Ihren Lippen strömen, es ist die Kraft, mit der Sie dieselben aussprechen, welche über Ihre Wirksamkeit entscheidet. Ich habe von einem Schiff gehört, auf das aus einer Festung mit einer Kanone gefeuert wurde, ohne daß es eine Wirkung hatte, bis der Kommandant Befehl gab, die Kugeln glühend rot zu machen; da wurde das Schiff in drei Minuten in den Grund des Meeres versenkt. Das ist es, was Sie mit Ihren Predigten tun müssen, sie glühend rot machen; es tut nichts, wenn die Leute sagen, Sie seien zu enthusiastisch oder gar zu fanatisch, schießen Sie mit glühend roten Kugeln, es gibt nichts, was halb so gut ist für Ihren Zweck. Wir werfen nicht mit Schneeballen am Sonntag, wir werfen Feuerballen; wir sollten Granaten in die Reihen der Feinde schleudern.

Welchen Ernst verdient unser Thema! Wir haben zu reden von einem ernsten Heiland, einem ernsten Himmel, einer ernsten Hölle. Wie ernst sollten wir es nehmen, wenn wir bedenken, daß wir es in unserem Werk zu tun haben mit Seelen, die unsterblich sind; mit der Sünde, die ewig ist in ihren Wirkungen; mit einer Vergebung, die unendlich ist und mit Schrecken und Freuden, die dauern sollen von Ewigkeit zu Ewigkeit! Ein Mann, der es nicht ernst nimmt, wenn er ein solches Thema hat, kann der überhaupt ein Herz besitzen? Könnte ein solches, selbst mit einem Mikroskop, entdeckt werden? Wenn man ihn sezierte, würde wahrscheinlich nichts gefunden werden als ein Kiesel, ein Herz von Stein oder einer andern Substanz, die der Empfindung ebenso unfähig wäre. Ich hoffe, als Gott uns Herzen von Fleisch für uns selber gab, da gab er uns Herzen, die auch für andere fühlen können.

Wenn dies alles vorhanden ist, so würde ich sagen, das Nächste für einen Mann, der ein Seelengewinner sein soll, ist, daß *er augenscheinlich Liebe für seine Hörer hat*. Ich kann mir nicht vorstellen, daß ein Mann Seelen gewinnt, wenn er die meiste Zeit damit zubringt, seine Gemeinde zu schelten, und so spricht, als ob er ihren bloßen Anblick haßte. Solche Männer scheinen nur glücklich zu sein, wenn sie Zornesschalen über die ausgießen können, die das Unglück haben, ihnen zuzuhören. Ich hörte von einem Bruder, der über den Text predigte: »Es war ein Mensch, der ging von Jerusalem hinab gen Jericho und fiel unter die Mörder.« Er begann seine Rede so: »Ich sage nicht, daß dieser Mensch zu dem Ort kam, wo wir sind, aber ich kenne einen andern, der kam an diesen Ort und fiel unter die Mörder.« Sie können leicht erraten, was das Ergebnis von solchem Vitriol-Ausgießen war. Ich weiß von einem, der über die Stelle predigte: »Und Aaron schwieg stille«, von dem ein Hörer sagte, der Unterschied zwischen ihm und Aaron sei der, daß Aaron stille gewesen sei und der Prediger nicht, sondern im Gegenteil mit aller Kraft gegen die Leute getobt habe.

Sie müssen aufrichtig das Wohl der Leute wünschen, wenn Sie viel Einfluß auf dieselben haben sollen. Sogar Hunde und Katzen lieben die Leute, die sie lieben, und menschliche Wesen sind ziemlich genauso wie diese stummen Tiere. Die Leute wissen es sehr bald, wenn ein kalter Mann auf die Kanzel steigt, einer von denen, die aus einem Marmorblock gehauen zu sein scheinen. Ein oder zwei von unsern Brüdern waren dieser Art, und es ist ihnen nirgends gelungen. Wenn ich nach der Ursache des Mißerfolgs fragte, habe ich jedesmal die Antwort bekommen: »Er ist ein guter Mann, ein sehr guter Mann; er predigt gut, sehr gut, aber wir können doch nicht mit ihm zurechtkommen.« Ich fragte: »Warum mögen Sie ihn nicht?« Die Antwort war: »Niemand hat ihn je leiden mögen.« – »Ist er streitsüchtig?« – »O nein, ich wünschte, er finge mal etwas Lärm an.« Ich versuche, herauszufischen, wo der Fehler ist, denn mir liegt viel daran, es zu wissen, und zuletzt sagt jemand: »Nun, ich denke, er hat kein Herz; wenigstens predigt und handelt er nicht, als wenn er eins hätte.«

Es ist sehr traurig, wenn der ganze Dienst wirkungslos bleibt aus Mangel an Herz. Sie sollten ein großes Herz haben, weit wie der Hafen in Portsmouth oder Plymouth, so daß alle in Ihrer Gemeinde kommen könnten und da Anker werfen und fühlen, daß sie auf der windgeschützten Seite eines großen Felsens wären. Bemerken Sie nicht, daß Prediger Segen im Dienst haben und Seelen gewinnen, je nachdem sie Männer mit weitem Herzen sind? Denken Sie z. B. an Dr. Brock*, der war eine Masse von einem Menschen, einer, der Eingeweide der Barmherzigkeit hatte. Aber was ist der Nutzen eines Predigers, der diese nicht hat? Ich stelle nicht die Anhäufung von Fleisch als ein Ziel dar, das Ihres Strebens würdig wäre; aber ich sage, daß Sie weite Herzen haben müssen, wenn Sie Menschen für Jesus gewinnen wollen; Sie müssen »Großherze«** sein, wenn Sie viele Pilger zu der himmlischen Stadt führen wollen. Ich habe einige sehr magere Leute gesehen, die behaupteten, sie seien vollkommen heilig, und ich konnte beinahe glauben, daß sie nicht zu sündigen vermöchten, denn sie waren wie Stücke alten Leders, es schien nichts in ihnen, was fähig wäre zu sündigen. Ich traf einmal einen von diesen »vollkommenen« Brüdern; er war gerade wie ein Stück Meergras, es war nichts Menschliches in ihm. Ich mag gern eine Spur von etwas Menschlichem irgendwo an einem Mann sehen, und im allgemeinen mögen die Leute das auch gern; sie können besser mit einem Mann auskommen, der etwas menschliche Natur in sich hat. Die menschliche Natur ist in mancher Hinsicht etwas Furchtbares; aber als der Herr Jesus Christus sie annahm und seine eigene göttliche Natur damit verband, machte er sie zu etwas Großartigem. Und sie ist etwas Edles, wenn sie mit dem Herrn Jesus Christus vereinigt ist. Jene Männer, die sich abschließen wie Einsiedler und ein vermeintlich geheiligtes Leben der Selbstverzehrung führen, werden wahrscheinlich keinen Einfluß in der Welt haben und nichts zum Wohle ihrer Mitgeschöpfe beitragen. Sie müssen die Menschen lieben und sich unter sie mischen, wenn Sie ihnen dienen

* Ein sehr korpulenter Mann und ein ausgezeichneter Prediger. A. d. Üb.
** Aus Bunyans Pilgerreise. A. d. Üb.

wollen. Es gibt einige Prediger, die wirklich viel bessere Menschen sind als andere, und doch wirken sie nicht so viel Gutes, wie diejenigen, welche mehr menschlich sind, welche hingehen und sich bei den Leuten niedersetzen und so viel als möglich tun, wie wenn sie bei ihnen zu Hause wären. Sie wissen, Brüder, daß es für Sie möglich ist, gerade ein bißchen zu gut zu scheinen, so daß die Leute fühlen, daß Sie ganz und gar übersinnliche Wesen sind und mehr geeignet, den Engeln und Cherubim und Seraphim zu predigen als den gefallenen Kindern Adams. Seien Sie Menschen unter Menschen; halten Sie sich rein von allen ihren Fehlern und Lastern, aber verkehren Sie mit ihnen in vollkommener Liebe und Teilnahme, in dem Gefühl, daß Sie alles, was in ihren Kräften steht, tun möchten, um sie zu Christus zu bringen, so daß Sie sogar mit dem Apostel Paulus sprechen könnten: »Denn wiewohl ich frei bin von jedermann, habe ich mich doch selbst jedermann zum Knechte gemacht, auf daß ich ihrer viele gewinne. Den Juden bin ich geworden als ein Jude, auf daß ich die Juden gewinne. Denen, die unter dem Gesetz sind, bin ich geworden als unter dem Gesetz, auf daß ich die, so unter dem Gesetz sind, gewinne. Denen, die ohne Gesetz sind, bin ich als ohne Gesetz geworden (so ich doch nicht ohne Gesetz bin vor Gott, sondern bin in dem Gesetz Christi), auf daß ich die, so ohne Gesetz sind, gewinne. Den Schwachen bin ich geworden als ein Schwacher, auf daß ich die Schwachen gewinne. Ich bin jedermann allerlei geworden, auf daß ich allenthalben ja etliche selig mache.«

Das nächste Erfordernis zum Gewinnen der Seelen ist *offenbare Selbstlosigkeit*. Ein Mann hört auf, Menschen zu Christus zu bringen, sobald er als ein selbstsüchtiger Mann bekannt wird. Bei einigen ist die Selbstsucht tief eingewurzelt; man sieht es an ihrem Tische daheim, im Hause Gottes, überall. Wenn solche Individuen mit einer Kirche und Gemeinde zu tun haben, zeigt sich ihr Egoismus bald; sie wollen alles haben, was sie nur bekommen können, obwohl sie als Prediger nicht häufig viel bekommen. Ich hoffe, jeder von Ihnen, Brüder, wird willig sein, zu sagen: »Nun, wenn ich nur Nahrung und Kleidung habe, will ich mich begnügen.« Wenn Sie versuchen, den Gedanken an Geld ganz zu verbannen, so wird das Geld oft doppelt zu Ihnen zurückkehren; aber wenn sie streben, alles zu erhaschen und zu ergreifen, werden Sie sehr wahrscheinlich finden, daß es gar nicht zu Ihnen kommt. Die, welche in Sachen des

Gehalts selbstsüchtig sind, werden es in allen andern Sachen ebenso sein. Sie werden nicht wünschen, daß ihre Gemeinde jemanden kenne, der besser predigen kann als sie selber; und sie werden nicht ertragen, daß irgend ein gutes Werk geschieht anderswo als in ihrer eigenen Kapelle. Wenn an einem andern Orte eine Erweckung stattfindet und Seelen errettet werden, sagen sie mit höhnischem Lächeln: »O ja, es sind viele Neubekehrte da, aber was sind sie? Wo werden sie nach einigen Monaten sein?« Sie halten ihren eigenen Gewinn von *einem* neuen Mitglied per Jahr viel höher als ihres Nachbars hundert auf einmal. Sehen Ihre Gemeindeglieder diese Art Selbstsucht in Ihnen, so werden Sie bald die Macht über sie verlieren; wenn Sie sich vornehmen, ein großer Mann zu sein, wer immer auch beiseite gestoßen werden muß, so werden Sie vor die Hunde gehen, so gewiß wie Sie leben. Was sind Sie, mein lieber Bruder, daß die Leute alle sich beugen und Sie anbeten sollten und denken, daß es in der ganzen Welt keinen neben Ihnen gäbe? Ich will Ihnen sagen, wie es ist: je geringer Sie von sich selbst denken, desto höher werden andere von Ihnen denken; und je höher Sie von sich selbst denken, desto geringer werden andere von Ihnen denken. Wenn einige von Ihnen eine Spur von Selbstsucht an sich haben, bitte, befreien Sie sich davon, sonst werden Sie niemals taugliche Werkzeuge sein, Seelen für Christus zu gewinnen.

Ferner bin ich gewiß, daß *Heiligkeit* etwas ist, was dem Seelengewinner not tut. Es nützt nichts, am Sonntag von dem »höheren Leben« zu reden und dann an Wochentagen das niedere Leben zu führen. Ein christlicher Prediger muß sich sehr hüten, nicht nur, daß er kein wirkliches Unrecht begeht, sondern auch, daß er den Schwachen der Herde keine Ursache des Ärgernisses wird. »Ich habe es alles Macht, aber es frommet nicht alles.« Wir sollten niemals etwas tun, was wir für unrecht ansehen, aber wir sollten auch willig sein, uns der Dinge zu enthalten, die an sich nicht unrecht sein mögen, aber andern einen Anstoß geben könnten. Wenn die Leute sehen, daß wir nicht nur Heiligkeit predigen, sondern auch selbst heilige Männer sind, werden sie sich zu heiligen Dingen hingezogen fühlen durch unsere Persönlichkeit sowohl wie durch unsere Predigt.

Ich denke auch, wenn wir Seelengewinner sein sollen muß *Ernsthaftigkeit in unserm Verhalten* sein. Einige Brüder sind von Natur ernsthaft. Vor einiger Zeit hörte ein Herr in einem Eisenbahnwagen eine Unterredung zwischen zwei Passagieren. Einer von ihnen sagte: »Ich denke, die römische Kirche hat große Macht und wird wahrscheinlich beim Volke viel Erfolg haben wegen der offenbaren Heiligkeit ihrer Prediger. Da ist z. B. Kardinal –, er ist gerade wie ein Skelett; durch sein langes Fasten und Beten ist er fast bis zu Haut und Knochen abgemagert. Jedesmal, wenn ich ihn reden höre, fühle ich sofort die Kraft der Heiligkeit dieses Mannes. Sehen Sie dagegen Spurgeon, er ißt und trinkt wie ein gewöhnlicher Sterblicher; ich würde keine Stecknadel darum geben, ihn predigen zu hören.« Sein Bekannter hörte ihn sehr geduldig an und sagte dann ganz ruhig: »Kam es Ihnen je in den Sinn, daß das Aussehen des Kardinals dadurch zu erklären sei, daß er an der Leber leidet? Ich glaube nicht, daß es die Gnade ist, die ihn so mager macht, ich glaube, es ist seine Leber.« So gibt es einige Brüder, die von Natur zum Trübsinn neigen, sie sind immer sehr ernsthaft; aber bei ihnen ist es kein Zeichen der Gnade, sondern nur ein Anzeichen, daß sie an der Leber leiden. Sie lachen niemals, sie meinen, das würde gottlos sein; sie gehen nur umher in der Welt und vermehren das Elend der Menschheit, das schrecklich genug ist, ohne daß ihre unnötige Portion noch hinzugefügt wird. Solche Leute bilden sich offenbar ein, daß sie vorherbestimmt sind, Eimer voll kalten Wassers auf alle menschliche Lust und Freude zu gießen. Darum, liebe Brüder wenn einige von Ihnen sehr ernsthaft sind, müssen Sie es nicht immer der Gnade zuschreiben, denn es mag alles vom Zustand Ihrer Leber herrühren.

Die meisten von uns sind indes viel mehr geneigt zu jenem Lachen, das wie Arznei wirkt, und wir werden all unsern Frohsinn nötig haben, wenn wir die Niedergeschlagenen trösten und aufrichten sollen; aber wir werden nie viele Seelen zu Christus bringen, wenn wir voll von jenem Leichtsinn sind, der einige Menschen charakterisiert. Die Leute werden sagen: »Es ist alles ein Scherz; hört nur, wie diese jungen Männer über heilige Dinge scherzen; ihnen zuhören, wenn sie auf der Kanzel stehen, das ist *eine* Sache; aber es ist eine ganz andere, ihnen zuhören, wenn sie um den Tisch herum beim Abendessen sitzen.« Ich habe von einem Todkranken gehört, der nach einem Prediger sandte. Als dieser zu ihm kam, sagte der Sterbende: »Erinnern Sie sich eines jungen Mannes, der Sie vor mehreren Jahren eines Abends begleitete, als Sie hingingen, um zu predigen?« Der Pastor antwortete, er erinnere sich nicht. »Ich entsinne mich dessen sehr wohl«, sagte der andere. »Erinnern Sie sich nicht, daß Sie in dem und dem Dorfe predigten, über den und den Text, und daß nach dem Gottesdienst ein junger Mann mit Ihnen nach Hause ging?« – »O ja, das weiß ich sehr wohl.« – »Nun, ich bin dieser junge Mann, ich erinnere mich Ihrer Predigt, ich werde sie nie vergessen.« – »Gott sei Dank dafür«, erwiderte der Prediger. »Nein«, war die Antwort des Sterbenden, »Sie werden nicht Gott danken, wenn Sie alles gehört haben, was ich zu sagen wünsche. Ich ging mit Ihnen nach dem Dorfe, aber Sie sprachen nicht viel auf dem Wege, denn Sie dachten an Ihre Predigt; diese machte einen tiefen Eindruck auf mich, und ich war geneigt, mein Herz Christus zu geben. Ich wünschte mit Ihnen auf dem Heimwege über meine Seele zu sprechen; aber sobald Sie herauskamen, machten Sie einen Spaß, und auf dem Rückwege scherzten Sie so viel über ernste Dinge, daß ich nichts von dem sagen konnte, was ich fühlte, und es flößte mir einen gründlichen Widerwillen gegen die Religion und alle ihre Bekenner ein, und jetzt werde ich verdammt werden, und mein Blut wird vor Ihrer Tür liegen, so gewiß Sie leben«; und damit schied er aus dieser Welt. Niemand möchte, daß ihm so etwas geschähe, deshalb hüten Sie sich, Brüder, damit Sie keinen Anlaß dazu geben. Ernsthaftigkeit muß vorherrschen in unserem ganzen Leben, sonst können wir nicht hoffen, andere zu Christus zu bringen.

Schließlich, wenn wir von Gott viel als Seelengewinner gebraucht werden sollen, so muß *sehr viel Weichheit* in unseren Herzen sein. Ich sehe gern, wenn ein Mann einen angemessenen Grad heiliger Kühnheit hat, aber ich mag ihn nicht frech und unverschämt sehen. Ein junger Mann geht auf die Kanzel, entschuldigt sich, daß er zu predigen versucht, und hofft, die Leute werden Nachsicht mit ihm haben. Er weiß nicht, daß er etwas Besonderes zu sagen hat. Wenn der Herr ihn gesandt hat, müßte er doch eine Botschaft für sie haben; aber er fühlt sich so jung und unerfahren, daß er nicht sehr bestimmt über irgend etwas sprechen kann. Solches Gerede wird niemals eine Maus erretten, viel weniger eine unsterbliche Seele. Wenn der Herr Sie gesandt hat zu predigen, warum sollten Sie dann Entschuldigungen machen? Gesandte entschuldigen sich nicht, wenn sie an einen fremden Hof gehen; sie wissen, daß ihr Monarch sie gesandt hat und sie richten ihre Botschaft aus und haben dabei die ganze Autorität des Königs und des Landes hinter sich. Ebensowenig ist es der Mühe wert, daß Sie die Aufmerksamkeit auf Ihre Jugend lenken. Sie sind nur eine Posaune von Widderhorn; und es ist einerlei, ob Sie gestern von dem Kopf des Widders abgerissen sind oder vor fünfundzwanzig Jahren. Wenn Gott durch Sie bläst, wird Geräusch genug da sein, und etwas mehr als Geräusch. Wenn er es nicht tut, so wird nichts nach dem Blasen kommen. Wenn Sie predigen, so sprechen Sie gerade heraus, aber seien Sie sehr milde dabei; wenn etwas Unangenehmes gesagt werden muß, tragen Sie Sorge, daß Sie es in der freundlichsten Weise sagen. Ein paar unserer Brüder hatten einem christlichen Mitbruder eine Botschaft zu überbringen, und sie taten es in so ungeschickter Art, daß er schwer beleidigt war. Als ich über dieselbe Sache mit ihm redete, sagte er: »Ich hätte mir nichts daraus gemacht, wenn Sie mit mir gesprochen hätten, Sie verstehen es, eine unangenehme Wahrheit so zu sagen, daß man sich nicht beleidigt fühlt, wie sehr einem auch Ihre Botschaft mißfällt*.« – »Nun, aber«, sagte ich »ich drücke die Sache ebenso stark aus wie die anderen Brüder es taten.« – »Ja, das taten Sie, aber die anderen sagten es in so unangenehmer Weise, daß ich es nicht ertragen konnte. Ich wollte lieber von Ihnen gescholten werden, als von den anderen gelobt!« – Es gibt eine Art, dergleichen Dinge zu tun, so daß der Getadelte wirklich dankbar ist. Man kann einen Mann die Treppe hinunterstoßen in einer solchen Weise, daß es ihm beinahe gefällt; während ein anderer eine Tür in so beleidigender Weise öffnen kann, daß man nicht hindurchgehen mag, ehe er aus dem Wege ist. Nun, wenn ich jemanden mißfällige Wahrheiten zu sagen habe, die er notwendig wissen muß, wenn seine Seele errettet werden soll, so ist es eine ernste Notwendigkeit für mich, treu gegen ihn zu sein. Dennoch muß ich versuchen, meine Botschaft so auszurichten, daß er nicht dadurch beleidigt wird. Wenn er dennoch Anstoß nimmt, muß er es tun; die Wahrscheinlichkeit spricht dafür, daß er es nicht tun wird, sondern daß meine Worte auf sein Gewissen einwirken werden.

Ich kenne einige Brüder, die predigen, als wenn sie Preiskämpfer wären. Wenn sie auf der Kanzel stehen, erinnern sie mich an den Irländer auf dem Markt zu Donnybrook; die ganze Predigt hindurch

---

* Es war die tiefe Demut Spurgeons, die sich nie über den erhob, der getadelt werden mußte; wie er sich denn überhaupt nie herabließ zu dem, mit dem er sprach, wie tief dieser auch unter ihm stehen mochte, sondern ihn zu sich hinauf hob. – A. d. Üb.

scheinen sie jemanden aufzufordern, heraufzukommen und mit ihnen zu fechten, und sie sind nie glücklich, wenn sie nicht jemanden zwicken können. Ein Mann, der oft auf dem freien Platz in Clapham predigt, tut es in so streitsüchtiger Weise, daß die Ungläubigen, die er angreift, es nicht ertragen können, und es entsteht darauf häufig Lärm und Kampf. Es gibt eine Weise zu predigen, die alle gegeneinander hetzt. Wenn es einigen Männern gestattet wäre, im Himmel zu predigen, so ist mir bange, daß sie die Engel in Streit miteinander bringen würden. Ich kenne eine Anzahl Prediger dieses Schlages. Es gibt einen, von dem ich gewiß weiß, daß er an mehr als einem Dutzend verschiedener Stellen gewesen ist während seiner nicht sehr langen Predigerlaufbahn. Man kann sehen, wo er gewesen ist – an der Zerstörung, die er zurückläßt. Er findet beständig die Gemeinden in traurigem Zustande vor und beginnt sofort, sie zu reinigen, d. h. zu zerstören. In der Regel geht zuerst der älteste Gemeindevorsteher, dann der nächste, dann gehen alle angesehenen Familien, und binnen kurzer Zeit hat der Mann den Platz so wirksam gereinigt, daß die paar Leute, die übriggeblieben sind, ihn nicht mehr unterhalten können. Fort geht er an einen anderen Ort und wiederholt da denselben Zerstörungsprozeß. Er ist eine Art geistlicher Schiffsbohrer und fühlt sich niemals glücklich, wenn er nicht ein Loch durch die Planken eines guten Schiffes bohren kann. Er behauptet, das Schiff sei wurmstichig, darum bohrt er und bohrt, bis er gerade, wenn es im Begriff zu sinken ist, davonschlüpft und an Bord eines anderen Schiffes geht, das bald in derselben Weise sinkt. Er fühlt, daß er zu dem Werke berufen ist, »die Frommen zu sondern von den bösen Leuten«, aber einen bösen Wirrwarr macht er überall. Ich habe keinen Grund zu glauben, daß es bei diesem Bruder an der Leber liegt; es ist wahrscheinlicher, daß etwas in seinem Herzen nicht richtig ist. Es ist eine böse Krankheit in ihm, die mich immer böse auf ihn macht. Es ist gefährlich, ihn mehr als drei Tage zu beherbergen, denn er würde in dieser Zeit mit dem friedliebendsten Mann in der Welt in Streit geraten. Ich will ihn niemals wieder einer Gemeinde empfehlen. Er mag sich selbst einen Platz suchen, wenn er kann. Aber ich glaube, überall, wohin er geht, wird der Platz wie der werden, wo des Tataren Pferd gestanden hat: das Gras wird da niemals wieder wachsen. Wenn einer von ihnen, Brüder, auch nur ein bißchen von diesem häßlichen bitteren Geiste hat, so gehe er aufs Meer, um davon freizuwerden. Ich hoffe, es wird Ihnen dann geschehen nach der Legende, die von Mohammed erzählt wird. »In jedem menschlichen Wesen«, so lautet die Geschichte, »sind zwei schwarze Tropfen Sünde.« Der große Prophet selber war nicht frei von dem allgemeinen Übel; aber ein Engel wurde zu ihm gesandt, um sein Herz zu nehmen und die zwei schwarzen Sündentropfen herauszudrücken.« Schaffen Sie diese schwarzen Tropfen irgendwie heraus, solange Sie im Unterricht sind; wenn Sie einen Groll, eine Mißgunst oder einen Zorn in sich tragen, so bitten Sie den Herrn, dies wegzunehmen, während Sie hier sind; gehen Sie nicht in die Gemeinden, um dort zu streiten, wie andere es getan haben.

»Doch«, sagt ein Bruder, »werde ich mich nicht mit Füßen treten lassen. Ich werde den Stier bei den Hörnern fassen.« Sie werden ein großer Narr sein, wenn Sie das tun. Ich hatte nie das Gefühl, daß ich zu etwas derartigem berufen sei. Warum nicht den Stier in Ruhe lassen, daß er gehen kann, wohin er will? Ein Stier ist ein Geschöpf, das Sie wahrscheinlich in die Luft werfen wird, wenn Sie sich an seinen Hörnern zu schaffen machen. »Aber«, sagt ein anderer, »wir müssen doch die Dinge zurechtbringen.« Ja, aber die beste Art, sie zurechtzubringen, ist nicht die, sie schlimmer zu machen, als sie sind. Niemandem fällt es ein, einen wütenden Stier in einen Porzellanladen zu bringen, um das Porzellan zu reinigen, und niemand kann durch Zorn und üble Laune das zurechtbringen, was in unsern Gemeinden nicht recht ist. Tragen Sie Sorge, immer die Wahrheit in Liebe zu sprechen, und besonders, wenn Sie Sünde rügen.

Ich glaube, Brüder daß Seelen gewonnen werden müssen durch Männer von der Art, die ich eben beschrieben habe; und am meisten wird dies der Fall sein, wenn sie von Leuten derselben Art umgeben sind. Die Atmosphäre, in der Sie leben und arbeiten muß von diesem Geist durchdrungen sein, ehe Sie mit Recht die vollsten und reichsten Segnungen erwarten dürfen. Mögen darum Sie und alle Ihre Gemeindeglieder so sein, wie ich es eben geschildert habe, um des Herrn Jesu Christi willen.

Predigten, die geeignet sind,
Seelen zu gewinnen

Heute, Brüder, will ich mit Ihnen sprechen über

Die Art von Predigten, die am geeignetsten zur Bekehrung der
Menschen sind,

die Art von Reden, die wir halten sollten, wenn wir wirklich wünschen, daß unsere Hörer an den Herrn Jesus Christus glauben und
errettet werden möchten. Natürlich stimmen wir alle vollkommen
darin überein, daß allein der Heilige Geist eine Seele bekehren kann.
Niemand kann in das Reich Gottes eingehen, es sei denn, daß er von
oben wiedergeboren werde. Das ganze Werk wird von dem Heiligen Geist getan, und wir dürfen uns nicht das geringste Verdienst
dabei zuschreiben; denn es ist der Geist, der den Menschen neu er-
schafft und in ihm wirkt nach Gottes ewigem Ratschluß.

Dennoch können wir Werkzeuge in seiner Hand sein; denn es gefällt ihm, Werkzeuge zu gebrauchen, und er wählt sie aus weisen
Gründen. Die Mittel müssen für den Zweck passen, wie sie es taten,
als David mit Schleuder und Steinen hinging, um Goliath zu schlagen. Goliath war ein langer Geselle, aber ein Stein aus einer Schleuder kann in die Höhe steigen; überdies war der Riese bewaffnet und
geschützt und kaum verwundbar außer an der Stirn, so daß diese gerade der rechte Fleck war, wo er getroffen werden mußte. Daß David eine Schleuder nahm, geschah nicht so sehr deshalb, weil er
keine andere Waffe besaß, sondern weil er sich im Schleudern geübt
hatte, wie die meisten Knaben es in der einen oder anderen Weise
tun. Und dann wählte er einen glatten Stein, weil er wußte, daß der
für die Schleuder passen würde. Er nahm den rechten Stein, und als
er ihn gegen den Riesen schleuderte, traf derselbe ihn in die Stirn,
durchdrang sein Gehirn, und der Riese sank zu Boden.

Sie werden finden, daß in dem Werk des Heiligen Geistes eine solche Anpassung der Mittel zum Zweck sich überall findet. Als ein

Mann zum Apostel der Heiden nötig war, wählte der Heilige Geist den weitherzigen, gutgeschulten, hochgebildeten Paulus aus, denn der war für diesen Zweck tauglicher als der etwas engherzige, obwohl willenskräftige Petrus, der besser für die Predigt unter den Juden paßte und dort von weit mehr Nutzen war, als er je unter den Heiden gewesen wäre. Paulus ist an seinem Platze der rechte Mann, und Petrus an dem seinigen. Sie mögen hierin eine Lehre für sich selber sehen und suchen, Ihre Mittel dem Zwecke anzupassen. Gott der Heilige Geist kann eine Seele durch jeden Schriftspruch bekehren ohne Ihre Umschreibung, Ihre Auslegung, Ihre Erklärung. Aber es gibt gewisse Schriftstellen, wie sie wissen, die dazu besonders geeignet sind, den Sündern vor Augen gestellt zu werden. Wenn dies schon bei Ihren Texten der Fall ist, so noch viel mehr bei Ihren Reden. Auf die Frage, welche Predigten Gott am wahrscheinlichsten zur Bekehrung der Hörer segnen wird, würde ich antworten: vor allem *diejenigen Predigten, welche bestimmt auf die Bekehrung der Hörer abzielen.*

Es gibt Predigten, durch die Gott – es sei denn, daß er anfinge, Weizen durch Schnee und Eis reifen zu lassen, und begönne die Welt durch Nebel und Wolken zu erleuchten – keine Seelen erretten kann. Der Prediger selbst denkt augenscheinlich nicht daran, daß irgend jemand durch sie bekehrt werden könnte. Würden hundert Personen oder ein halbes Dutzend durch sie bekehrt, so würde niemand so erstaunt sein wie er selbst. In der Tat, ich kenne einen Mann, der unter der Predigt eines solchen Pastors bekehrt oder wenigstens von der Sünde überführt wurde. Er ging hin, um mit seinem Geistlichen zu sprechen, aber dieser arme Mann wußte nichts mit ihm anzufangen und sagte: »Es tut mir sehr leid, daß in meiner Predigt etwas gewesen ist, was Sie unruhig gemacht hat, ich beabsichtigte das nicht!« – »Nun, Herr«, sagte der geängstigte Mann, »Sie sagten, wir müßten wiedergeboren werden.« – »Oh«, erwiderte der Geistliche, »das geschah alles in der Taufe.« – »Aber«, sagte der Mann, der sich nicht abweisen ließ, »das sagten Sie nicht in Ihrer Predigt; Sie sprachen von der Notwendigkeit der Wiedergeburt.« »Es tut mir wirklich sehr leid, daß ich etwas gesagt habe, was Sie beunruhigt hat; denn ich denke, es steht alles gut mit Ihnen. Sie sind ein ehrlicher Mann, Sie waren nie ein Wilddieb oder irgend etwas anderes Schlechtes.« – »Das mag sein, aber ich habe ein Gefühl

der Sünde, und Sie sagten, wir müßten neue Kreaturen werden.« –
»Nun, mein guter Mann«, sagte der verblüffte Geistliche zuletzt,
»ich verstehe diese Sache nicht; ich bin nie wiedergeboren worden.«
Er sandte ihn zu einem Prediger, und der Mann, der das neue Leben
suchte, ist jetzt selbst Prediger, und das ist zum Teil das Resultat
von dem, was er von dem Pastor lernte, der selbst die Wahrheit
nicht verstand, die er andern verkündigt hatte.

Natürlich, Gott kann eine Seele auch durch eine solche Predigt und
ein solches Predigtamt bekehren wie dieses; aber es ist nicht wahrscheinlich, daß er es tut. Es ist viel wahrscheinlicher, daß er in seiner
unumschränkten Macht an einem Orte wirkt, wo ein warmherziger
Mann seinen Hörern die Wahrheit, die er selber aufgenommen hat,
predigt und dabei ernstlich ihre Errettung wünscht, und sobald sie
errettet sind, bereit ist, sie weiter in den Wegen des Herrn zu unterweisen. Gott legt für gewöhnlich seine neugeborenen Kinder nicht
unter Leuten nieder, die ihr neues Leben nicht verstehen und es
ohne geeignete Nahrung und Pflege lassen.

Deshalb, und wir treten unserem Thema ein wenig näher: wenn die
Hörer errettet werden sollen, so müssen es *Predigten sein, die sie interessieren.* Sie haben sie zuerst dahin zu bringen, daß sie kommen
und das Evangelium hören. Es ist, in London jedenfalls, ein großer
Widerwille gegen Gotteshäuser, und bei vielen Kirchen und Kapellen nimmt es mich auch nicht sehr wunder. Ich denke, in vielen Fällen besuchen einfache Leute solche Gottesdienste nicht, weil sie das
theologische Kauderwelsch nicht verstehen, das auf der Kanzel gebraucht wird; es ist weder Englisch noch Griechisch, sondern etwas
ganz Unverständliches. Und wenn ein Arbeiter einmal hingeht und
sich diese schönen Worte anhört, so sagt er zu seiner Frau: »Ich
gehe nicht wieder dahin; das ist nichts für mich und auch nichts für
dich; das mag viel sein für einen Herrn, der studiert hat, aber nicht
für unsereins.« Nein, Brüder, wir müssen predigen in »der Sprache
des Marktes«, wie Whithefield zu sagen pflegte, wenn wir wollen,
daß alle Volksklassen unserer Botschaft zuhören. Wir müssen interessant predigen. Die Leute werden nicht bekehrt, während sie
schlafen. Wir müssen den Geist unserer Hörer wach und rege halten, wenn wir ihnen wirklich helfen sollen. Sie werden Ihre Vögel
nicht schießen können, wenn Sie sie nicht zum Fliegen bringen. Sie
müssen sie aufjagen aus dem langen Gras, wo sie sich versteckt hal-

ten. Ich würde lieber etwas von dem gebrauchen, was einige sehr gemessene Prediger als etwas Schreckliches betrachten, nämlich jenes böse Ding, das man Humor nennt, – ich würde lieber die Versammlung durch diesen aufwecken, als von mir sagen lassen, ich hätte solange gedröhnt, bis wir alle miteinander eingeschlafen waren. Zuweilen mag es ganz recht sein, wenn von uns gesagt wird, wie von Rowland Hill: »Was will dieser Mann? Er machte die Leute lachen, während er predigte.« – »Ja«, war die verständige Antwort, »aber saht ihr nicht, daß er sie gleich nachher weinen machte?« Das war gute Arbeit und sie ward gut getan. Zuweilen kitzle ich meine Auster, bis sie die Schale öffnet, und dann bringe ich das Messer hinein. Sie würde sich nicht vor meinem Messer geöffnet haben, aber sie tat es vor etwas anderem: und das ist die Weise, wie man mit Menschen verfahren muß. Sie müssen irgendwie dahin gebracht werden, ihre Augen und Ohren und Seelen zu öffnen. Und wenn Sie das zustande gebracht haben, so müssen Sie fühlen: »Jetzt ist die rechte Zeit; herein mit dem Messer!« Es ist *eine* verwundbare Stelle in dem Fell jener Rhinozeros-Sünder, die kommen, um Sie zu hören; tragen sie jedoch Sorge, daß, wenn Sie einen Schuß durch diese schwache Stelle tun, es mit einer tüchtigen Kugel des Evangeliums geschieht, denn nichts anderes wird das Werk, welches getan werden muß, vollbringen.

Überdies muß das Interesse der Leute geweckt werden, damit sie das auch aufnehmen, was gesagt wird. Sie werden nicht behalten, was sie hören, wenn der Gegenstand sie nicht interessiert. Sie vergessen den schönen Schluß unserer Rede, sie können sich unserer sehr hübschen Verse nicht mehr erinnern – ich weiß auch nicht, ob sie ihnen von besonderem Nutzen wären, falls sie es täten. Nein, wir müssen unsern Hörern etwas erzählen, das sie so leicht nicht vergessen werden. Ich habe viel Vertrauen zu dem, was Vater Taylor »die Überraschungsmacht« einer Predigt nennt, d. h. etwas, was von den Hörern nicht erwartet wird. Eben dann, wenn sie erwarten, daß Sie etwas Gemessenes und Gerades sagen werden, sagen Sie etwas Ungeschicktes und Krummes, weil sie das behalten werden, und Sie dann einen Knoten mit dem Evangelium gemacht haben da, wo er wahrscheinlich bleiben wird. Ich gebe Ihnen denselben Rat, den ein sterbender Schneider seinen Kollegen gab: »Machen Sie stets einen Knoten in Ihrem Faden.« Wenn ein Knoten im Faden ist, so geht dieser nicht aus dem Zeug heraus. Einige Prediger stecken die Nadel ganz richtig hinein, aber es ist kein Knoten in ihrem Faden, darum geht er hindurch, und sie haben im Grunde nichts ausgerichtet. Machen Sie recht viele Knoten in Ihren Reden, Brüder, so daß um so größere Wahrscheinlichkeit dafür besteht, daß sie im Gedächtnis Ihrer Hörer bleiben werden. Sie werden doch nicht wollen, daß Ihr Predigen wie das Nähen einiger Maschinen sei, bei dem, wenn ein Stich bricht, das Ganze sich auflöst. Es sollten reichlich »Kletten« in Ihren Predigten sein, die sich überall an Ihre Hörer anhängen; sagen Sie etwas Schlagendes, etwas, das ihnen noch manchen Tag lang anhängt und das geeignet ist, ihnen zum Segen zu werden. Ich glaube, daß eine Predigt mit Gottes Hilfe wahrscheinlich Bekehrungen wirken wird, wenn sie den Hörern interessant ist und auch direkt auf ihre Errettung abzielt.

Das Dritte zu einer Predigt, die zur Seelengewinnung führen soll: *sie muß lehrreich sein.* Wenn die Leute durch einen Vortrag errettet werden sollen, so muß er wenigstens etwas Lehre enthalten. Einige Prediger sind ganz Licht und kein Feuer, und andere sind ganz Feuer und kein Licht; was wir brauchen, ist beides, Feuer und Licht. Ich richte nicht jene Brüder, welche ganz Feuer und Eifer sind; aber ich möchte, sie hätten etwas mehr Kenntnis von dem, worüber sie reden, und ich denke, es wäre gut, wenn sie nicht ganz so schnell begönnen zu predigen, was sie kaum selber verstehen. Es ist eine schöne Sache, sich auf der Straße hinzustellen und zu rufen: »Glaubet! Glaubet! Glaubet!« Ja, mein guter Mann, aber was sollen wir glauben? Worüber wird denn all dieser Lärm gemacht? Prediger dieser Art gleichen einem kleinen Knaben, der geweint hatte und durch irgend etwas im Weinen unterbrochen worden war und darauf fragte: »Bitte, Mama, worüber weine ich?« Gemütsbewegung ist ohne Zweifel etwas durchaus Erlaubtes auf der Kanzel, und das Gefühl, das Pathos, die Leidenschaft des Herzens sind etwas Gutes und Großes am rechten Platze. Aber gebrauchen Sie doch auch Ihren Kopf ein wenig, sagen Sie uns etwas, wenn Sie auftreten, um das ewige Evangelium zu predigen.

Die Predigten, die am ehesten Leute bekehren werden, scheinen mir diejenigen zu sein, die voll von Wahrheit sind, Wahrheit über den Fall, Wahrheit über das Gesetz, Wahrheit über die menschliche Natur und ihre Gott-Entfremdung, Wahrheit über Jesus Christus,

Wahrheit über den Heiligen Geist, Wahrheit über den ewigen Vater, Wahrheit über die neue Geburt, Wahrheit über den Gehorsam gegen Gott und wie wir denselben lernen, und all solche großen Wahrheiten. Sagen Sie Ihren Hörern etwas, liebe Brüder, jedesmal, wenn Sie predigen, sagen Sie ihnen etwas!

Natürlich kann etwas Gutes danach kommen, selbst wenn Ihre Hörer Sie nicht verstehen. Ich nehme dies an, denn eine sehr hoch geachtete Dame redete in einer Versammlung von englischen Quäkern auf Holländisch und bat einen der Brüder, ihre Worte zu übersetzen. Aber die Hörer sagten, es sei so viel Kraft und Geist in ihrer Rede, obwohl in holländischer Sprache, daß sie dieselbe nicht übersetzt haben wollten; denn sie ginge ihnen zu Herzen. Nun, diese Hörer waren Quäker, und das sind Männer von anderm Schlage, als ich es bin; denn einerlei, wie fromm auch diese Dame war, ich hätte gewünscht zu wissen, wovon sie sprach. Ich bin gewiß, daß ich nicht den geringsten Gewinn davon gehabt hätte, wenn ihre Rede nicht übersetzt worden wäre. Ich habe es auch gern, wenn Prediger immer wissen, wovon sie reden, und sicher sind, daß etwas darin ist, was wert ist, gesagt zu werden. Versuchen Sie deshalb, liebe Brüder, Ihren Hörern noch etwas anderes zu geben als eine Reihe von rührenden Geschichten, die sie zum Weinen bringen. Sagen Sie den Leuten etwas; Sie sollen sie lehren, sollen ihren Hörern das Evangelium predigen und ihnen, so viel Sie vermögen, das verständlich machen, was zu ihrem Frieden dient. Wir können nicht erwarten, daß die Leute durch unsere Predigten errettet werden, wenn wir nicht suchen, sie wirklich zu belehren durch das, was wir ihnen sagen.

Viertens: *unsere Predigten müssen Eindruck auf die Hörer machen, wenn diese bekehrt werden sollen.* Sie müssen nicht nur interessant und belehrend, sondern auch eindringlich sein; und ich glaube, liebe Freunde, es ist viel mehr Kraft in eindringlichen Predigten, als manche Leute denken. Damit Sie das Wort Gottes denen einprägen können, welchen Sie predigen, muß es zuvor Ihnen selber eingeprägt sein. Sie müssen es selbst fühlen und müssen sprechen, wie ein Mann, der es fühlt; nicht als *wenn* Sie es fühlten, sondern *weil* Sie es fühlen. Ich möchte wissen, wie es wäre, wenn man auf die Kanzel geht und der Versammlung die Predigt eines anderen vorliest. Wir lesen in der Bibel von einem Ding, das entlehnt war, und von dem fiel das Eisen ab; und mir ist bange: dasselbe geschieht oft bei entlehnten Predigten – das Eisen fällt ab. Männer, die entlehnte Predigten vorlesen, wissen schlechterdings nichts von unserer Geistesarbeit bei der Vorbereitung für die Predigt oder unserer Freude beim Predigen, wenn wir dabei nur die Hilfe von kurzen Notizen haben. Ein lieber Freund von mir, der seine Predigten abliest, sprach mit mir über das Predigen, und ich erzählte ihm, wie meine tiefste Seele bewegt ist und mein Herz in mir erregt wird, wenn ich darüber nachdenke, was ich meiner Gemeinde sagen soll, und nachher, wenn ich meine Botschaft bringe. Aber er sagte, daß er nie etwas von der Art beim Predigen fühle. Er erinnerte mich an das kleine Mädchen, das weinte, weil ihm die Zähne weh taten und zu dem die Großmutter sagte: »Lily, mich wundert, daß Du dich nicht schämst, über eine solche Kleinigkeit zu weinen.« – »Ja, Großmutter«, erwiderte die Kleine, »Du kannst das wohl sagen, denn wenn deine Zähne wehtun, so kannst du sie herausnehmen, aber meine sind fest.« Einige Brüder können, wenn die Predigt, die sie halten möchten, nicht glatt gehen will, zu ihrem Schubfach gehen und eine andere herausnehmen. Aber wenn ich eine eigene Predigt voller Freude halten will und mir selber ist schwer und traurig zu Mute, so bin ich ganz und gar elend; wenn ich die Menschen bitten und überreden will zu glauben, und meine Seele ist stumpf und kalt, so bin ich im höchsten Grade unglücklich. Meine Zähne tun weh, und ich kann sie nicht herausnehmen, denn es sind meine eigenen, wie meine Predigten meine eigenen sind. Deshalb muß ich damit rechnen, auch viel Mühe und Schmerz zu haben, sowohl wenn ich sie bekomme als auch wenn ich sie gebrauche.

Ich erinnere mich der Antwort, die ich erhielt, als ich einst zu meinem ehrwürdigen Großvater sagte: »Ich kann nie predigen, ohne daß ich mich schrecklich übel fühle, buchstäblich übel, so daß ich ebensogut über den Kanal hätte fahren können.« Ich fragte den teuren, alten Mann, ob er dächte, daß ich je dies Gefühl überwinden würde. Seine Antwort war: »Deine Vollmacht wird dahin sein, wenn du es tust.« Meine Brüder, wenn Sie Ihr Thema ebenso ergriffen haben, wie Ihr Thema Sie ergriffen hat und Sie selber seinen Griff in seiner furchtbaren Wirklichkeit fühlen, dann wird Ihre Predigt sehr geeignet sein, auch andere zu ergreifen. Wenn es aber Sie selber nicht ergriffen hat, können Sie nicht erwarten, daß es andere ergreifen wird. Deshalb sorgen Sie dafür, daß immer etwas in Ihren Predigten ist, was wirklich auf Sie selbst und deshalb auch auf Ihre Hörer Eindruck macht.

Ich meine auch, daß unser Vortrag *eindringlich* sein sollte. Die Vortragsweise einiger Prediger ist sehr schlecht; wenn Ihre es auch ist, so versuchen Sie auf jede mögliche Weise, sie zu verbessern. Ein junger Mann wollte singen lernen, aber sein Lehrer sagte zu ihm: »Sie haben nur *einen* Ton in Ihrer Stimme, und der ist außerhalb der Skala.« So haben einige Prediger in ihrer Stimme nur *einen* Ton, und in diesem einen ist nichts Melodisches. Versuchen Sie, so viel Sie können, sogar die Art, in der Sie sprechen, dem großen Zweck, den Sie im Auge haben, dienstbar zu machen. Predigen Sie z. B. so, wie Sie reden würden, wenn Sie vor einem Richter ständen und um das Leben eines Freundes bäten, oder wenn Sie sich an die Königin selber wendeten zu Gunsten eines, der Ihnen sehr teuer wäre. Gebrauchen Sie, wenn Sie Sünder bitten und ermahnen, einen Ton, wie Sie ihn gebrauchen würden, wenn ein Galgen in diesem Zimmer errichtet wäre und Sie daran gehängt werden sollten, falls Sie nicht den, der die Gewalt in Händen hat, überreden könnten, Sie freizulassen. Das ist die Dringlichkeit, die Sie gebrauchen müssen, wenn Sie als Botschafter Gottes die Menschen bitten und ermahnen. Versuchen Sie, jede Predigt so zu halten, daß die Leichtfertigen es sehen und keinen Zweifel daran haben können, daß, wenn es für sie auch eine Spielerei ist, zu hören, es doch für den Prediger keine Spielerei ist, mit ihnen zu sprechen, sondern daß Sie in völligem, feierlichem Ernst über ewige Angelegenheiten mit ihnen reden. Ich habe beim Predigen oft das Gefühl gehabt, allen meinen Kriegsvorrat aufgebraucht zu haben, und dann habe ich gleichsam mich selbst in die große Kanone des Evangeliums gerammt und mich auf meine Hörer abgefeuert; ich habe all meine Erfahrung von Gottes Güte, all mein Sündenbewußtsein und all meine Überzeugung von der Macht des Evangeliums auf sie abgefeuert. Es gibt manche Leute, auf die nur diese Art von Predigten Eindruck macht; denn sie sehen, daß sie ihnen alsdann nicht nur das Evangelium mitteilen, sondern auch sich selbst. Die Predigt, die wahrscheinlich des Hörers Herz brechen wird, ist die, welche zuerst des Predigers Herz gebrochen hat, und die Predigt, welche wahrscheinlich des Hörers Herz erreichen wird, ist die, welche geradewegs von dem Herzen des Predigers kommt. Darum, liebe Brüder, suchen Sie immer so zu predigen, daß es sowohl in die Herzen der Hörer eindringt als auch dieselben interessiert und belehrt.

Fünftens: Ich denke, wir sollten suchen, *aus unseren Predigten alles zu entfernen, was die Gemüter der Hörer leicht von dem Zweck, den wir im Auge haben, ablenken kann.*

Die beste Weise zu predigen, eben wie die beste Weise sich zu kleiden, ist die, welche niemand bemerkt. Es brachte jemand einen Abend bei Hannah More zu, und als er nach Hause kam, fragte seine Frau: »Wie war Miß More gekleidet? Sie muß sehr prachtvoll angezogen gewesen sein.« Der Mann antwortete: »Wirklich, sie war – ja – wie war sie gekleidet? Ich habe gar nicht bemerkt, wie sie gekleidet war; jedenfalls war nichts besonders Auffallendes in ihrer Kleidung, sie selber war der Gegenstand des Interesses.« Das ist die Weise, wie eine wahrhaft gebildete Dame sich kleidet, so, daß wir sie beachten, und nicht ihre Kleider; sie ist so gut gekleidet, daß wir nicht wissen, wie sie gekleidet ist. Und dies ist auch die beste Weise, eine Predigt zu halten. Lassen Sie nie von ihnen gesagt werden, was zuweilen von gewissen beliebten Predigern gesagt wird: »Er tat es so majestätisch, er redete in so erhabenem Stil« usw. usw.

Bringen Sie nie etwas in Ihre Rede hinein, was die Aufmerksamkeit der Hörer leicht von dem großen Zweck, den Sie vor Augen haben, abwendet. Wenn Sie des Sünders Gedanken von der Hauptsache ablenken, so ist, menschlich gesprochen, wenig Wahrscheinlichkeit vorhanden, daß er den Eindruck empfängt, den Sie beabsichtigen, und folglich auch wenig Wahrscheinlichkeit, daß er bekehrt wird. Mr. Finney sagt in seinem Buch über »Erweckungen«, ein Mann sei gerade im Begriff gewesen, sein Herz dem Evangelium zu öffnen, als eine alte Frau mit Holzschuhen den Gang hinauf gekommen wäre und viel Lärm gemacht hätte; jene Seele sei verloren gegangen! Ich weiß, was der Evangelist meinte, obwohl ich die Form nicht liebe, in der er die Sache ausdrückte. Der Lärm von den Holzschuhen der alten Frau lenkte wahrscheinlich den Mann ab von der Sache, an die er hätte denken sollen, und es ist durchaus möglich, daß er nicht wieder genau in dieselbe Gemütsverfassung zurück gebracht werden konnte. Wir sollen auf alle diese kleinen Dinge achten, als wenn alles von uns abhinge, aber zur selben Zeit daran denken, daß allein der Heilige Geist die Arbeit wirksam machen kann.

Ihre Predigt darf nicht die Aufmerksamkeit der Hörer abziehen dadurch, daß sie nur sehr entfernte Beziehung zu dem Text hat. Es gibt noch immer viele Hörer, die glauben, daß irgend eine Art Verbindung zwischen Predigt und Text sein sollte, und wenn diese beginnen, sich zu fragen: »Wie kam der Prediger darauf? Was hat sein Gerede mit dem Text zu tun?« – so haben Sie Ihre Aufmerksamkeit verloren. Diese Ihre Gewohnheit herumzuschweifen kann sehr verderblich für die Hörer sein; darum bleiben Sie bei Ihrem Text, Brüder. Wenn nicht, so werden Sie einem kleinen Knaben gleichen, der zum Fischen ausging, und als sein Onkel ihn fragte: »Hast du viele Fische gefangen, Samuel?« antwortete: »Ich habe drei Stunden lang gefischt, Onkel, und habe keinen Fisch gefangen, aber ich habe eine Menge Würmer verloren.« Ich hoffe, Sie werden nicht einmal zu sagen brauchen: Ich gewann keine Seelen für den Heiland, aber ich verdarb eine Menge köstlicher Texte; ich vermengte und verwirrte viele Schriftstellen, aber ich half niemandem damit. Es lag mir nicht sehr viel daran, zu lernen, was der Geist Gottes in dem Text offenbarte, obwohl viel Quetschen und Drücken dazu gehörte, meine Meinung in den Text hinein zu bringen.« Es ist nicht gut, so zu verfahren. Bleiben Sie bei Ihrem Text, Brüder, wie man den Schuster heißt, bei seinem Leisten zu bleiben, und suchen Sie aus der Schrift herauszubekommen, was der Heilige Geist in dieselbe hineingelegt hat. Lassen Sie niemals Ihre Hörer die Frage aufwerfen: »Was hat diese Predigt mit dem Text zu tun?« Sonst werden die Hörer keinen Gewinn haben, und vielleicht werden sie nicht errettet werden.

Ich möchte Ihnen, Brüder, auch sagen, suchen Sie so viel Ausbildung wie nur möglich zu bekommen, fangen Sie alles ein, was Ihre Lehrer Ihnen nur mitteilen können. Sie werden Ihre ganze Zeit nötig haben, um alles herauszubekommen, was in diesen ist, aber Sie sollten sich bemühen, auch alles zu lernen, was zur Allgemeinbildung gehört, weil ein Mangel an Bildung, glauben Sie mir dies, das Werk des Seelengewinnens hindern kann. Jenes entsetzliche Weglassen des h,* wo es ausgesprochen werden soll, und das Aussprechen desselben, wo es weggelassen werden muß – man vermag nicht zu sagen, welches Unheil solche Fehler anrichten können. Da war eine junge Dame, die vielleicht gewonnen worden wäre; denn

---

* Ein bei ungebildeten Engländern sehr gewöhnlicher Fehler. A. d. Üb.

Ihre Predigt schien viel Eindruck auf sie zu machen, aber die schreckliche Weise, wie Sie Ihr h aussprechen, widert sie so an, daß sie Ihnen nicht mit Freuden zuhören konnte; ihre Aufmerksamkeit wurde von der Wahrheit abgelenkt durch Ihre falsche Aussprache. Dieser Buchstabe h hat viel Unheil verursacht, er ist bei sehr vielen »der Buchstabe, der tötet«. Ja, alle Arten von grammatischen Schnitzern können mehr Schaden anrichten, als Sie sich denken. Sie meinen vielleicht, daß ich von unbedeutenden Dingen rede, die kaum der Beachtung wert seien. Aber ich tue das nicht; denn diese Dinge können sehr ernste Folgen haben; und da es leicht ist, unsre Muttersprache richtig zu sprechen und schreiben zu lernen, versuchen Sie, dies so gut zu tun, wie es Ihnen möglich ist.

Vielleicht sagt jemand: »Ich kenne einen Bruder, der sehr viel Erfolg hatte, und der war kein gebildeter Mann.« Das ist wahr; aber beachten Sie dies: die Zeiten ändern sich. Ein junges Mädchen sagte zu einem andern: »Ich sehe nicht ein, warum wir Mädchen lernen sollen; die jungen Mädchen wußten früher nicht viel, und sie wurden doch geheiratet.« – »Ja«, sagte ihre Gefährtin, »aber damals war kein Schulzwang; jetzt werden die jungen Männer geschult, und es wird schlimm für uns stehen, wenn wir es nicht sind.« Ein junger Mann mag sagen: »Der und der Prediger sprach grammatikalisch nicht einwandfrei und richtete doch viel aus.« Aber die Leute sprachen auch nicht grammatikalisch richtig zu seiner Zeit, darum machte es nicht viel aus. Jetzt aber, wo sie alle die Schule besucht haben, wird es sehr zu beklagen sein, wenn die Gedanken der Hörer von den ernsten Dingen, auf die Sie sie hinleiten möchten, abgezogen werden, weil sie Ihren Mangel an Bildung bemerken. Gewiß, auch wenn jemand kein gebildeter Mann ist, kann Gott ihn segnen; aber die Vernunft lehrt uns, Sorge zu tragen, daß unser Mangel an Bildung kein Hindernis werde für den Segen, den das Evangelium bringen kann.

»Aber«, sagen Sie möglicherweise, »die Leute müssen ja überkritisch sein, wenn sie so tadeln.« Ja, aber haben nicht hyperkritische Leute es ebenso nötig, errettet zu werden, wie andere? Ich möchte nicht, daß irgend ein Hyperkritischer in Wahrheit sagen könnte, mein Predigen sei so mißtönend für seine Ohren und so störend für sein Denken, daß es ihm nicht möglich sei, die Lehre anzunehmen, die ich ihm zu verkündigen gesucht habe. Haben Sie schon gehört, wie es zuging, daß Charles Dickens kein Spiritualist werden wollte? Bei einer Sitzung wünschte er den Geist von Lindley Murray zu sehen. Etwas, was der Geist von Lindley Murray zu sein vorgab, kam herein, und Dickens fragte: »Sind Sie Lindley Murray?« Die Antwort war: »*Ich seien es.*« Es war keine Hoffnung mehr da für Dickens Bekehrung zum Spiritualismus nach dieser ungrammatischen Antwort. Sie mögen gern über die Geschichte lachen, aber merken Sie sich ja die Moral derselben. Sie sehen doch ein, daß Sie dadurch, daß Sie den Dativ mit dem Akkusativ verwechseln, die Gedanken Ihres Hörers von dem, was Sie ihm verkünden wollen, ablenken und so verhindern können, daß die Wahrheit sein Herz und Gewissen erreicht.

Machen Sie darum Ihre Predigten, so viel Sie nur können, frei von allem, was die Hörer von dem *einen* Zweck, den Sie im Auge haben, abzieht. Die ganze Aufmerksamkeit und alle Gedanken der Hörer müssen konzentriert sein auf die Wahrheit, die wir ihnen vor Augen stellen, wenn wir so predigen wollen, daß die, welche uns hören, errettet werden.

Sechstens: Ich glaube, daß *diejenigen Predigten, welche am meisten von Christus zeugen, am wahrscheinlichsten zur Bekehrung der Hörer gesegnet werden*. Lassen Sie Ihre Predigten deshalb ganz von Christus erfüllt sein, von Anfang bis Ende ganz voll von dem Evangelium. Was mich betrifft, Brüder, ich kann nichts anderes predigen als Christus und sein Kreuz; denn ich weiß nichts anderes, und seit langer Zeit schon halte ich, wie der Apostel Paulus, mich nicht dafür, daß ich etwas wüßte ohne allein Jesus Christus, den Gekreuzigten. Die Leute haben mich oft gefragt: »Was ist das Geheimnis Ihres Erfolges?« Ich antwortete immer, daß ich kein anderes Geheimnis habe als dies, daß ich das Evangelium gepredigt habe – nicht über *das Evangelium*, sondern *das Evangelium* – das volle, freie, glorreiche Evangelium des lebendigen Christus, das die menschgewordene »Gute Botschaft« ist. Predigen Sie Jesus Christus, Brüder, immer und allenthalben! Und jedesmal, wenn Sie predigen, können Sie ja so viel von Jesus Christus in Ihrer Predigt sagen. Sie erinnern sich der Geschichte von dem alten Pastor, der eine Predigt von einem jungen Mann hörte, und als dieser ihn fragte, was er davon hielte, etwas mit der Antwort zögerte, aber zuletzt sagte: »Wenn ich es Ihnen sagen muß, ich mochte Ihre Predigt ganz und gar nicht; es war kein Christus darin.« – »Nein«, erwiderte der junge Mann, »weil ich nicht sah, daß Christus in dem Text war.« – »Oh«, sagte der alte Pastor, »aber wissen Sie nicht, daß von jeder kleinen Stadt und jedem Dorf und von jedem winzigen Weiler in England ein Weg ist, der nach London führt? Jedesmal, wenn ich einen Text nehme, sage ich mir: Es ist ein Weg von hier zu Jesus Christus, und ich will seiner Spur folgen, bis ich zu ihm gelange.« – »Gut«, sagte der junge Mann, »aber gesetzt, Sie predigen über einen Text, der nichts von Christus sagt?« – »Dann werde ich über Hecken und Gräben gehen, bis ich zu ihm komme.« – So müssen wir es machen, Brüder, wir müssen Christus in all unseren Reden haben, was immer sonst darin oder nicht darin ist. Es sollte in jeder Predigt genug von dem Evangelium sein, um eine Seele zu erretten. Tragen Sie Sorge, daß es so ist, wenn Sie berufen werden, vor Ihrer Majestät der Königin zu predigen, tragen Sie stets Sorge, daß das wirkliche Evangelium in jeder Predigt zu hören ist.

Ich habe von einem jungen Mann gehört, der fragte, als er an einem ihm fremden Orte predigen sollte: »Was für eine Art von Gemeinde ist es? Was glauben die Leute? Was sind ihre dogmatischen Ansichten?« Ich will Ihnen sagen, wie Sie es vermeiden können, eine solche Frage stellen zu müssen; predigen Sie ihnen Jesus Christus, und wenn das nicht zu den dogmatischen Ansichten der Leute paßt, so predigen Sie Jesus Christus den nächsten Sonntag wieder, und tun Sie dasselbe am übernächsten Sonntag und am vierten und am fünften, und predigen Sie nie irgend etwas anderes. Denen, die Jesus Christus nicht mögen, muß er gepredigt werden, bis sie ihn mögen; denn sie sind gerade die, die ihn am meisten nötig haben. Erinnern Sie sich, daß alle Handelsleute in der Welt sagen, daß sie ihre Güter nur verkaufen können, wenn Nachfrage danach vorhanden ist. Unsere Güter aber können die Nachfrage sowohl erzeugen als auch befriedigen. Wir predigen Jesus Christus denen, die nach ihm verlangen, und wir predigen ihn auch denen, die nicht nach ihm verlangen, und wir fahren fort Christus zu predigen, bis sie nach ihm verlangen und fühlen, daß sie nicht ohne ihn sein können.

Siebentens: Brüder, es ist meine feste Überzeugung, daß *diejenigen Predigten am wahrscheinlichsten Menschen bekehren werden, die sich wirklich an ihr Herz wenden*, nicht die, welche über ihre Köpfe hinweg gefeuert werden oder sich nur an ihren Verstand wenden. Es tut mir leid, zu sagen, daß ich einige Prediger kenne, die nie viel Gutes in der Welt ausrichten werden. Es sind wackere Männer; sie haben viel Fähigkeit; sie können gut sprechen, und sie haben ein gut Teil Scharfsinn; aber doch findet sich ein sehr trauriger Mangel in ihrer Natur. Denn für jeden, der sie kennt, ist es ganz augenscheinlich, daß sie kein Herz haben. Ich kenne ein paar Männer, die so trocken wie Leder sind. Wenn man sie an einer Mauer aufhinge, wie man es mit einem Stück Meergras tut, um zu zeigen, was für Wetter sein wird, so würden sie nicht viel Auskunft geben; denn kaum würde irgend ein Wetter Einfluß auf sie haben.

Aber ich kenne auch einige Männer, die das gerade Gegenteil von diesen Brüdern sind. Es ist nicht wahrscheinlich, daß auch sie Seelen gewinnen werden; denn sie sind selber leichtfertig und frivol und töricht, es ist nichts Ernsthaftes an ihnen, nichts, was zeigt, daß sie das Leben wirklich ernst nehmen. Ich kann keine Spur von einer Seele bei ihnen finden. Sie sind zu seicht, um eine in sich zu haben; sie könnte nicht leben in dem einen oder zwei Zoll Wasser, und das ist alles, was sie in sich haben. Sie scheinen ohne Seele gemacht zu sein, so daß sie keine Wirkung ausüben können, wenn sie das Evangelium predigen. Sie müssen Seele haben, Brüder, wenn Sie Ihrer Brüder Seelen suchen wollen, dessen seien Sie gewiß; gleichwie Sie ein Herz haben müssen, wenn Sie Ihres Bruders Herz erreichen wollen.

Hier ist ein Mann von anderer Art, einer, der nicht weinen kann über Sünder – wozu nützt der im Predigtamt? Er weinte nie in seinem Leben über Menschen, er rang nie mit Gott um sie; er sprach nie mit Jeremia: »Ach, daß ich Wasser genug hätte in meinem Haupt und meine Augen Tränenquellen wären, daß ich Tag und Nacht beweinen möchte die Erschlagenen meines Volkes!« Ich kenne einen solchen Bruder. In einer Versammlung von Predigern sagte er, nachdem wir unsere Mängel bekannt hatten, daß er sich unser aller schämte. Nun, ohne Zweifel, wir hätten uns selbst noch mehr schämen sollen, als wir es taten. Aber er sagte uns, wenn wir das wirklich gemeint hätten, was wir in unseren Bekenntnissen von Gott gesagt hätten, so wären wir eine Schande für den Predigerstand. Vielleicht waren wir das. Er erzählte uns, daß er nicht so sei. So viel er wüßte, hätte er nie eine Predigt gehalten, ohne zu fühlen, daß es die beste war, die er zu halten vermochte, und er wüßte auch nicht, wie er es besser hätte machen können, als er getan. Er war ein Mann, der immer gerade so und so viele Stunden am Tage studierte, immer genau so und so viele Minuten betete, immer eine bestimmte Zeit predigte; in der Tat, er war der pünktlichste Mann, den ich je gekannt. Als ich ihn so sprechen hörte, fragte ich mich: »Was weist seine Amtsführung auf als Ergebnis dieser vollkommenen Art, alle Dinge zu tun?« Nun, sie wies durchaus nichts Zufriedenstellendes auf. Er hat große Gaben der Zerstreuung; denn wenn er zu einer vollen Kapelle geht, so leert er sie bald. Doch ist er, wie ich glaube, in seiner Art ein gutmütiger Mann. Ich könnte wünschen, daß seine Uhr mitunter stillstände oder mitten in der halben Stunde schlüge oder daß ihm irgend etwas Ungewöhnliches begegnete, weil daraus vielleicht etwas Gutes entstehen würde. Aber er ist so regelmäßig und ordentlich, daß keine Hoffnung besteht, daß es zu irgend etwas Derartigem kommen wird. Sein Fehler ist der, daß er gar keinen Fehler hat. Sie werden bemerken, Brüder, daß Prediger, die keine Fehler haben, auch keine Vorzüge haben; darum vermeiden Sie diese flache, tote Gleichmäßigkeit und alles andere, was die Leute hindern könnte, zum lebendigen Glauben zu kommen.

Ich komme nun auf das zurück, worüber ich vorhin sprach, daß der Prediger ein Herz besitzen muß. Ich fragte neulich ein junges Mädchen, das in die Gemeinde aufgenommen werden wollte: »Haben Sie ein gutes Herz?« Sie erwiderte: »Ja, Herr.« Ich entgegnete: »Haben Sie über die Frage nachgedacht? Haben Sie nicht ein schlechtes Herz?« – »O ja«, war die Antwort. »Nun«, fragte ich, »wie stimmen diese beiden Antworten überein?« – »Nun wohl«, entgegnete das Mädchen, »ich weiß, daß ich ein gutes Herz habe, weil Gott mir ein neues Herz und einen neuen, gewissen Geist gegeben hat, und ich weiß auch, daß ich ein schlechtes Herz habe, denn ich finde, daß es oft gegen das neue ankämpft.« Sie hatte recht, und ich wollte lieber spüren, daß ein Prediger zwei Herzen hat, als daß er keines besitzt. Es muß Herzensarbeit bei Ihnen getan werden, Brüder, weit mehr als Kopfarbeit, wenn Sie viele Seelen gewinnen sollen. Achten Sie darauf, daß Sie bei all Ihren Studien niemals Ihr geistliches Leben vertrocknen lassen. Es ist keine Notwendigkeit dafür da, daß dies geschieht, obwohl bei vielen das Studium diese Wirkung hat. Meine lieben Brüder, die Lehrer werden es mir bezeugen, daß Latein, Griechisch und Hebräisch einen sehr austrocknenden Einfluß ausüben. Der Reim ist wahr: »Hebräische Wurzeln, wie allbekannt, gedeihen am besten auf dürrem Sand.«

Es ist ein sehr austrocknender Einfluß in den Klassikern und ebenso in der Mathematik, und Sie können sich in jede Wissenschaft versenken, bis ihr Herz dahin ist. Lassen Sie das bei keinem von Ihnen der Fall sein, damit die Leute nicht sagen: »Er weiß viel mehr als damals, als er zu uns kam, aber er hat nicht so viel geistliches Leben wie früher.« Sorgen Sie dafür, daß es nie so ist. Seien Sie nicht zufrieden damit, Ihren Kamin hübsch zu polieren, sondern schüren Sie das Feuer in Ihrem Herzen und lassen Sie Ihre eigene Seele von der Liebe zu Jesus entflammt sein, sonst werden Sie wahrscheinlich nicht viel von ihm gebraucht werden zur Gewinnung der Seelen anderer.

Zuletzt, Brüder, denke ich, daß *diejenigen Predigten, über die viel gebetet wurde, am wahrscheinlichsten Leute bekehren werden.* Ich meine diejenigen Reden, über die viel wirkliches Gebet emporgestiegen ist, sowohl bei der Vorbereitung wie beim Halten, denn es gibt viel sogenanntes Gebet, das ein bloßes Spielen mit dem Beten ist. Ich fuhr vor einiger Zeit mit einem Manne, der behauptete, wunderbare Kuren zu vollbringen durch die Säure eines gewissen Holzes. Nachdem er mir von seinem wundervollen Heilmittel erzählt hatte, fragte ich ihn: »Was ist denn darin, daß es solche Kuren bewirkt, wie Sie sie nach Ihrer Behauptung vollbracht haben?« »Oh«, antwortete er, »es ist die Art der Zubereitung, viel mehr als das Holz selbst; das ist das Geheimnis seiner heilenden Eigenschaften. Ich reibe es lange Zeit so stark, wie ich nur kann, und ich selbst habe so viel Lebenselektrizität in mir, daß ich mein eigenes Leben dahinein bringe.« Nun, er war bloß ein Quacksalber. Doch können wir selbst von ihm etwas lernen; denn die rechte Art, Predigten zu machen, ist die, Lebenselektrizität in sie hinein zu legen, indem wir das Leben Gottes selbst durch ernstliches Gebet in sie hineinbringen. Anders gesagt: Sie müssen Ihre Predigten salben, Brüder, und Sie können das nur tun durch innige Gemeinschaft mit Gott. Möge der Heilige Geist jeden von Ihnen salben und Sie reichlich segnen, damit Sie Seelen gewinnen um unseres Herrn Jesu Christi willen. Amen.

Hindernisse beim Gewinnen der Seelen

Ich habe mit Ihnen, Brüder, zu verschiedenen Malen über das Seelen-Gewinnen, dieses königliche Geschäft, gesprochen. Mögen Sie alle in diesem Sinne gewaltige Jäger vor dem Herrn werden und viele Sünder zum Heiland bringen! Ich wünsche diesmal einige Worte zu sagen über

Die Hindernisse, welche uns im Wege liegen, wenn wir Seelen für Christus zu gewinnen suchen

Es sind deren sehr viele, und ich kann nicht mal versuchen, eine vollständige Liste davon zu geben. Aber das erste und eins der schwersten ist ohne Zweifel die *Gleichgültigkeit und Schläfrigkeit der Sünder.* Alle Menschen sind nicht in demselben Grade gleichgültig. Es gibt in der Tat einige, die eine Art von religiöser Veranlagung zu haben scheinen, die sie zum Guten geneigt macht, lange ehe sie wirkliche Liebe für geistliche Dinge haben. Aber es gibt Gebiete, besonders ländliche Gebiete, wo Gleichgültigkeit vorherrschend ist. Es ist nicht Unglaube; die Leute kümmern sich nicht genug um Religion, um sich ihr auch nur widersetzen zu können. Es ist ihnen einerlei, was Sie predigen oder wo Sie predigen, denn sie haben durchaus gar kein Interesse an der Sache. Sie haben keinen Gedanken an Gott; sie kümmern sich nicht um ihn oder seinen Dienst, sie gebrauchen seinen Namen nur in mißbräuchlicher Weise. Ich habe oft bemerkt, daß ein Ort, in dem der Geschäftsbetrieb gering ist, ein schlechtes Feld für geistliche Arbeit ist. Unter den Negern in Jamaika war immer wenig Leben in ihren Kirchen, wenn sie nicht viel Arbeit hatten. Ich könnte Distrikte nennen, nicht weit von hier, wo das Geschäft flau ist, und Sie werden finden, daß dort sehr wenig Gutes in religiöser Beziehung ausgerichtet wird. Das ganze Themsetal entlang sind Orte, wo ein Mann sein Herz auspredigen und sich zu Tode arbeiten könnte, aber wenig oder nichts Gutes wird in diesen Gegenden ausgerichtet, gerade so, wie sich kein tätiges Geschäftsleben dort findet.

Nun, wenn Sie, wie es wohl sein mag, Gleichgültigkeit antreffen an dem Ort, wohin Sie, mein lieber Bruder, als Prediger gehen – Gleichgültigkeit, von der Ihre eigenen Gemeindeglieder berührt sind und von der selbst Ihre Vorsteher einen Anflug haben –, was sollen Sie dann tun? Nun, Ihre einzige Hoffnung, dieselbe zu überwinden, muß darin liegen, daß Sie selbst doppelt eifrig werden. Halten Sie Ihren eigenen Eifer ganz lebendig, lassen Sie ihn sogar heftig, brennend, flammend, ganz verzehrend werden. Bringen Sie die Leute irgendwie in Bewegung, und wenn all Ihr Eifer vergeblich scheint, so glühen und brennen Sie dennoch, und wenn das keine Wirkung auf Ihre Hörer hat, so gehen Sie anderswo hin, wie der Herr Sie lenken mag. Diese Gleichgültigkeit oder Schläfrigkeit, in die einige Menschen ganz versunken sind, kann sehr leicht einen schlimmen Einfluß auf unser Predigen haben. Aber wir müssen dagegen streiten und kämpfen und versuchen, uns sowohl wie unsere Hörer aufzuwecken. Ich wollte viel lieber, daß jemand ein ernster, eifriger Gegner des Evangeliums wäre, als sorglos und gleichgültig. Sie können nicht viel mit einem Menschen tun, wenn er nicht über geistliche Dinge sprechen will oder nicht kommen will und hören, was Sie über göttliche Dinge zu sagen haben. Er mag ebensowohl ein ganz ungläubiger sein, ein wahrer Leviathan, bedeckt mit Schuppen der Lästerung, als ein bloßer Erdwurm, der sich stets aus Ihrem Bereich herauswindet.

Ein anderes sehr großes Hindernis beim Seelengewinnen ist *Unglaube*. Sie wissen, daß von dem Herrn Jesus geschrieben steht, als er »in seiner Vaterstadt« war: »Er tat daselbst nicht viele Zeichen um ihres Unglaubens willen.« Dieses Übel findet sich in allen unwiedergeborenen Herzen, indes bei einigen Menschen nimmt es eine sehr ausgeprägte Form an. Sie denken über ewige Dinge nach, aber sie glauben nicht an die Wahrheit Gottes, die wir ihnen predigen. Ihre eigene Meinung hat für sie mehr Gewicht und ist mehr des Glaubens würdig als die von Gott eingegebenen Lehren. Sie wollen nichts von dem annehmen, was in der Schrift geoffenbart ist. Diese Leute sind sehr schwer zu beeinflussen; aber ich möchte Sie davor warnen, mit ihren eigenen Waffen wider sie zu kämpfen. Ich glaube nicht, daß Ungläubige je durch Argumente gewonnen werden, oder wenn doch, so geschieht es jedenfalls sehr selten. Was die Menschen von der Wahrheit und Wirklichkeit Gottes überzeugt, ist die Hei-

ligkeit und der Eifer der Nachfolger Christi. In der Regel verbarri-
kadieren sie sich gegen die Angriffe der Vernunft, und wenn wir unsere Kanzel dazu hergeben, mit ihnen zu argumentieren, werden
wir oft mehr Schaden anrichten als Gutes tun. Aller Wahrscheinlichkeit nach wird nur ein sehr kleiner Teil unserer Hörer verstehen,
wovon wir reden. Und während wir versuchen, jenen beizukommen, werden wir wahrscheinlich andere den Unglauben lehren,
nämlich die, die bisher nichts von solchen Dingen wußten und nun
zum ersten Mal durch uns Kenntnis von gewissen Ketzereien empfangen. Möglicherweise ist unsere Widerlegung des Irrtums nicht
vollkommen gewesen, und manches junge Gemüt mag einen Anflug von Unglauben erhalten durch unseren Versuch, uns mit demselben auseinanderzusetzen. Ich glaube, daß Sie den Unglauben
eher durch Ihren Glauben als durch Ihre Vernunft in Verwirrung
bringen werden. Durch Ihren Glauben und dadurch, daß Sie Ihrer
Überzeugung gemäß handeln, werden Sie mehr erreichen als durch
irgend ein Argument, wie stark es auch sein mag. Ich kenne einen
Freund, der gewöhnlich jeden Sonntag kommt, um mich zu hören.
»Was denken Sie?« sagte er eines Tages zu mir, »Sie sind für mich
das einzige Verbindungsglied mit besseren Dingen; aber Sie sind ein
furchtbarer Mann nach meiner Meinung; denn Sie haben nicht das
geringste Mitgefühl mit mir.« Ich erwiderte: »Nein, das habe ich
nicht; oder vielmehr, ich habe nicht das geringste Mitgefühl mit Ihrem Unglauben.« – »Das macht, daß ich an Ihnen hänge, denn ich
fürchte, ich werde immer bleiben, wie ich bin. Aber wenn ich Ihren
ruhigen Glauben sehe und merke, wie Gott Sie in der Ausübung
desselben segnet, und weiß, was Sie durch die Macht dieses Glaubens vollbringen, so sage ich zu mir selbst: du bist ein Narr.« Ich
antwortete ihm: »Sie haben ganz recht mit diesem Urteil; und je
eher Sie zu meiner Denkweise kommen, desto besser, denn niemand kann ein größerer Narr sein als der Mann, der nicht an Gott
glaubt.« Eines Tages erwarte ich, ihn bekehrt zu sehen; es ist ein be-
ständiger Kampf zwischen uns, aber ich beantworte nie eines seiner
Argumente. Einmal sagte ich zu ihm: »Wenn Sie glauben, daß ich
ein Lügner bin, so steht es Ihnen frei, das zu denken; aber ich zeuge
von dem, was ich weiß, und verkünde, was ich gesehen und ge-
schmeckt und betastet und gefühlt habe, und Sie sollten meinem
Zeugnis glauben, denn ich kann unmöglich einen Zweck darin haben, Sie zu täuschen.« Dieser Mann hätte mich längst überwun-

den, wenn ich mit den Papierkügelchen der Vernunft auf ihn gefeuert hätte. So rate ich Ihnen, den Unglauben mit dem Glauben zu bekämpfen, die Lüge mit der Wahrheit und nie vom Evangelium etwas abzuschneiden und abzuschälen, um zu versuchen, es den Torheiten und Einfällen der Menschen anzupassen.

Ein drittes Hindernis, das dem Gewinnen der Seelen im Wege steht, ist jenes verhängnisvolle *Aufschieben,* das sich so häufig bei den Menschen findet. Ich weiß nicht, ob dieses Übel im Ganzen nicht noch verbreiteter und schädlicher ist als die Gleichgültigkeit und Schläfrigkeit und der Unglaube, wovon ich gesprochen habe. Mancher Mann sagt zu uns, was Felix dem Paulus sagte: »Gehe hin auf diesmal; wenn ich gelegene Zeit habe, will ich dich herrufen lassen.« Ein solcher Mensch befindet sich im Grenzland; er scheint nur noch ein paar Schritte von Immanuels Land entfernt, und doch pariert er alle Stöße, die wir auf sein Herz richten, und vertröstet uns mit den Worten: »Ja, ich will über die Sache nachdenken, es soll nicht lange dauern, bis ich mich entscheide.« Nichts ist besser, als die Menschen zu einem raschen Entschluß zu drängen und sie dahin zu bringen, sofort diese überaus wichtige Frage zu entscheiden. Machen Sie sich nichts daraus, wenn die Leute Ihr Drängen tadeln; es ist immer recht, zu predigen, was Gott sagt, und sein Wort lautet: »Sehet, jetzt ist die angenehme Zeit, jetzt ist der Tag des Heils.«

Ein anderes Hindernis, das dieselbe Sache in anderer Form ist, ist die *fleischliche Sicherheit.* Viele Leute bilden sich ein, daß es ganz gut mit ihnen stehe. Sie haben nicht ordentlich den Grund geprüft, auf dem sie bauen, um zu sehen, ob er fest und sicher sei; aber sie nehmen an, daß alles gut sei. Wenn sie auch keine guten Christen sind, so können sie wenigstens sagen, daß sie etwas besser sind als einige, die Christen sind oder sich so nennen. Und wenn ihnen irgend etwas mangelt, so können sie jederzeit letzte Hand anlegen und sich bereit machen, vor Gott zu treten. So haben sie keine Furcht; oder wenn sie einige empfinden, leben sie doch nicht in beständigem Grauen vor jenem »ewigen Verderben von dem Angesicht des Herrn und von seiner herrlichen Macht«, welches sicherlich ihr Teil sein wird, falls sie nicht Buße tun und an den Herrn Jesus Christus glauben. Gegen diese Leute sollten wir Tag und Nacht donnern. Lassen Sie uns es ihnen deutlich verkünden, daß der ungläubige Sünder »schon gerichtet« ist und daß er sicherlich auf ewig verloren sein wird, wenn er nicht auf Christus vertraut. Wir sollten so predigen, daß jeder Sünder auf seinem Sitz erzittert. Und wenn er nicht zum Heiland kommen will, so sollte ihm das Leben wenigstens schwer gemacht werden, so lange er sich fern von ihm hält. Mir ist bange, daß wir zuweilen »sanft predigen«, zu beruhigend und angenehm, und daß wir den Menschen ihre wirkliche Gefahr nicht vor Augen stellen, wie wir es sollten. Wenn wir in dieser Beziehung es scheuen, den ganzen Rat Gottes zu verkündigen, so wird zum wenigsten ein Teil der Verantwortlichkeit für ihr Verderben vor unserer Tür liegen.

Ein anderes Hindernis ist die *Verzweiflung*. Das Pendel schwingt erst nach der einen Seite und dann nach der anderen; und der Mann, der gestern keine Furcht hatte, hat heute keine Hoffnung. Es gibt Tausende, die das Evangelium gehört haben und doch gewissermaßen daran verzweifeln, daß die Macht desselben sich jemals an ihnen erweisen werde. Vielleicht sind sie aufgewachsen unter Leuten, die sie lehrten, daß die Errettung ein Werk Gottes sei, ganz und gar unabhängig von dem Willen des Sünders; und darum meinen sie, wenn sie errettet werden sollen, so werden sie errettet werden. Sie wissen, daß diese Lehre eine große Wahrheit enthält, und doch ist sie, wenn sie allein ohne Einschränkung bleibt, eine entsetzliche Fälschung. Es ist toter Schicksalsglaube, nicht Vorherbestimmung, was die Menschen reden läßt, als wenn durchaus nichts für sie zu tun wäre oder als wenn es nichts gäbe, das sie tun könnten. Es ist keine Wahrscheinlichkeit da, daß jemand errettet wird, solange er als seine einzige Hoffnung angibt: »Wenn das Heil auch für mich ist, so wird es zu seiner Zeit mir zuteil werden.« Sie mögen Leute treffen, die so reden, und wenn Sie alles gesagt haben, was Sie können, so werden sie wie im Stahl gepanzert bleiben, ohne ein Gefühl der Verantwortlichkeit, weil keine Hoffnung in ihrer Seele erweckt ist. O wenn sie nur hoffen wollten, daß sie Barmherzigkeit erlangen könnten, falls sie darum bäten, und so dahin geleitet würden, ihre schuldigen Seelen auf Christus zu werfen, was für ein Segen würde das sein! Lassen Sie uns volle und freie Errettung für alle, die auf Jesus vertrauen, predigen, damit wir, wo möglich, diese Leute erreichen. Einige, die still verzweifeln, möchten sich ein Herz fassen und es wagen, zu Christus zu kommen.

Ohne Zweifel ist ein großes Hindernis für das Seelengewinnen *die*

Liebe zur Sünde. »Die Sünde ruhet vor der Tür.« Es gibt viele Menschen, die niemals errettet werden, weil irgendeine geheime Lust sie gebunden hält; es mag sein, daß sie in Hurerei leben. Ich erinnere mich sehr wohl eines Mannes, von dem ich dachte, daß er zu Christus kommen würde. Er kannte die Macht des Evangeliums, und die Predigt des Wortes schien Eindruck auf ihn zu machen; aber ich fand heraus, daß er mit einem Weibe zu tun hatte, das nicht seine Frau war, und daß er in Sünden lebte, während er behauptete, den Heiland zu suchen. Als ich das hörte, konnte ich leicht verstehen, daß er keinen Frieden finden konnte. Was für Rührung des Herzens er auch fühlen mochte, es war immer diese Frau da, die ihn in der Knechtschaft der Sünde hielt.

Es gibt einige Menschen, die sich im Geschäft unehrlicher Handlungen schuldig machen; wir werden sie nicht errettet sehen, so lange sie fortfahren, so zu handeln. Wenn sie nicht diese Kunstgriffe aufgeben wollen, können sie nicht errettet werden. Es gibt andere, die bis zum Überdruß trinken. Sie wissen, daß Trinker oft sehr leicht unter unserer Predigt bewegt werden; sie haben ein wässeriges Auge, ihr Trinken hat sie schwachköpfig gemacht, und sie haben eine benebelte Art von Erregbarkeit des Gefühls. Aber solange ein Mensch an »der Teufel Kelch« hängt, ist es nicht wahrscheinlich, daß er zu Christus kommt. Bei andern ist es sonst eine geheime Sünde oder eine verborgene Lust, in der die große Schwierigkeit besteht. Der eine sagt, daß er nicht umhin könne, in Leidenschaft zu geraten, der andere erklärt, daß er's nicht aufgeben könne, sich zu betrinken, und der dritte klagt, daß er nicht Frieden finden könne, während die Wurzel des Unheils die Hure ist, die ihnen im Wege steht. In all diesen Fällen haben wir nur mit der Predigt der Wahrheit fortzufahren, und Gott wird uns helfen, den Pfeil auf die Fugen in dem Panzer des Sünders abzudrücken.

Ein anderes Hindernis wird uns in den Weg gelegt durch *die Selbstgerechtigkeit der Menschen.* Sie haben keine der von mir erwähnten Sünden begangen, sie haben alle Gebote von Jugend auf gehalten, was fehlt ihnen noch? Es ist kein Raum für Christus in einem vollen Herzen. Und wenn ein Mensch von Kopf bis Fuß in seine eigene Gerechtigkeit gekleidet ist, so bedarf er der Gerechtigkeit Christi nicht. Wenigstens ist er sich dieses Bedürfnisses nicht bewußt, und wenn das Evangelium ihn nicht davon überzeugt, so muß Moses mit dem Gesetz kommen und ihm seinen wahren Zustand zeigen. Das ist die wirkliche Schwierigkeit in vielen, vielen Fällen. Der Mensch kommt nicht zu Christus, weil er sich nicht bewußt ist, verloren zu sein, er bittet nicht, aufgerichtet zu werden, weil er nicht weiß, daß er ein gefallenes Geschöpf ist; er fühlt nicht, daß er die göttliche Barmherzigkeit oder Vergebung nötig hat, und darum sucht er sie nicht.

Noch eins: Es gibt manche, bei denen alles, was wir sagen, keine Wirkung hat wegen ihrer *gänzlichen Weltlichkeit*. Diese Weltlichkeit nimmt zwei Formen an. Bei den Armen ist sie das Ergebnis drückender Armut. Wenn ein Mensch kaum genug Brot zu essen hat und kaum weiß, woher er Kleider zum Anziehen bekommen soll, wenn er zu Hause die Schreie seiner kleinen Kinder hört und in das Gesicht seiner überarbeiteten Frau blickt, so müssen wir sehr wundervoll predigen, wenn wir seine Aufmerksamkeit fesseln und bewirken wollen, daß er an die künftige Welt denkt. »Was werden wir essen? Was werden wir trinken? Womit werden wir uns kleiden?« Das sind Fragen, welche die Armen sehr bedrücken. Für einen Hungrigen ist Christus sehr liebenswert, wenn er ein Brot in der Hand hat. Unser Herr erschien so, als er das Brot und die Fische für die Menge brach, denn selbst er verschmähte es nicht, die Hungrigen zu speisen. Und wenn wir dem Mangel der Verlassenen abhelfen können, so mögen wir etwas tun, das notwendig für sie ist und was sie fähig macht, das Evangelium von Christus mit Aufmerksamkeit zu hören. Die andere Art der Weltlichkeit rührt davon her, daß man zu viel von dieser Welt oder wenigstens zu viel aus dieser Welt macht. Der wohlhabende Mann muß »modern« sein, seine Töchter müssen sich in der schönsten Art kleiden, seine Söhne müssen tanzen lernen usw. Diese Art von Weltlichkeit ist der große Fluch für unsere freidenkerischen Gemeinden gewesen.

Dann gibt es eine andere Art: Einem Mann, der vom Morgen bis zum Abend sich in seinem Laden abmüht; sein einziges Geschäft scheint zu sein, die Fensterläden zu schließen und sie wieder aufzumachen; er steht früh auf und sitzt spät auf und ißt das Brot der Sorge, um Geld zu machen. Was können wir für diese Habgierigen tun? Wie können wir je hoffen, die Herzen dieser Menschen zu rühren, deren einziges Ziel ist, reich zu werden, dieser Leute, welche die Pfennige und Markstücke zusammenscharren? Sparsamkeit ist gut, aber es gibt eine Sparsamkeit, die zur Raffgier wird, und diese Raffgier wird die Eigenart solcher filzigen Leute. Einige gehen sogar zum Gottesdienst, weil es etwas Schickliches und Anständiges ist, und sie hoffen, auf diese Weise Kunden zu bekommen. Judas blieb unbekehrt, sogar in der Gesellschaft des Herrn Jesus Christi, und wir haben noch einige Leute unter uns, in deren Ohren die dreißig Silberlinge so laut klingen, daß sie den Klang des Evangeliums nicht hören können.

Ich kann noch ein Hindernis erwähnen, das ist dasjenige, das sich bei einigen Menschen findet durch *ihre Gewohnheiten, ihre Erholungsorte und ihre Gesellschaft*. Wie können wir erwarten, daß ein Arbeiter nach Hause geht und den ganzen Abend in dem *einen* Zimmer sitzt, in dem er wohnt und schläft? Vielleicht sind da zwei oder drei schreiende Kinder und Wäsche, die getrocknet wird, und allerlei Dinge, die ungemütlich sind. Der Mann kommt heim, sein Weib schilt, seine Kinder schreien und die Wäsche ist zum Trocknen aufgehängt. Was würden Sie tun, wenn Sie an seiner Stelle wären? Angenommen Sie wären keine christlichen Männer, würden Sie nicht da und dorthin gehen? Sie können nicht in den Straßen umher wandern, und Sie wissen: Da ist ein gemütliches Zimmer im Wirtshaus mit hellem Licht; oder da ist der Branntweinpalast an der Straßenecke, wo alles glänzend und heiter ist und eine Menge lustiger Gefährten. Nun wohl, Sie können nicht hoffen, das Werkzeug zur Errettung der Leute zu sein, so lange sie solche Orte besuchen und mit solcher Gesellschaft verkehren, wie sie dort gefunden wird. Aller Gewinn, den sie von den Gesängen hatten, die sie am Sonntag hörten, wird verloren sein, wenn sie die komischen Lieder in der Trinkstube hören, und alle Erinnerung an die Gottesdienste im Heiligtum wird ausgelöscht durch die sehr zweideutigen Geschichten, die in der Bierstube erzählt werden. Daher ist es eine sehr gute Sache, eine Stätte einzurichten, wohin Arbeiter gehen und in Ruhe da sitzen können, oder eine Enthaltsamkeitsversammlung zu haben, eine Versammlung, wo nicht lauter Singen, lauter Predigen oder Beten sein mag, wo aber etwas von all diesen Dingen sich findet. Hier wird der Mann instand gesetzt, aus seinen früheren Gewohnheiten herauszukommen, die ihn fest zu halten schienen; und allmählich geht er überhaupt nicht mehr ins Wirtshaus, sondern hat zwei Stuben oder vielleicht ein kleines Häuschen, so daß seine Frau die Wäsche im Hofe trocknen kann, und er findet nun, daß das Baby nicht mehr so viel schreit, wahrscheinlich, weil die Mutter ihm mehr geben kann, und alles geht jetzt besser und freundlicher, seitdem der Mann seine früheren Erholungsstätten aufgegeben hat. Ich denke, ein christlicher Prediger ist voll gerechtfertigt, wenn er alle rechten und gesetzmäßigen Mittel braucht, um die Leute von ihren schlechten Genossen abzuziehen, und es mag zuweilen gut sein, etwas zu tun, was ungewöhnlich scheint, wenn wir dadurch nur die Menschen für den Herrn Jesus Christus gewinnen können. Das muß unser einziges Ziel sein bei allem, was wir tun, und was für Hindernisse auch auf unserem Pfade liegen, wir müssen den Beistand des Heiligen Geistes suchen, sie zu entfernen, damit Seelen errettet werden und Gott verherrlicht wird.

Wie unsere Gemeindeglieder dahin zu bringen sind, daß sie Seelen gewinnen

Verschiedene Male habe ich zu Ihnen, Brüder, gesprochen über die große Aufgabe unseres Lebens, Seelen für Christus zu gewinnen. Ich habe versucht, Ihnen mancherlei Wege zu zeigen, auf denen wir das tun können; das, was sowohl in bezug auf Gott als auch auf Menschen erforderlich ist, wenn Sie als Werkzeuge dazu gebraucht werden wollen; die Art von Predigten, die am wahrscheinlichsten dazu dienen werden; und auch die Hindernisse, die dabei im Wege liegen. Nun möchte ich heute mit Ihnen über einen andern Teil der Sache reden; das ist:

Wie können wir unsere Gemeindeglieder dahin bringen, Seelengewinner zu werden?

Sie alle streben darnach, Pastoren an Gemeinden zu werden, wenn nicht der Herr Sie zu Evangelisten oder zu Missionaren für die Heiden berufen sollte. Nun, Sie beginnen zuerst als einzelne Sämänner. Sie gehen hin und streuen aus Ihrem Korbe eine Handvoll des guten Samens aus. Sie streben, geistliche Landwirte zu werden und eine Anzahl Äcker zu haben, die Sie nicht ganz allein selbst besäen, sondern Sie wünschen Diener, die Ihnen bei der Arbeit helfen. Dann werden Sie zu dem einen sagen: »Gehe hin«, und er wird gehen; oder »komm her«, und er wird sogleich kommen. Sie werden suchen, dieselben in die Kunst und das Geheimnis des Samen-Säens einzuführen, so daß Sie nach einer Weile eine Zahl Helfer um sich haben, die dieses gute Werk tun, und Sie deshalb viel mehr Land für den großen Herrn bearbeiten können. Einige von uns sind durch Gottes Gnade so reich gesegnet, daß wir eine große Anzahl von solchen um uns her haben, zu deren geistlicher Lebendigmachung wir das Werkzeug gewesen sind, die unter unserer Predigt erweckt, durch uns unterwiesen und gestärkt worden sind, und die alle im Dienste Gottes arbeiten.

Ich möchte Sie davor warnen, dies alles gleich am Anfang zu erwarten; denn es *ist das Werk der Zeit.* Hoffen Sie nicht im ersten Jahre Ihres Dienstes auf solches Resultat, das erst der Lohn für zwanzig Jahre lang fortgesetzte schwere Arbeit an einem und demselben Orte ist. Junge Männer machen zuweilen einen sehr großen Fehler in der Art und Weise, wie sie zu denen sprechen, die sie vor sechs Wochen zum erstenmal sahen. Sie können doch noch nicht mit der Autorität eines Mannes sprechen, der wie ein Vater unter den Seinen ist, da er zwanzig oder dreißig Jahre mit ihnen gelebt hat. Wenn sie es tun, ist es eine Art törichter Einbildung von ihnen, und es ist ebenso töricht, zu erwarten, daß die Gemeindeglieder sofort dieselben sein sollen, die sie sein können, wenn sie ein viertel Jahrhundert lang von einem gottesfürchtigen Pastor herangebildet worden sind. Es ist wahr, daß Sie in eine Gemeinde kommen können, wo ein anderer viele Jahre treu gearbeitet und lange den guten Samen gesät hat; wo Sie Ihr Arbeitsklima in einem sehr gesegneten und blühenden Zustand finden. Glücklich werden Sie sein, wenn Sie so in eines gesegneten Mannes Fußstapfen treten und den Pfad verfolgen können, den er gegangen ist. Es ist immer ein gutes Zeichen, wenn die Pferde nicht wissen, daß sie einen neuen Fuhrmann haben, und Sie, mein Bruder, unerfahren, wie Sie sind, werden ein sehr glücklicher Mann sein, wenn dies Ihr Los sein sollte. Aber die Wahrscheinlichkeit spricht dafür, daß Sie an einen Platz gestellt werden, der beinahe verfallen ist, möglicherweise an einen, der ganz vernachlässigt worden ist.

Vielleicht werden Sie suchen, den ersten Vorsteher Ihrer Gemeinde zu bewegen, Ihren Eifer nachzuahmen, Sie sind in Weißglühhitze, und wenn Sie ihn kalt wie Stahl finden, so werden Sie wie ein Stück heißes Eisen sein, das in einen Eimer kalten Wassers getaucht wird. Er wird Ihnen vielleicht sagen, daß er sich an andere erinnere, die zuerst ebenso heiß gewesen wären wie Sie, aber daß sie bald abgekühlt wären und daß er sich nicht wundern würde, wenn bei Ihnen das gleiche stattfände. Er ist ein sehr ordentlicher Mann, aber er ist alt und Sie sind jung, und wir können nicht junge Köpfe auf alte Schultern setzen, selbst wenn wir es versuchen wollten. Vielleicht werden Sie dann beschließen, es mit einigen der jungen Leute zu versuchen. Möglicherweise können Sie besser mit denen fortkommen; aber diese verstehen Sie nicht, sind zurückhaltend und träge und gehen bald wieder davon. Sie müssen sich nicht wundern, wenn Sie diese Erfahrung machen. Sehr wahrscheinlich werden Sie fast alle Arbeit allein tun müssen; jedenfalls rechnen Sie damit, dann werden Sie nicht enttäuscht sein, wenn es so kommt. Es mag auch anders kommen; aber es wird weise sein, wenn Sie in das Predigtamt eintreten in der Erwartung, bei Ihrem missionarischen Dienst keinen sehr großen Beistand von Ihren Gemeindegliedern zu finden. Setzen Sie voraus, daß Sie es selbst zu tun haben werden, und zwar allein zu tun. Beginnen Sie es allein zu tun, säen Sie den Samen, gehen Sie das Feld auf und ab und blicken Sie hinauf zu dem Herrn der Ernte, daß er Ihre Arbeit segnen möge, und blicken Sie auch vorwärts in die Zeit, in der Sie durch Ihre Bemühungen, unter dem göttlichen Segen, statt eines Stück Landes, das anscheinend mit Nesseln bedeckt oder voll Steine oder Unkraut oder Dornen oder zum Teil festgetreten ist, ein wohl angebautes Landgut haben werden, in dem Sie den Samen vielseitig säen können, und wo Sie eine kleine Schar Mitarbeiter besitzen, die Ihnen im Dienst Gottes helfen. Doch all dieses ist ein Werk der Zeit.

Ich möchte mit Bestimmtheit Ihnen sagen: Erwarten Sie dies alles wenigstens nicht eher als mehrere Monate nach Ihrem Antritt. Erweckungen, wenn sie echt sind, kommen nicht immer in dem Augenblick, wo wir darnach pfeifen. Versuchen Sie es, dem Winde zu pfeifen, und sehen Sie zu, ob er kommt. Der starke Regen kam als Erhörung der Gebete Elia's; aber nicht einmal gleich auf sein erstes Gebet. Auch wir müssen wieder und wieder und wieder beten, endlich wird die Wolke erscheinen und die Regenschauer aus der Wolke. Warten Sie eine Weile, arbeiten Sie weiter, mühen Sie sich weiter, beten Sie weiter, und zu seiner Zeit wird der Segen gegeben werden und Sie werden finden, daß Sie eine Gemeinde nach Ihrem Ideal haben. Aber noch einmal: Sie wird Ihnen nicht sogleich zuteil werden. Ich hörte, daß John Angell James in Birmingham viele Jahre lang wenig Frucht von seiner Arbeit sah. Aber er blieb stetig dabei, das Evangelium zu predigen, und zuletzt sammelte er eine Schar gläubiger Leute um sich; die halfen, seine Wirksamkeit so segensreich zu machen, wie sie damals in Birmingham war. Versuchen Sie, dasselbe zu tun, und erwarten Sie nicht, sofort zu sehen, was er und andere treue Prediger nur in vielen Jahren haben zustande bringen können.

Wenn Sie eine Schar Christen um sich zu sammeln wünschen, die selber Seelengewinner sind, so würde ich Ihnen empfehlen, *nicht nach einem vorgefaßten Plan zu Werke zu gehen;* denn was zu einer Zeit richtig sein mag, könnte zu einer anderen nicht weise sein, und das, was für einen Ort das Beste ist, möchte an einem anderen nicht so gut sein. Zuweilen wäre es das Allerbeste, alle Gemeindeglieder zusammenzurufen, ihnen zu sagen, was Sie wünschen, und sie ernstlich zu bitten und zu ermahnen, daß jeder ein Seelengewinner werden möge. Sagen Sie zu ihnen: »Ich wünsche nicht euer Pastor zu sein, nur um euch zu predigen; sondern mich verlangt darnach, Seelen errettet zu sehen, und zu sehen, daß diejenigen, welche errettet sind, andere für den Herrn Jesus Christus zu gewinnen suchen. Ihr wißt, wie der Pfingstsegen gegeben wurde; als sie alle einmütig beieinander waren und mit Beten und Flehen anhielten, wurde der Heilige Geist ausgegossen, und Tausende wurden bekehrt. Können wir nicht in gleicher Weise zusammen kommen und alle mächtig zu Gott schreien, daß er uns Segen gebe?« Es mag einmal so gelingen, sie zu erwecken, sie zusammenzurufen, ernstlich ihnen die Sache ans Herz zu legen, ihnen zu zeigen, was Sie besonders von ihnen getan zu sehen wünschen, und zu Gott zu beten – dies mag wirken, wie wenn man ein Streichholz an trockenes Holz hält. Aber vielleicht kommt auch nichts danach, weil den Leuten für die Arbeit des Seelengewinnens das Interesse fehlt. Sie werden vielleicht sagen: »Es war eine sehr nette Zusammenkunft; unser Pastor erwartet viel von uns, und wir alle wünschen, daß er es bekommt.« Aber damit wird die Sache, so weit es sie betrifft, ein Ende haben.

Dann, wenn dieses nicht gelungen ist, mag Gott Sie vielleicht dazu führen, *mit einem oder zwei zu beginnen.* Gewöhnlich ist irgend ein »trefflicher junger Mann« in jeder Gemeinde. Und wenn Sie mehr geistliches Leben in ihm als in den übrigen Mitgliedern bemerken, so können Sie zu ihm sagen: »Wollen Sie an dem und dem Abend in mein Haus kommen, damit wir zusammen beten?« Sie können allmählich die Zahl bis auf zwei oder drei vermehren, gottesfürchtige, junge Männer wo möglich. Oder Sie mögen mit einer christlichen alten Frau beginnen, die vielleicht mehr in Gottes Nähe lebt als einer der Männer, und deren Gebete Ihnen mehr helfen würden, als die jener. Wenn Sie deren Teilnahme gewonnen haben, können Sie sagen: »Nun wollen wir versuchen, ob wir nicht die ganze Gemeinde beeinflussen können. Wir wollen mit unseren Mitgliedern anfangen, ehe wir zu denen, die draußen sind, gehen. Laßt uns doch immer in den Gebetsstunden dabei sein, um den übrigen ein Beispiel zu geben, und laßt uns auch Gebetsversammlungen in unseren eigenen Häusern halten und uns bemühen, daß unsere Brüder und Schwestern dahin kommen. Sie, liebe Schwester, können ein halb Dutzend Schwestern in Ihrem Hause zu einer kleinen Versammlung einladen, und Sie, Bruder, können zu ein paar Freunden sagen: »Könnten wir nicht zusammenkommen, um für unseren Pastor zu beten?« Zuweilen ist das die beste Art, ein Haus niederzubrennen: Petroleum in die Mitte desselben zu gießen und es dann anzuzünden, wie die Damen und Herren in Paris in den Tagen der Kommune es machten. Und zuweilen ist das die kürzeste Weise: es an allen vier Ecken in Brand zu setzen. Ich habe keins von beiden je versucht; aber so denke ich darüber. Ich mag lieber Gemeinden in Brand stecken als Häuser, denn lebendige Gemeinden brennen nicht nieder, sondern brennen hinauf und bleiben brennen, wenn das Feuer von der rechten Art ist. Ist ein Busch nichts als ein Busch, so wird er bald verzehrt, wenn er angezündet wird; aber wenn ein Busch immer fort brennt und nicht verzehrt wird, so können wir wissen, daß Gott da ist. So ist es mit einer Gemeinde, die in heiligem Eifer flammt. Ihre Arbeit, Brüder, ist es, irgendwie Ihre Gemeinde in Brand zu setzen. Sie mögen es tun, indem Sie zu allen Mitgliedern sprechen oder indem Sie mit ein paar der treuesten reden, aber irgendwie müssen Sie es tun. Bilden Sie einen geheimen Orden zu diesem heiligen Zweck, verwandeln Sie sich in eine Schar himmlischer Fackelträger, deren Ziel es ist, die ganze Kirche in Flammen zu setzen. Wenn Sie das tun, wird es dem Teufel nicht gefallen, und Sie werden ihm solche Unruhe verursachen, daß er die völlige Auflösung der Verbindung suchen wird, und das ist es gerade, was wir wollen. Wir wünschen nichts als Krieg bis aufs Messer zwischen der Kirche und der Welt und all ihren Sitten und Gewohnheiten. Aber wiederum sage ich, all dieses wird Zeit erfordern. Ich habe einige Männer so rasch laufen sehen, daß sie bald wie keuchende Pferde wurden; und wirklich, das ist ein erbarmungswürdiger Anblick. Darum nehmen Sie sich Zeit, Brüder, und erwarten Sie nicht, daß alles, was Sie wünschen, sofort da sein wird.

Ich nehme an, daß an den meisten Stellen am Montagabend eine

Gebetsversammlung ist. Wenn Sie wünschen, daß Ihre Gemeindeglieder und Sie selber Seelengewinner werden, *so versuchen Sie, so sehr Sie nur können, die Gebetsversammlungen aufrecht zu erhalten.* Seien Sie nicht wie gewisse Prediger in den Vorstädten Londons, die sagen, daß sie die Leute nicht zu einer Gebetsversammlung und daneben auch noch zu einer Wochenpredigt in die Kapelle hereinbekommen können. Darum haben sie nur an einem Wochenabend eine Versammlung zum Gebet, bei welcher sie eine kurze Ansprache halten. Ein fauler Pastor sagte neulich, die Ansprache am Wochenabend sei beinahe so schlimm wie das Halten einer Predigt, deshalb habe er die Gebetsversammlung und die Predigt zusammen verbunden. Aber das ist weder eine Gebetsversammlung noch eine Predigt, es ist weder Fisch noch Fleisch, noch Geflügel, noch ein guter Bückling, und bald wird er es aufgeben, weil es nichts nützt, wie er selber sagt, und ich bin gewiß, die Leute denken ebenso. Und übrigens: Warum sollte er dann auch nicht einen der Sonntagsdienste* aufgeben? Derselbe Schluß ließe sich darauf anwenden, wie auf den Wochengottesdienst. In einem amerikanischen Blatt las ich heute folgendes: »Die wohlbekannte Tatsache macht wieder die Runde, daß in Mr. Spurgeons Kapelle in London die regelmäßigen Hörer alle drei Monate an einem Sonntagabend wegbleiben und das Haus Fremden überlassen. »Wo bleibt nun der Ruhm der Engländer? Er ist aus in dieser Sache.« Unser amerikanisches Christentum ist so edler Art, daß eine Menge von Leuten *jeden* Sonntagabend im Jahr ihre Kirchenstühle Fremden überlassen. Ich hoffe, es wird nie so mit Ihren Hörern sein, Brüder, weder hinsichtlich der Sonntagsgottesdienste noch der Gebetsversammlungen.

An Ihrer Stelle würde ich diese Gebetsversammlung zu einem ganz besonderen Grundzug meiner Wirksamkeit machen. Lassen Sie es eine solche Gebetsversammlung sein, daß sie innerhalb siebentausend Meilen nicht ihresgleichen hat. Gehen Sie nicht dahin, wie so viele es tun, um nichts oder etwas zu sagen, was Ihnen gerade in dem Augenblick einfällt; sondern tun Sie Ihr Bestes, die Versammlung für alle Anwesenden interessant zu machen. Zögern Sie auch nicht, wenn Gott Ihnen hilft, dem guten N. N. zu sagen, daß er nicht

---

* In England finden sonntags wenigstens zwei Gottesdienste in jeder Kirche statt. A. d. Üb.

fünfzehn Minuten lang beten solle. Bitten Sie ihn ernstlich, es kürzer zu machen, und wenn er's nicht tut, so wehren Sie ihm. Wenn ein Mann in mein Haus käme mit der Absicht, meiner Frau den Hals abzuschneiden, so würde ich ihm sein Unrecht vorhalten, und dann würde ich ihn kräftig daran hindern, ihr Schaden zu tun. Und ich liebe die Gemeinde fast ebensosehr wie meine Frau. Deshalb, wenn ein Mann lang beten will, mag er das anderswo tun, aber nicht in der Versammlung, in der ich die Leitung habe. Sagen Sie ihm, er möge es zu Hause beendigen, wenn er öffentlich nicht ein Gebet von vernünftiger Länge beten kann. Wenn die Leute träge und schwerfällig scheinen, so lassen Sie Moodys und Sankeys Lieder singen; und dann, wenn sie diese alle ohne Buch singen können, so lassen Sie sie eine Zeitlang weg und gehen Sie zu Ihrem eigenen Gesangbuch zurück.

Halten Sie die Gebetsversammlung aufrecht, was immer sonst auch erschlafft; der große Gebetsabend der Woche ist der beste Gottesdienst zwischen den Sonntagen; machen Sie ihn ja dazu. Wenn Sie finden, daß die Leute nicht am Abend kommen können, so versuchen Sie, eine Gebetsversammlung zu halten zu einer Zeit, da sie kommen können. Auf dem Lande könnten Sie eine gute Versammlung morgens um halb fünf haben. Warum nicht? Sie würden mehr Leute morgens um fünf bekommen als nachmittags um fünf. Ich glaube, eine Gebetsstunde morgens um sechs Uhr würde viele unter den Landleuten anziehen; sie würden hereinkommen, ein paar kurze Gebete sagen und sich freuen über die Gelegenheit dazu. Oder Sie könnten die Stunde um Mitternacht halten, Sie würden einige Leute dann draußen finden, an die Sie zu keiner anderen Zeit gelangen könnten. Versuchen Sie um ein Uhr oder um zwei Uhr oder um drei Uhr oder um irgend eine Stunde bei Tage oder bei Nacht, so daß Sie auf die eine oder andere Weise die Leute in die Gebetsstunde bringen. Und wenn sie nicht zu den Versammlungen kommen wollen, so gehen Sie in Ihre Häuser und sagen Sie: »Ich will eine Gebetsstunde in Ihrer Wohnstube halten.« – »Meine Güte, meine Frau wird sich erschrecken.« – »O nein! sagen Sie ihr, sie solle sich nicht beunruhigen, denn wir können in die Wagen-Garage oder in den Garten oder irgendwo anders hingehen, aber wir müssen eine Gebetsstunde hier haben.« Wenn sie nicht in die Versammlung kommen wollen, so müssen wir zu ihnen gehen, meinetwegen auch so, daß unserer fünfzig die Straße hinabwanderten und eine Versammlung im Freien hielten. Nun, es gibt viele andere Dinge als dieses. Gedenken Sie daran, wie die Frauen in Amerika gegen die Verkäufer der Spirituosen kämpften, als sie dieselben aus dem Handel herausbeteten. Wenn wir die Leute nicht in Bewegung bringen können, ohne außergewöhnliche Dinge zu tun, was so im Namen von allem, was gut und groß ist, getan werden kann, so lassen Sie uns dann doch solche außergewöhnlichen Dinge tun, aber irgendwie müssen wir die Gebetsversammlungen zustandebringen, denn sie gerade sind die verborgene Quelle der Macht bei Gott und bei Menschen.

Wir müssen *selber stets ein Beispiel solchen Eifers geben*. Ein träger, langsamer Prediger wird keine lebendige, eifrige Gemeinde haben, dessen bin ich sicher; ein Mann, der gleichgültig ist oder der seine Arbeit tut, als wenn er sie so leicht nehme wie möglich, sollte nicht erwarten, Leute um sich zu sehen, die Eifer für die Errettung von Seelen zeigen. Ich weiß, daß Sie, Brüder, wünschen, eine Schar Christen um sich zu haben, die sich sehnen nach der Errettung ihrer Freunde und Nachbarn, die immer erwarten, daß Gott Ihre Predigten segnen werde, die Ihre Hörer beobachten, um zu sehen, ob sie ergriffen seien, und die sehr unglücklich sind, wenn keine Bekehrungen erfolgen und sehr unruhig, wenn keine Seelen errettet werden. Vielleicht würden sie vor Ihnen nicht klagen in solchem Falle, aber sie würden für Sie zu Gott schreien. Möglicherweise würden sie auch mit Ihnen über die Sache sprechen. Ich erinnere mich, daß einer meiner Mitarbeiter an einem Sonntagabend, als wir nur vierzehn Personen in die Gemeinde aufzunehmen hatten, beim Hinuntergehen zum Abendmahl zu mir sagte: »Herr Pastor, das geht nicht so.« Wir waren gewohnt, jeden Monat vierzig oder fünfzig zu haben, und der fromme Mann war nicht zufrieden mit einer kleineren Zahl. Ich stimmte mit ihm darin überein, daß wir, wo möglich, in Zukunft mehr haben müßten. Ich nehme an, einige Brüder hätten sich über eine solche Bemerkung geärgert; aber ich freute mich über das, was mein guter Diakon sagte, denn es war gerade das, was ich selbst fühlte.

Ferner *wünschen wir Christen um uns her, die willig sind, alles zu tun, was sie können, um in solcher Seelsorgearbeit zu helfen*. Es gibt viele Leute, die der Pastor nicht erreichen kann. Sie müssen versuchen, einige gläubige Mitarbeiter zu bekommen, welche die Leute »beim Knopfloch fassen«. Sie wissen, was ich meine. Es ist eine ziemlich stramme Arbeit, wenn Sie einen Freund bei einer Locke seines Haares oder beim Rockknopf halten. Absalom fand es nicht leicht, wegzukommen, als er mit den Haaren seines Hauptes in der Eiche hängen blieb. So suchen auch Sie, den Sündern nahe zu kommen; sprechen Sie sanft mit ihnen, bis Sie dieselben in das Himmelreich hinein geflüstert haben, bis Sie ihnen die gesegnete Geschichte, die Frieden und Freude in ihr Herz bringen wird, ins Ohr gesagt haben. Wir brauchen in der Kirche Christi aber auch eine Schar gut geschulter Scharfschützen, welche die Leute einzeln angreifen und immer achthaben auf alle, die zum Gottesdienst kommen, die sie nicht belästigen, aber doch darauf sehen, daß sie nicht fortgehen, ohne daß sie eine persönliche Warnung, eine persönliche Einladung und eine persönliche Mahnung gehört haben. Wir wünschen alle unsere Gemeindeglieder für diesen Dienst heranzubilden, so daß wir Heilsarmeen aus ihnen machen. Jedem Mann, jeder Frau, jedem Kind in unserer Gemeinde sollte Arbeit für den Herrn gegeben werden. Dann werden sie keinen Geschmack finden an jenen »schönen« Predigten, die manche so sehr zu lieben scheinen; sondern sie werden sagen: »Pah! Mehlbrei! Wir mögen derartiges nicht.« Was wollen Leute, die auf dem Erntefeld arbeiten, bei Donner und Blitz? Sie wollen nur eine Weile unter einem Baume rasten, den Schweiß von ihrer Stirne trocknen, sich nach ihrer Mühe erfrischen und dann wieder an die Arbeit gehen. Unser Predigen sollte sein wie die Ansprache eines Feldherrn an seine Armee: »Dort sind die Feinde, laßt mich nicht wissen, wo sie morgen sind.« Etwas Kurzes, etwas Liebliches, etwas, was sie antreibt und sich ihnen einprägt, das ist's, was unsere Gemeindeglieder brauchen.

Wir sind sicher, den gesuchten Segen zu empfangen, wenn *die ganze Atmosphäre, in der wir leben, einladend und vom Geist der Liebe und der Fürbitte bestimmt ist.* Ich erinnere mich, daß einer unserer Freunde eines Abends zu mir sagte: »Es wird sicher ein Segen heute abend da sein, es liegt so viel Tau umher.« Mögen Sie oft erfahren, was es ist, zu predigen, wenn viel Tau umher liegt! Der Irländer sagt, es nütze nichts, dann zu bewässern, wenn die Sonne scheint, denn er hätte bemerkt, daß immer, wenn es regnet, Wolken da sind, die die Sonne verbergen. Es ist sehr viel Verstand in dieser

Bemerkung, mehr als es auf den ersten Anblick scheint, wie das gewöhnlich bei den irischen Behauptungen ist. Der Regen ist für die Pflanzen so wohltätig, weil alles damit im Einklang steht, der überzogene Himmel, die Feuchtigkeit der Atmosphäre, das allgemeine Gefühl der ganzen Umgebung ist Nässe. Aber wenn dieselbe Wassermenge bei hellem Sonnenschein herabgegossen würde, so würden die Blätter wahrscheinlich gelb werden, und in der Hitze würden sie vertrocknen und absterben. Jeder Gärtner wird Ihnen aber sagen, daß er immer dafür Sorge trägt, die Blumen am Abend zu begießen, wenn die Sonne nicht mehr auf sie scheint. Das ist der Grund, weshalb Bewässerung, wie gut sie auch getan wird, nicht so wohltätig ist wie Regen. Auf alle Fälle: Es muß ein günstiger Einfluß in der ganzen Atmosphäre vorhanden sein, wenn Pflanzen und Blumen Nutzen von der Befeuchtung haben sollen. Es ist ebenso in geistlichen Dingen. Ich habe bemerkt, daß, wenn Gott mein Predigen in ungewöhnlichem Maße segnet, die Hörer im allgemeinen in einer betenden Stimmung sind. Es ist etwas Großes, in einer Atmosphäre, die voll von dem Tau des Heiligen Geistes ist, zu reden. Ich weiß, was es ist, mit diesem Tau zu predigen und ach! ich weiß auch, was es ist, ohne denselben zu predigen. Dann ist es wie in Gilboa, wo weder Tau noch Regen war. Sie können predigen, und Sie mögen hoffen, daß Gott Ihre Botschaft segnen werde; aber es nützt nichts. Ich hoffe, es wird nicht so mit Ihnen sein, Brüder. Vielleicht wird es Ihnen geschenkt werden, dort zu wirken, wo ein lieber Bruder lange sich gemüht und gebetet und für den Herrn gearbeitet hat, und Sie werden alle Gemeindeglieder ganz bereit für den Segen finden.

Ich fühle oft, wenn ich ausgehe zu predigen, daß mir kein Verdienst dabei zukommt; denn alles ist günstig für mich. Da sitzen die guten Leute mit offenem Munde und erwarten den Segen; fast jeder Anwesende hofft, daß ich etwas Gutes sagen werde. Und weil sie alle darnach ausschauen, so tut es ihnen auch gut, und wenn ich weg bin, fahren sie noch fort, um den Segen zu bitten, und sie erhalten ihn. Wenn ein Mann auf ein Pferd gesetzt wird, das mit ihm davonläuft, so muß er reiten; gerade so ist es häufig mit mir gewesen: der Segen wurde gegeben, weil die ganze Umgebung günstig dafür war. Sie können die glücklichen Ergebnisse nicht immer nur auf die Rede des Predigers zurückführen, sondern auf alle Umstände, die mit dem Halten derselben verbunden waren. So war es mit der Predigt des Petrus, die am Pfingsttage dreitausend Seelen zu Christus brachte; es wurde niemals eine bessere Predigt gehalten, es war eine deutliche, persönliche Botschaft, geeignet, die Menschen zu überzeugen von der Sünde, die sie gegen Christus begangen hatten, als sie ihn töteten. Aber ich schreibe die Bekehrungen nicht allein den Worten des Apostels zu, denn es waren Wolken da, die ganze Atmosphäre war feucht; es lag »viel Tau umher«, wie mein Freund mir sagte. Hatten nicht die Jünger lange Zeit beständig um das Herabkommen des Geistes gebetet und gefleht? Und war nun nicht der Heilige Geist auf jeden von ihnen herabgekommen, so gut wie auf Petrus? Als die Zeit erfüllet war, wurde der Pfingstsegen sehr reichlich ausgegossen. Wann immer eine Gemeinde in denselben Zustand kommt wie die der Apostel und Jünger in jener denkwürdigen Zeit, so wird die ganze himmlische Elektrizität auf diesem besonderen Fleck konzentriert. Doch Sie erinnern sich, daß sogar Christus selber nicht viele Zeichen an einigen Orten tun konnte, um des Unglaubens der Leute willen, und ich bin gewiß, daß alle seine Diener, die mit gründlichem Ernst arbeiten, zuweilen in derselben Weise gehindert werden. Einige unserer hier anwesenden Brüder haben, fürchte ich, eine weltliche, christuslose Gemeinde; doch bin ich nicht gewiß, daß sie von ihr weglaufen sollten. Ich denke, sie müßten womöglich bleiben und versuchen, sie mehr christusähnlich zu machen.

Es ist wahr, daß ich die andere Erfahrung ebensowohl gemacht habe wie die freudige, die ich eben beschrieb. Ich predigte eines Abends an einem Ort, wo eine Zeitlang kein Pastor gewesen war. Als ich die Kapelle erreichte, erfuhr ich keine Art von Bewillkommnung. Die Vorsteher der Gemeinde sollten auch um finanziellen Gewinn*, wenn nichts anderes, von meinem Besuch haben, aber sie hießen mich durchaus nicht willkommen. Sie sagten mir sogar, die Mehrheit bei einer Gemeindeversammlung wäre dafür gewesen, mich einzuladen, aber die Diakone hätten nicht zugestimmt, weil sie nicht der Meinung wären, daß ich »gesund im Glauben« sei. Es waren aber einige Brüder und Schwestern von anderen Gemeinden da, und es schien, als wenn diese zufrieden gewesen waren und einen

* Gewöhnlich wurde eine Kollekte veranstaltet, wenn Spurgeon auswärts predigte. A. d. Üb.

inneren Gewinn gehabt hätten. Aber die Leute, die zu der Gemeinde gehörten, erhielten keinen Segen; sie hatten keinen erwartet, deshalb bekamen sie auch keinen. Als der Gottesdienst vorüber war, ging ich in die Sakristei, und da standen die zwei Diakone, jeder an einer Seite des Kamins. Ich sagte zu ihnen: »Sind Sie Diakone?« – »Ja«, antworteten sie. »In der Gemeinde bewegt sich nichts, nicht wahr?« – »Nein«, war die Antwort. »Ich könnte mir auch nicht denken, wie es anders sein sollte mit solchen Diakonen«, sagte ich. Sie fragten ob ich etwas zu ihren Ungunsten wüßte. »Nein«, entgegnete ich, »aber ich wüßte auch nichts zu ihren Gunsten.« Ich dachte, wenn ich nicht an sie alle herankommen könnte, wollte ich doch versuchen, wenigstens einem oder zwei etwas zu sagen. Es freute mich, später zu erfahren, daß meine Predigt oder meine Bemerkungen zu einer Besserung geführt hatten. Jetzt ist einer unserer Brüder da, und es geht ihm gut dort. Einer der Diakone war so erregt über das, was ich sagte, daß er den Ort verließ; aber der andere war in der rechten Weise erregt, so daß er dort blieb und arbeitete und betete, bis bessere Tage kamen. Es ist schwer, wenn man gegen Wind und Flut rudert, aber es ist noch schlimmer, wenn ein Pferd am Ufer ein Tau zieht und das Boot nach der entgegengesetzten Seite hin schleppt. Nun, einerlei, Brüder, wenn Sie in solcher Lage sind, arbeiten Sie um so mehr und ziehen Sie das Pferd ins Wasser. Bedenken Sie aber auch, daß, wenn einmal eine günstige Atmosphäre geschaffen ist, es darauf ankommt, sie zu erhalten. Sie bemerkten, daß ich sagte: »Wenn die Atmosphäre geschaffen ist«, und dieser Ausdruck erinnert uns daran, wie wenig wir tun können oder vielmehr, daß wir nichts tun können ohne Gott, der es mit den Atmosphären zu tun hat. Er allein kann sie schaffen und muß sie auch erhalten; darum müssen unsere Augen beständig zu ihm erhoben werden, von dem all unsere Hilfe kommt.

Es mag geschehen, daß einige von Ihnen sehr ernst und gut reden und auch Predigten halten, die geeignet sind, den Hörern zum Segen zu werden, und daß Sie dennoch keine Sünder errettet sehen. Nun, hören Sie nicht mit Predigen auf; aber sagen Sie zu sich selbst: »Ich muß versuchen, eine Anzahl Leute um mich zu sammeln, die alle mit mir und für mich beten, und die mit ihren Freunden von göttlichen Dingen sprechen, und die so leben und wirken, daß der Herr seinen Gnadenregen geben kann, weil die ganze Umgebung

dafür sich eignet und dazu hilft, daß der Segen kommt.« Ich habe
Prediger sagen hören, wenn sie im Tabernakel gepredigt hatten, daß
etwas in der Versammlung gewesen wäre, das eine wunderbar
mächtige Wirkung auf sie gehabt hätte. Ich denke, es ist so, weil wir
gute Gebetsversammlungen* haben, weil ein ernster Gebetsgeist
unter den Gemeindegliedern ist, und weil so viele von ihnen gleichsam auf der Lauer sind nach Seelen. Da ist besonders *ein* Bruder, der
beständig nach den Hörern sieht, die von der Predigt ergriffen sind;
ich nenne ihn meinen Jagdhund. Er ist immer bereit, die Vögel,
welche ich geschossen habe, aufzuheben und zu mir zu bringen. Ich
habe ihn einem nach dem andern auflauern sehen, damit er sie zu Jesus führen könne. Und ich freue mich, daß ich mehrere Freunde
dieser Art habe. Als unsere Evangelisten Fullerton und Smith einige
Sonder-Gottesdienste für einen sehr bedeutenden Prediger geleitet
hatten, sagte dieser, die Evangelisten hätten die Gabe der »Be-
schleunigung der Entscheidung«. Er meinte, daß der Herr sie segnete, so daß sie die Menschen zur Entscheidung für Christus bräch-
ten. Es ist etwas Großes, wenn ein Mann die Gabe der Beschleuni-
gung der Entscheidung hat; aber es ist etwas eben so Großes, wenn
er eine Anzahl Leute um sich hat, die zu jedem Hörer nach jedem
Gottesdienst sagen: »Nun, Freund, gefiel Ihnen diese Predigt? War
etwas darin für Sie? Sind Sie errettet? Kennen Sie den Weg des
Heils?«

Haben Sie immer Ihre eigene Bibel bereit und die Stellen, auf welche
Sie die suchenden Seelen hinweisen wollen. Ich beobachtete oft jenen Freund, von dem ich vorhin sprach. Er schien mir seine Bibel an
sehr geeigneten Stellen aufzuschlagen und sie alle bereit und zur
Hand zu haben, so daß er immer sicher war, die rechten Sprüche zu
treffen. Sie kennen die Art von Sprüchen, die ich meine, gerade die,
welche eine suchende Seele nötig hat: »Des Menschen Sohn ist gekommen, zu suchen und selig zu machen, das verloren ist.« – »Wer
an den Sohn glaubet, der hat das ewige Leben.« – »Das Blut Jesu

---

* Am Samstagabend wie auch am Sonntagmorgen kamen manche Gemeindeglieder
zusammen, um Segen für die Gottesdienste zu erflehen. Spurgeon selber kam sonntags immer 20 Minuten vor Anfang des Gottesdienstes ins Tabernakel, und er und
seine Diakonen beteten dann in seinem Zimmer gemeinschaftlich um Segen für die
Predigt. Dies geschah auch, wenn fremde Pastoren statt seiner predigten, und
manchmal haben diese ausgesprochen, wie sehr sie sich dadurch gehoben und gestärkt gefühlt hatten. A. d. Üb.

Christi, seines Sohnes, macht uns rein von aller Sünde.« – »Wer zu mir kommt, den werde ich nicht hinausstoßen.« – »Wer den Namen des Herrn anrufen wird, soll selig werden.« Nun, dieser Bruder hat eine Anzahl solcher Stellen, in großen Lettern gedruckt, in seine Bibel eingeheftet, so daß er in einem Augenblick die rechte anführen kann, und er hat so viele beunruhigte Seelen zum Heiland geführt. Sie werden nicht unweise sein, wenn sie eine ähnliche Methode anwenden.

Nun zuletzt, Brüder, werden Sie nicht bange, wenn Sie an einen Ort kommen und alles in einem sehr schlimmen Zustande vorfinden. Es ist gut für einen jungen Mann, wenn er mit sehr schlechten Aussichten beginnt. Denn wenn die Arbeit rechter Art ist, muß zu der einen oder andern Zeit eine Besserung eintreten. Ist die Kapelle fast leer, wenn Sie dahin kommen, so kann sie nicht gut in einen noch viel schlimmeren Zustand geraten; aber die Wahrscheinlichkeit ist groß, daß Sie das Werkzeug sein werden, einige in die Gemeinde hinein zu bringen und so das Land besser zu machen. Wenn es irgend einen Platz gäbe, den ich mir wählen könnte, um da zu arbeiten, so würde ich gerade den an der Grenze des höllischen Pfuhles wählen; denn ich glaube wirklich, daß es Gott um so größere Ehre bringen würde, unter denen zu wirken, welche für die schlimmsten unter den Sündern gehalten werden. Wenn Ihr Dienst an solchen gesegnet wird, so werden sie wahrscheinlich Ihr ganzes Leben hindurch an ihnen hängen. Aber die allerschlimmste Art von Leuten sind diejenigen, welche sich lange genug Christen genannt haben, denen es aber am Entscheidenden fehlt; die den Namen haben, daß sie leben und doch tot sind. Ach! es gibt solche Leute unter unseren Diakonen und unter unsern Gemeindegliedern, und wir können sie nicht ausschließen; und so lange sie bleiben, üben sie einen höchst verderblichen Einfluß aus. Es ist schrecklich, tote Glieder zu haben, wo doch jeder einzelne Teil des Körpers von göttlichem Leben erfüllt sein sollte. Doch es ist leider in vielen Fällen so, und wir haben keine Macht, das Übel zu heilen.* Wir müssen das Unkraut wachsen lassen bis zur Ernte. Aber das Beste, was Sie tun können, wenn Sie das

* In Spurgeons Gemeinde wird stets Kirchenzucht geübt; alle, die sich vom Abendmahl fern halten oder durch ihren Wandel Ärgernis geben, werden ausgeschlossen. Diese Worte beziehen sich daher nur auf solche, die in ihrem Wandel keinen Anstoß geben, von denen der Prediger aber doch fürchtet, daß sie geistlich tot sind. A. d. Üb.

Unkraut nicht auszurotten vermögen, ist, den Weizen zu begießen, denn nichts wird das Unkraut so zurückhalten, wie guter, starker Weizen. Ich habe Menschen dieser Art gekannt, denen der Platz so heiß gemacht wurde, daß sie froh waren, ganz aus der Gemeinde auszutreten. Sie haben gesagt: »Die Predigten sind uns zu scharf, und die Leute sind zu puritanisch und zu streng, um uns zu gefallen.« Was für ein Segen ist es, wenn das geschieht! Wir wünschten nicht dadurch, daß wir die Wahrheit predigten, sie hinauszutreiben; aber da sie freiwillig gingen, wünschen wir sie sicherlich nicht wieder zurück und wollen sie lassen, wo sie sind, und zum Herrn beten, daß er in der Größe seiner Gnade sie von dem Irrtum ihres Weges bekehre und sie zu sich führe, und dann werden wir froh sein, sie zurückzuerhalten, um mit uns für den Herrn zu leben und zu arbeiten.

Wie man die Toten erwecken soll

Eine Ansprache an Sonntagsschullehrer.

Mitarbeiter im Weinberge des Herrn! Lassen Sie mich Ihre Aufmerksamkeit lenken auf ein sehr lehrreiches, von dem Propheten Elisa vollbrachtes Wunder, wie es im vierten Kapitel des zweiten Buches der Könige erzählt wird. Die Gastfreiheit der Sunamitin war durch das Geschenk eines Sohnes von Gott belohnt worden. Aber ach! alle irdischen Güter sind von unsicherer Dauer, nach einiger Zeit ward das Kind krank und starb.

Die tiefbetrübte, aber gläubige Mutter eilte sogleich zu dem Manne Gottes; durch ihn hatte Gott die Verheißung gegeben, die ihres Herzens Wunsch erfüllte. Darum beschloß sie, ihm ihr Unglück mitzuteilen, damit er es vor seinen göttlichen Meister bringe und für sie eine Antwort des Friedens erhalte. Elisa's Tun wird in den folgenden Versen berichtet:

»Er sprach zu Gehasi: Gürte deine Lenden und nimm meinen Stab in deine Hand und gehe hin, (so dir jemand begegnet, so grüße ihn nicht, und grüßet dich jemand, so danke ihm nicht) und lege meinen Stab auf des Knaben Antlitz. Die Mutter aber des Knaben sprach: So wahr der Herr lebt und deine Seele, ich lasse nicht von dir! Da machte er sich auf und ging ihr nach. Gehasi aber ging vor ihnen hin, und legte den Stab dem Knaben auf das Antlitz; da war aber keine Stimme noch Fühlen. Und er ging wiederum ihm entgegen und zeigte ihm an und sprach: Der Knabe ist nicht aufgewacht. Und da Elisa ins Haus kam, siehe, da lag der Knabe tot auf seinem Bette. Und er ging hinein und schloß die Tür zu für sie beide und betete zu dem Herrn. Und stieg hinauf und legte sich auf das Kind und legte seinen Mund auf des Kindes Mund und seine Augen auf seine Augen, und seine Hände auf seine Hände; und breitete sich also über ihn, daß des Kindes Leib warm ward. Er stand aber wieder auf und ging im Hause einmal hierher und daher und stieg hinauf und breitete sich über ihn. Da schnaubte der Knabe siebenmal, darnach tat der Knabe seine Augen auf. Und er rief Gehasi und sprach: Rufe die Sunamitin! Und da er sie rief, kam sie hinein zu ihm. Er sprach: Da nimm hin deinen Sohn. Da kam sie und fiel zu seinen Füßen und betete an zur Erde und nahm ihren Sohn und ging hinaus.« – 2. Kön. 4, 29–37.

Die Lage des Elisa in diesem Falle ist genau die Ihrige, Brüder, in bezug auf Ihre Arbeit für Christus. *Elisa hatte es mit einem toten Kinde zu tun.* Es war allerdings ein natürlicher Tod; aber der Tod, mit dem Sie in Berührung kommen, ist darum nicht weniger ein wirklicher Tod, weil es ein geistlicher ist. Die Knaben und Mädchen in Ihren Klassen sind ebenso gewiß wie Erwachsene »tot durch Übertretung und Sünde«. Möge keiner von Ihnen es unterlassen, sich völlig den Zustand zu vergegenwärtigen, in dem alle menschlichen Wesen sich von Natur befinden! Wenn Sie nicht ein sehr klares Gefühl von dem gänzlichen Verderben und geistlichen Tode Ihrer Kinder haben, so werden Sie unfähig sein, ein Segen für sie zu werden. Gehen Sie zu ihnen, ich bitte Sie, nicht wie zu Schlafenden, die Sie durch Ihre Macht aus ihrem Schlummer erwecken können, sondern wie zu geistlichen Leichen, die nur durch eine göttliche Kraft zum Leben erweckt werden können. Elisas hohes Ziel war nicht, den toten Körper zu reinigen oder ihn mit Spezereien einzubalsamieren oder ihn in feine Leinwand einzuwickeln oder ihn in eine angemessene Stellung zu bringen und ihn dann als Leichnam zu lassen, er beabsichtigte nichts Geringeres als die Zurückbringung des Kindes zum Leben. Geliebte Lehrer, mögen Sie doch nie damit zufrieden sein, auf Nebengüter für die Kinder abzuzielen, auch nicht damit, dieses zu erreichen; mögen Sie doch allezeit nach dem größten aller Ziele streben, der Errettung unsterblicher Seelen. Ihr Geschäft ist nicht bloß, die sittlichen Pflichten einzuschärfen, nicht einmal sie in dem bloßen Buchstaben des Evangeliums zu unterrichten, sondern Ihr hoher Beruf ist es, in Gottes Händen das Mittel zu sein, Leben vom Himmel in tote Seelen zu bringen. Ihr Lehren wird am Tage des Herrn ein mißlungenes sein, wenn Ihre Kinder tot in Sünden bleiben. Bei einem weltlichen Lehrer beweisen gute Fortschritte des Kindes im Lernen, daß des Lehrers Mühe nicht verloren gewesen ist. Aber Sie werden, selbst wenn die Ihnen anvertrauten Kinder zu achtbaren Gliedern der Gesellschaft aufwachsen, wenn sie auch regelmäßig die Gnadenmittel gebrauchen, doch nicht fühlen, daß Ihre Gebete erhört oder Ihre Wünsche gewährt oder Ihre höchsten Ziele erreicht sind, wenn nicht etwas mehr geschehen ist — wenn nicht in Wahrheit von Ihren Kindern gesagt werden kann: »Der Herr hat sie samt Christus lebendig gemacht.«

Auferweckung ist unser Ziel! *Die Toten zu erwecken ist unsere Aufgabe!* Wir sind wie Petrus zu Joppe oder Paulus zu Troas, wir haben eine junge Tabea oder einen Eutychus zum Leben zu bringen. Wie ist eine so seltsame Arbeit zu vollbringen? Wenn wir dem Unglauben nachgeben, so kommen uns Bedenken durch die klare Tatsache, daß das Werk, zu dem der Herr uns berufen hat, weit über unsere eigene Kraft hinausgeht. Wir können die Toten nicht erwecken. Wenn wir gebeten werden, es zu tun, so könnte jeder von uns wie der König von Israel seine Kleider zerreißen und sprechen: »Bin ich denn Gott, daß ich töten und lebendig machen könnte?« Wir sind indessen nicht machtloser als Elisa, denn er konnte nicht aus eigener Kraft den Sohn der Sunamitin wieder zum Leben bringen. Es ist wahr, daß wir in unserer Kraft die toten Herzen unserer Schüler nicht dahin bringen können, in geistlichem Leben zu schlagen, aber ein Paulus oder Apollos wäre ebenso machtlos gewesen. Braucht diese Tatsache uns zu entmutigen? Weist sie uns nicht vielmehr auf unsere wahre Macht hin, indem sie den Gedanken an unsere eigene vermeintliche Kraft verbannt? Ich hoffe, wir alle sind schon gewahr geworden, daß der, der in der Welt des Glaubens lebt, im Reiche der Wunder wohnt. Der Glaube handelt mit Wundern, und seine Waren sind Wunderzeichen.

> »Der Glaube siehet auf dein Wort
> Und will nichts anderes sehen;
> Er lachet der Unmöglichkeit
> Und spricht: Es soll geschehen!«

Elisa war kein gewöhnlicher Mensch, nun da Gottes Geist auf ihm war, der ihn zu Gottes Werk berief und ihm darin beistand. Und Sie, eifriger, sorgender, betender Lehrer, bleiben nicht mehr ein gewöhnliches Wesen; Sie sind in einer besonderen Weise der Tempel des Heiligen Geistes geworden. Gott wohnt in Ihnen und durch den Glauben sind Sie in die Laufbahn eines Wundertäters eingetreten. *Sie* sind in die Welt gesandt, nicht, um die Dinge zu tun, welche jedem Menschen möglich sind, sondern jene Unmöglichkeiten zu vollbringen, welche Gott durch seinen Geist wirkt vermittelst seiner Gläubigen. Sie sollen Wunder wirken, Zeichen tun. Sie sollen darum die Auferweckung dieser toten Kinder, die Sie in Gottes Namen zu vollbringen berufen sind, nicht als etwas Unwahrscheinliches oder Schwieriges betrachten, wenn Sie denken, wer es ist, der durch das schwache Werkzeug, das Sie sind, wirkt. »Warum wird das für unglaublich bei euch gehalten, daß Gott Tote auferweckt?« Der Unglaube wird Ihnen zuflüstern, wenn Sie die gottlose Leichtfertigkeit und die frühere Widerspenstigkeit der Kinder sehen: »Meinest du auch, daß diese Gebeine wieder lebendig werden?« Aber Ihre Antwort muß sein: »Herr, Herr, das weißt du wohl.«

Indem Sie alles der allmächtigen Hand des Herrn anbefehlen, ist es Ihre Sache, zu den verdorrten Gebeinen und zum himmlischen Winde zu weissagen, und binnen kurzer Zeit werden auch Sie auf dem Feld Ihrer Vision den merkwürdigen Triumph des Lebens über den Tod schauen. Lassen Sie uns in diesem Augenblicke unsere wahre Stellung einnehmen und sie uns vergegenwärtigen! Wir haben tote Kinder vor uns, und unsere Seele verlangt sehnlichst darnach, sie zum Leben zu bringen. Wir bekennen, daß alles Lebendigmachen vom Herrn allein getan werden muß, und unsere demütige Bitte ist, daß wenn der Herr uns bei seinen Gnadenwundern gebrauchen will, er uns jetzt zeigen wolle, was wir zu tun haben.

Es wäre gut gewesen, wenn Elisa daran gedacht hätte, daß er einst der Diener des Elia gewesen war, und darum sein Beispiel genau beachtet hätte, indem er es nachahmte. Wäre dies der Fall gewesen, so hätte er nicht Gehasi mit einem Stab geschickt, sondern sogleich getan, was er zuletzt gezwungen ward zu tun. Im ersten Buch der Könige im siebzehnten Kapitel finden Sie die Erzählung von der Auferweckung eines toten Kindes durch Elia, und Sie werden da sehen, daß Elia, der Meister, seinem Diener ein helles Beispiel hinterlassen hatte. Erst als Elisa diesem in jeder Hinsicht folgte, trat die Wunderkraft des Herrn zu Tage. Es wäre weiser gewesen, sage ich, wenn Elisa gleich beim Anfang das Beispiel des Meisters, dessen Mantel er trug, nachgeahmt hätte. Mit noch weit mehr Nachdruck kann ich zu Ihnen, meine Mitdiener, sagen, daß es gut für uns sein wird, wenn wir als Lehrer unseren Meister nachahmen, wenn wir die Art und Weise unseres verherrlichten Herrn studieren und zu seinen Füßen die Kunst des Seelengewinnens lernen. Gerade wie er im tiefsten Mitgefühl in die engste Berührung mit uns, der elenden Menschheit, kam und sich dazu herabließ, in unsern traurigen Zustand einzutreten, so müssen wir den Seelen nahe kommen, mit denen wir zu tun haben, uns ihrer erbarmen mit seinem Erbarmen, über sie weinen mit seinen Tränen, wenn wir sie aus dem Sündenzustande herausgehoben sehen wollen. Nur indem wir den Geist und die Art und Weise des Herrn Jesu nachahmen, werden wir lernen, Seelen zu gewinnen.

Dies ließ Elisa außer acht und wollte gern seinen eigenen Weg einschlagen, der seine eigene prophetische Würde noch klarer dargetan hätte. Er gab seinen Stab in die Hand des Gehasi, seines Dieners, und hieß ihn denselben auf das Kind legen, als wenn er meinte, daß die göttliche Macht so reichlich auf ihm ruhe, daß sie auf jede Weise wirken würde und folglich seine persönliche Gegenwart und Bemühung unnötig wären. Des Herrn Gedanken aber waren anders. Mir ist bange, daß die Wahrheit, welche wir auf der Kanzel vortragen – und ohne Zweifel ist es in Ihren Klassen ziemlich ebenso –, sehr oft etwas Fremdes, nicht aus unserem Innern Hervorkommendes ist, gleichsam ein Stab, den wir in der Hand halten, der aber kein Teil unserer selbst ist. Wir nehmen lehrhafte oder praktische Wahrheit zur Hand, wie Gehasi den Stab nahm, und legen sie auf das Gesicht des Kindes, aber wir selber ringen nicht um seine Seele. Wir versuchen es mit dieser Lehre und jener Wahrheit, mit dieser kleinen Geschichte und jener Illustration, mit dieser Methode, eine Lehre einzuprägen, und jener Art, eine Ansprache zu halten; aber so lange die Wahrheit, welche wir vortragen, eine Sache ist, die von uns selber getrennt, mit unserem innersten Wesen nicht verbunden ist, so lange wird sie nicht mehr Wirkung auf eine tote Seele haben, als Elisas Stab auf das tote Kind hatte. Ach! ich fürchte, ich habe häufig das Evangelium hier gepredigt, ich bin gewiß gewesen, daß es meines Herrn Evangelium war, der rechte prophetische Stab, und doch hat es keine Wirkung gehabt, weil ich, wie ich fürchte, es nicht mit der Dringlichkeit, dem Ernst und der Herzlichkeit gepredigt habe, mit der es hätte verkündet werden sollen! Und wollen Sie nicht dasselbe Bekenntnis ablegen, daß Sie zuweilen die Wahrheit gelehrt haben – es war die Wahrheit, das wissen Sie –, gerade die Wahrheit, die Sie in der Bibel gefunden und die zu Zeiten ihrer eigenen Seele so köstlich gewesen ist, und doch ist keine besondere Wirkung davon ausgegangen, weil Sie während des Lehrens dieselbe nicht fühlten und auch nichts für das Kind fühlten, welchem Sie diese Wahrheit mitteilten, sondern gerade wie Gehasi waren, der mit gleichgültiger Hand den prophetischen Stab auf das Gesicht des Kindes legte? Es war kein Wunder, daß Sie mit Gehasi sagen mußten: »Der Knabe ist nicht aufgewacht«, denn die wahre aufweckende Kraft Gottes fand kein geeignetes Medium in Ihren leblosen Lehren. Wir sind nicht gewiß, daß Gehasi überzeugt war, das Kind sei wirklich tot; er sprach, als wenn es nur schliefe und nur aufzuwachen brauche. Gott wird nicht jene Lehrer segnen, die nicht in ihrem Herzen den wirklich gefallenen Zustand der Kinder erfassen und fühlen. Wenn Sie denken, das Kind sei nicht wirklich verderbt, wenn Sie törichte Ideen hegen von der Unschuld der Kindheit und der Würde der menschlichen Natur, so sollte es Sie nicht überraschen, wenn sie dürr und unfruchtbar bleiben. Wie kann Gott Sie segnen und bei einem Werke der Auferweckung gebrauchen, wenn Sie, falls er dieses durch Sie vollbrächte, unfähig wären, das Herrliche desselben wahrzunehmen? Wenn der Knabe erwacht wäre, so hätte es den Gehasi nicht überrascht; er hätte gedacht, daß er nur aus einem ungewöhnlich tiefen Schlummer erweckt worden sei. Wenn Gott das Zeugnis derer, welche nicht an das gänzliche Verderben des Menschen glauben, zur Bekehrung von Seelen segnete, so würden sie nur sagen: »Das Evangelium macht sittlich gut und übt einen sehr wohltätigen Einfluß aus«, aber sie würden niemals die wiedergebärende Gnade preisen und erheben, durch welche der, der auf dem Throne sitzt, alles neu macht.

Beachten Sie sorgfältig, was Elisa tat, als seine erste Bemühung so mißlang. *Wenn ein Versuch nicht gelingt, so müssen wir darum unser Werk nicht aufgeben.* Wenn Sie bisher keinen Erfolg gesehen haben, lieber Bruder oder liebe Schwester, müssen Sie daraus nicht den Schluß ziehen, daß Sie nicht zu dem Werke berufen seien, ebenso wenig wie Elisa schließen durfte, daß das Kind nicht wieder lebendig werden würde. Die Lehre, die aus Ihrem Nicht-Erfolg zu ziehen ist, ist nicht: mit der Arbeit aufzuhören, sondern die Methode zu ändern. Es ist nicht die Person, die am unrechten Ort ist, es ist die Methode, die unweise ist. Wenn Sie nicht imstande gewesen sind, das zu vollführen, was Sie wünschten, so denken Sie an das Lied des Schulknaben:

> »Wenn es dir nicht gleich gelingt,
> So versuch es wiederum, wiederum«.

Versuchen Sie es nicht auf dieselbe Weise, wenn Sie nicht gewiß sind, daß es die beste ist. Hat Ihre erste Methode keinen Erfolg gehabt, so müssen Sie dieselbe verbessern. Prüfen Sie, worin Sie gefehlt haben, und dann mag durch das Ändern der Methode oder des Geistes, in dem gearbeitet wird, der Herr Sie zu einem Grade von gesegneter Wirksamkeit bereiten, der weit über Ihre Erwartung hinausgeht. Elisa, statt entmutigt zu werden, als er fand, daß das Kind nicht erwacht war, gürtete seine Lenden und eilte mit größerer Kraft zu dem Werke, das vor ihm lag.

Beachten Sie, wohin das Kind gelegt war: *»Und da Elisa ins Haus kam, siehe, da lag der Knabe tot auf seinem Bette.«* Dies war das Bett, das die gastfreie Sunamitin für Elisa bereitet hatte, das berühmte Bett, das mit dem Tisch, dem Stuhl und dem Leuchter, niemals in der Gemeinde Gottes vergessen werden wird. Dieses berühmte Bett sollte nun für einen Zweck benutzt werden, an den die fromme Frau nie gedacht hatte, als sie aus Liebe zu dem Gott des Propheten es für den Propheten bereitete. Ich denke gern daran, daß das tote Kind auf jenem Bette lag, weil es ein Sinnbild des Platzes ist, an dem unsere unbekehrten Kinder liegen müssen, wenn wir sie errettet zu sehen wünschen. Wenn wir zum Segen für sie werden sollen, müssen sie in unseren Herzen liegen, – sie müssen unsere tägliche und nächtliche Sorge sein. Wir müssen den Gedanken an sie mit zu unserem stillen Lager nehmen, wir müssen an sie in den Nachtwachen denken, und wenn wir vor Sorgen nicht schlafen können, so müssen sie einen Anteil an dieser Mitternachtsangst haben. Unser Bett muß Zeuge sein von unserem Schreien: »Ach, daß Ismael leben sollte vor dir! Ach, daß diese lieben Knaben und Mädchen in meiner Klasse die Kinder des lebendigen Gottes werden möchten!« Elia und Elisa lehren uns beide, daß wir das Kind nicht weit von uns legen dürfen, draußen vor die Tür oder unten in ein Gewölbe kalten Vergessens, sondern ihm, wenn wir es zum Leben erweckt haben wollen, einen Platz in dem wärmsten Mitgefühl unseres Herzens einräumen.

Beim Weiterlesen finden wir: *»Und er ging hinein und schloß die Tür zu für sie beide und betete zu dem Herrn.«* Nun geht der Prophet ernstlich an sein Werk, und wir haben eine treffliche Gelegenheit, von ihm das Geheimnis zu lernen, Kinder von den Toten aufzuwecken. Wenn Sie die Erzählung von Elisa lesen, so werden Sie finden, daß Elisa in orthodoxer Weise zu Werke ging, in der Weise seines Meisters Elia. Dort lesen wir: »Und er sprach zu ihr: Gib mir her deinen Sohn. Und er nahm ihn von ihrem Schoß und ging hinauf auf den Söller, da er wohnte und legte ihn auf sein Bett. Und rief den Herrn an und sprach: Herr, mein Gott, hast du auch der Witwe, bei der ich ein Gast bin, so übel getan, daß du ihren Sohn tötest? Und er maß sich über dem Kinde dreimal und rief den Herrn an und sprach: Herr, mein Gott, laß die Seele dieses Kindes wieder zu ihm kommen! Und der Herr erhörte die Stimme Elisas; und die Seele des Kindes kam wieder zu ihm und ward lebendig.« Das Geheimnis liegt zum großen Teil in mächtigem Flehen. Elisa schloß die Tür zu für sie beide und betete zu dem Herrn. Das alte Sprichwort lautet: »Jede wahre Kanzel ist im Himmel aufgerichtet«, womit gemeint ist, daß der wahre Prediger viel mit Gott verkehrt. Wenn wir nicht zu Gott um Segen bitten, wenn der Grund der Kanzel nicht im Kämmerlein gelegt wird, so wird unser öffentliches Auftreten nicht von Erfolg begleitet sein. So ist es mit Ihnen; jedes wirklichen Lehrers Macht muß von oben kommen. Wenn Sie nie in Ihr Kämmerlein gehen und die Tür zuschließen, wenn Sie nie am Gnadenstuhl für Ihr Kind beten, wie können Sie erwarten, daß Gott Sie begnadigen wird mit der Bekehrung desselben? Es ist eine ganz vortreffliche Weise, denke ich, die Kinder einzeln in Ihr Zimmer zu nehmen und mit ihnen zu beten. Sie werden Ihre Kinder bekehrt sehen, wenn Gott es Ihnen gibt, ein jedes einzeln zu nehmen, um dasselbe zu ringen, es in Ihr Zimmer zu führen und bei verschlossener Tür mit demselben und für dasselbe zu beten. Das Gebet mit einem allein hat viel mehr Einfluß als das in der Klasse gehaltene, – nicht mehr Einfluß bei Gott, natürlich, aber mehr Einfluß auf das Kind. Solches Gebet wird oft seine eigene Erhörung sein; denn Gott wird vielleicht, während Sie Ihre Seele ausschütten, Ihr Gebet zu einem Hammer machen, der das Herz bricht, das bloße Ansprachen nie bewegt haben. Beten Sie einzeln mit Ihren Kindern, und es wird sicherlich ein Mittel zu großem Segen sein. Wenn dies nicht getan werden kann, so muß jedenfalls Gebet da sein, viel Gebet, beständiges Gebet, heftiges Gebet, die Art von Gebet, die keine abschlägige Antwort annehmen will, wie Luthers Gebet, das er ein Bombardieren des Himmels nannte; das heißt das Aufpflanzen einer Kanone vor den Pforten des Himmels, um sie aufzusprengen, denn das ist die Art, wie brünstige Beter obsiegen; sie wollen nicht vom Gnadenstuhl weggehen, ehe sie mit Luther rufen können: »Vici, ich habe gesiegt, ich habe das Gut erhalten, um das ich rang.« – »Das Himmelreich leidet Gewalt, und die Gewalt tun, die reißen es an sich.« Mögen wir solche gewaltigen, mit Gott ringenden, den Himmel nötigenden Gebete darbringen, so wird der Herr uns sein Antlitz nicht vergeblich suchen lassen!

Nachdem er gebetet, wandte Elisa Mittel an. Gebet und Mittel müssen zusammen gehen, Mittel ohne Gebet – das ist Vermessenheit!

Gebet ohne Mittel – ist Heuchelei! Dort lag das Kind und dort stand der ehrwürdige Mann Gottes! Beobachtet sein sonderbares Verfahren! Er beugt sich über den Leichnam und legt seinen Mund auf des Kindes Mund. Der kalte tote Mund ward berührt von den warmen, lebendigen Lippen des Propheten, und ein Lebensstrom frischen, heißen Atems floß in die kalten, erstarrten Öffnungen des toten Mundes und Halses und der Lungen hinab. Danach legte der heilige Mann mit dem liebevollen Eifer der Hoffnungsfreudigkeit seine Augen auf des Kindes Augen und seine Hände auf des Kindes Hände; die warmen Hände des alten Mannes bedeckten die kalten des gestorbenen Kindes. Dann breitete er sich über das Kind und bedeckte es mit seinem ganzen Körper, als wollte er sein eigenes Leben in den leblosen Leib übertragen und entweder mit dem Kinde sterben oder es lebendig machen. Wir haben von dem Gemsenjäger gehört, der einem furchtsamen Reisenden als Führer diente und der, als sie zu einem sehr gefährlichen Teil des Weges kamen, den Reisenden fest an sich band und sagte: »Wir beide oder keiner«, d. h.: »Wir beide werden lebendig bleiben oder keiner von uns; wir sind eins.« So bewirkte der Prophet eine geheimnisvolle Verbindung zwischen sich und dem Knaben, und in seinem eigenen Herzen war es beschlossen, daß er entweder in des Kindes Tod erkalten oder das Kind mit seinem Leben erwärmen wollte. Was lehrt uns dieses?

Wir sehen hier wie in einem Bilde, daß wir, wenn wir einem Kinde geistliches Leben bringen wollen, uns sehr lebhaft des Kindes Zustand vergegenwärtigen müssen. Es ist tot, tot. Gott will, daß Sie fühlen, das Kind sei so tot in Übertretung und Sünde, wie Sie selber einst waren. Gott will, daß Sie, lieber Lehrer, mit diesem Tode in Berührung kommen sollen, durch schmerzliches, zermalmendes, demütigendes Mitgefühl. Ich sagte Ihnen, daß wir beim Seelengewinnen beachten sollten, wie unser Meister handelte. Nun, wie handelte er? Als er uns vom Tode erwecken wollte, was geziemte ihm zu tun? Er mußte selber sterben! es gab keinen anderen Weg. So ist es mit Ihnen. Wenn Sie dieses tote Kind erwecken wollen, so müssen Sie die Kälte und das Grausen dieses Todes selbst fühlen. Ein sterbender Mensch ist nötig, um sterbende Menschen aufzuwecken. Ich kann nicht glauben, daß Sie je einen Brand aus dem Feuer reißen werden, ohne die Hand so nahe zu bringen, daß Sie die Hitze des Feuers fühlen. Sie müssen mehr oder weniger ein deutliches Gefühl des furchtbaren Zornes Gottes und der Schrecken des zukünftigen Gerichts haben, sonst wird es Ihnen an heiliger Energie in Ihrer Arbeit fehlen und damit an einer der wesentlichsten Bedingungen des Erfolges. Ich denke nicht, daß der Prediger über solche Dinge jemals gut spricht, wenn sie ihn nicht wie eine Last des Herrn niederdrücken. »Ich predige in Ketten«, sagte John Bunyan, »zu Menschen in Ketten.« Verlassen Sie sich darauf, wenn der Tod, der in Ihren Kindern ist, Sie erschreckt, niederdrückt und überwältigt, dann ist der Zeitpunkt, wo Gott im Begriff ist, Sie zu segnen.

Wenn Sie so des Kindes Zustand sich ganz vergegenwärtigen und Ihren Mund auf des Kindes Mund legen und Ihre Hände auf seine Hände, müssen Sie darum bemüht sein, sich so weit als möglich der Natur, den Gewohnheiten und dem Temperament des Kindes anzupassen. Ihr Mund muß des Kindes Worte ausfindig machen, so daß das Kind versteht, was Sie meinen; Sie müssen die Dinge mit eines Kindes Auge ansehen; Ihr Herz muß die Gefühle eines Kindes haben, so daß Sie ihm ein Freund und Gefährte sind; Sie müssen die Sünden der Jugend genau beobachten; Sie müssen die Versuchungen der Jugend mitfühlen; Sie müssen, so weit wie möglich, in die Freuden und Leiden der Kindheit eingehen. Sie müssen über das Schwierige dieser Sache nicht murren und es nicht als eine Demütigung empfinden; denn wenn Sie etwas für eine Beschwerde oder eine Herablassung halten, so haben Sie überhaupt nichts in der Sonntagsschule zu tun. Wenn irgend etwas Schweres von Ihnen verlangt wird, so müssen Sie es tun und es nicht für schwer halten. Gott wird kein totes Kind durch Sie erwecken, falls Sie nicht willig sind, diesem Kinde alles zu werden, wenn Sie nur seine Seele gewinnen können.

Der Prophet »breitete sich aus über das Kind«. Man hätte denken sollen, daß es heißen müßte, »er zog sich zusammen!« Er war ein erwachsener Mann, und der andere bloß ein Knabe. Nein, »er streckte sich.«* Und merken Sie sich, kein Strecken ist schwerer, als wenn ein Mann sich zu einem Kinde streckt. Der ist kein Narr, der zu Kindern sprechen kann; ein Einfaltspinsel irrt sich sehr, wenn er meint, daß seine Narrheit Knaben und Mädchen interessieren kann. Um die Kleinen zu lehren, haben wir unsere fleißigsten Studien, unsere ernstesten Gedanken, unsere reifsten Kräfte nötig. Sie werden

* Nach der engl. Übers.

ein Kind nicht lebendig machen, bis Sie sich gestreckt haben; und obwohl es seltsam scheint, ist es doch so: Der weiseste Mann muß alle seine Fähigkeiten anstrengen, wenn er mit Erfolg ein Lehrer der Jugend sein will.

Wir sehen also, daß Elisa ein Bewußtsein von dem Tode des Kindes hatte und daß er sich seinem Werke anpaßte; aber mehr als alles, wir sehen *Mitgefühl*. Während Elisa selbst die Kälte der Leiche empfand, drang seine eigene Wärme in den toten Körper ein. An sich erweckte dieses nicht das Kind; aber Gott wirkte dadurch – die Körperwärme des alten Mannes kam in das Kind hinein und ward das Mittel der Wiederbelebung. Möge jeder Lehrer diese Worte des Paulus erwägen: »Wir sind mütterlich gewesen bei euch, gleichwie eine Amme ihrer Kinder pfleget: also hatten wir Herzenslust an euch und waren willig, euch mitzuteilen, nicht allein das Evangelium Gottes, *sondern auch unser Leben,* darum daß wir euch liebgewonnen haben.« Der echte Seelengewinner weiß, was dies bedeutet. Gott will durch seinen Geist unser herzliches Mitfühlen mit seiner Wahrheit segnen, und es das tun lassen, was diese Wahrheit allein, kalt gesprochen, nicht tun könnte. Hier ist also das Geheimnis. Sie müssen, lieber Lehrer, den Kleinen Ihre eigene Seele geben; Sie müssen fühlen, als wenn das Verlorengehen dieses Kindes Ihr eigenes Verlorengehen sein würde. Sie müssen fühlen, daß wenn das Kind unter dem Zorn Gottes bleibt, dies für Sie ein ebenso wahrhafter Schmerz wäre, als wenn Sie selbst unter dem Zorn Gottes wären. Sie müssen des Kindes Sünden vor Gott bekennen, als wenn es Ihre eigenen wären, und als ein Priester vor dem Herrn stehen und für dasselbe bitten. Das Kind ward von Elisas Körper bedeckt, und Sie müssen Ihre Klasse mit Ihrem Mitleid bedecken und für sie ringen und sich strecken vor dem Herrn. Sehen Sie in diesem Wunder den modus operandi der Totenerweckung. Der Heilige Geist bleibt geheimnisvoll in seinen Wirkungen, aber die Art der äußeren Mittel ist hier klar geoffenbart.

Die Wirkung der Mühe des Propheten zeigte sich bald: »*Des Kindes Leib ward warm.*« Wie froh muß Elisa gewesen sein! Aber ich finde nicht, daß seine Freude und Befriedigung ihn lässiger in seinen Bemühungen machte. Seien Sie nie damit zufrieden, liebe Freunde, daß die Kinder Ihnen bloß Anlaß zur Hoffnung geben. Kam ein Mädchen zu Ihnen und rief: »Lehrer, beten Sie für mich?« Seien Sie froh, denn dies ist ein schönes Zeichen; aber schauen Sie nach mehr aus! Bemerkten Sie Tränen in eines Knaben Augen, als Sie von der Liebe Christi sprachen? Seien Sie dankbar, daß der Leib warm wird, aber bleiben Sie dabei nicht stehen. Bedenken Sie, Sie haben noch nicht Ihren Zweck erreicht. Leben ist es, was Sie wollen, nicht Wärme nur. Was Sie wollen, ist nicht bloßes Sündengefühl in dem Kinde, sondern Bekehrung; Sie wollen nicht nur Ergriffenheit, sondern Wiedergeburt, – Leben, Leben aus Gott, das Leben Jesu. Dies haben Ihre Schüler nötig, und nichts Geringeres darf Sie zufriedenstellen.

Wiederum muß ich Sie bitten, den Elisa zu beobachten. Es trat jetzt eine kleine Pause ein. *»Er stand aber wieder auf und ging im Hause einmal hieher und daher.«* Bemerken Sie die Ruhelosigkeit des Mannes Gottes; er kann nicht ruhig sein. Das Kind wurde warm, aber es lebt noch nicht; deshalb, statt sich auf seinen Stuhl am Tische niederzusetzen, geht der Prophet mit rastlosem Fuß hierhin und dorthin, unruhig, seufzend, sehnend, verlangend und unbehaglich. Er könnte nicht ertragen, die untröstliche Mutter sagen zu hören: »Ist das Kind wieder zum Leben gebracht?« Deshalb fuhr er fort, hin und her im Hause zu gehen, als wenn sein Leib nicht ruhen könnte, solange seine Seele nicht befriedigt war. Nehmen Sie sich das zum Vorbild! Wenn Sie einen Knaben etwas ergriffen sehen, so setzen Sie sich nicht nieder und sagen Sie nicht: »Das Kind gibt viel Hoffnung, Gott sei Dank; ich bin vollkommen befriedigt.« Sie werden nie das unschätzbare Kleinod einer erretteten Seele auf diese Weise gewinnen. Sie müssen traurig, ruhelos, bekümmert bleiben, wenn Sie je ein Vater in der Kirche Gottes werden wollen. Der Ausdruck des Paulus ist nicht in Worten zu erklären, aber Sie müssen seine Bedeutung in Ihrem Herzen kennen: »Welche ich abermal mit Ängsten gebäre, bis daß Christus in euch eine Gestalt gewinne.« O möge der Heilige Geist Ihnen solche innere Angst geben, solche Unruhe, Rastlosigkeit und heilige Unbehaglichkeit, bis Sie Ihre Schüler, die zu Hoffnung Anlaß gaben, wirklich bekehrt sehen.

Nachdem der Prophet eine kurze Zeit hin und her gegangen war, stieg er *»wieder hinauf und streckte sich über ihn«.* Wenn es gut ist, etwas einmal zu tun, so ist es auch passend, es zweimal zu tun. Was zweimal gut ist, das ist siebenmal gut. Es muß Beharrlichkeit und Geduld da sein. Sie waren letzten Sonntag sehr eifrig, seien Sie nicht träge am nächsten Sonntag. Wie leicht ist es, heute niederzureißen, was wir gestern gebaut haben! Wenn Gott mich instand setzt, durch die Arbeit eines Sonntags ein Kind davon zu überzeugen, daß ich es ernst meine, so laßt mich nicht das Kind am nächsten Sonntag überzeugen, daß ich es nicht ernst meine. Wenn meine frühere Wärme des Kindes Leib warm gemacht hat, so verhüte Gott, daß meine spätere Kühle des Kindes Herz wieder kalt mache! So gewiß die Wärme von Elisa auf das Kind überging, mag auch Kälte von Ihnen auf Ihre Klasse übergehen, wenn es Ihnen nicht völliger Ernst mit der Sache ist.

Elisa streckte sich wieder über das Bett mit viel Gebet und viel Seufzer und ganzem Glauben, und endlich ward sein Wunsch ihm gewährt: »*Da schnaubte der Knabe siebenmal, darnach tat der Knabe seine Augen auf.*« Diese Art von Tätigkeit zeigte Leben an und befriedigte den Propheten. Der Ton war kein sehr artikulierter oder musikalischer, aber er war ein Zeichen des Lebens. Dies ist alles, was wir von jungen Kindern erwarten sollten, wenn Gott ihnen geistliches Leben gibt. Einige Gemeindeglieder erwarten sehr viel mehr, aber ich für mein Teil bin befriedigt, wenn die Kinder schnauben, wenn sie irgend ein wirkliches Anzeichen der empfangenen Gnade geben, wie schwach und undeutlich es auch ist. Wenn das liebe Kind nur seinen verlorenen Zustand fühlt und auf das vollbrachte Werk Jesu vertraut, ob wir dies auch nur durch ein sehr undeutliches Zeugnis herausfinden, kein solches, wie wir es von einem Doktor der Theologie annehmen oder von einem Erwachsenen erwarten würden, sollten wir da nicht Gott danken und das Kind aufnehmen und es für den Herrn erziehen?

Vielleicht würde Gehasi, wenn er da gewesen wäre, nicht viel auf dies Schnauben gegeben haben, weil er sich nie über das Kind gestreckt hatte, aber Elisa war damit zufrieden. Ebenso werden wir, wenn wir wirklich im Gebet um Seelen gerungen haben, sehr rasch das erste Zeichen der Gnade wahrnehmen und dankbar gegen Gott sein, wenn dies Zeichen auch nur ein Schnauben ist.

Dann tat der Knabe seine Augen auf, und wir wollen wagen zu behaupten: Elisa dachte, er hätte nie zuvor so liebliche Augen gesehen. Ich weiß nicht, was für Augen es waren, ob braune oder blaue, aber das weiß ich, daß jedes Auge, das Gott Ihnen auftun hilft, für

Sie ein schönes Auge sein wird. Ich hörte neulich einen Lehrer reden von »einem prächtigen Knaben«, der in seiner Klasse errettet worden war, und eine Lehrerin sprach von »einem lieben Mädchen« in ihrer Klasse, das den Herrn lieb hatte. Kein Zweifel daran, es würde ein Wunder sein, wenn sie nicht »prächtig« und »lieb« wären in den Augen derjenigen, die sie zu Jesu gebracht haben, denn für Jesus Christus sind sie noch prächtiger und lieber. Geliebte Freunde, mögen Sie oft in aufgetane Augen blicken, die ohne Ihr von der göttlichen Gnade gesegnetes Lehren durch die Starhaut des geistlichen Todes dunkel geblieben wären! Dann werden Sie in der Tat hochbegnadet sein.

Ein Wort der Warnung. Ist in dieser Versammlung ein *Gehasi*? Wenn unter dieser großen Schar von Sonntagsschullehrern einer ist, der nicht mehr tun kann, als den Stab tragen, so bemitleide ich ihn. Ach! Mein Freund, möge Gott in seiner Barmherzigkeit Ihnen Leben geben, denn wie können Sie sonst erwarten, das Werkzeug zu sein, andere lebendig zu machen? Wenn Elisa selbst ein Leichnam gewesen wäre, so wäre es eine hoffnungslose Sache gewesen, zu erwarten, daß Leben mitgeteilt werden könnte dadurch, daß man eine Leiche auf die andere lege. Es ist vergeblich für jene kleine Klasse von toten Seelen, sich um eine andere tote Seele, wie Sie sind, zu versammeln. Eine tote Mutter, erkaltet und erstarrt, kann nicht ihr Kindchen hegen. Was für Wärme, was für Behagen können die empfangen, die vor einem leeren Ofen frösteln? Und ein solcher sind Sie. Möge zuerst ein Gnadenwerk in Ihrer eigenen Seele stattfinden, und dann möge der ewige Geist Gottes, der allein Seelen lebendig machen kann, Sie als Werkzeug gebrauchen, um viele zum Lobe seiner Gnade lebendig zu machen!

Nehmen Sie, liebe Freunde, meinen brüderlichen Gruß an und glauben Sie, daß meine innigen Gebete mit Ihnen sind, daß Sie gesegnet und zu einem Segen gemacht werden mögen.

Wie Seelen für Christus zu gewinnen sind

Eine Ansprache an Straßenprediger

Es ist ein großes Vorrecht, zu einer so edlen Schar von Predigern reden zu dürfen; ich wünschte, ich wäre tauglicher für diese Aufgabe. Silber der Beredsamkeit und Gold tiefer Gedanken habe ich nicht; was ich aber habe, das gebe ich Ihnen.

Seelengewinnung – das sei mein Thema. *Was ist das aber, eine Seele gewinnen?* Ich hoffe, Sie halten es mit der altmodischen Weise, Seelen zu erretten. Alles scheint heutzutage erschüttert und von den alten Grundlagen weggeschoben zu sein. Es scheint, daß wir bei den Menschen das Gute, das schon in ihnen ist, entwickeln sollen. Viel Gutes mögen Sie erleben, wenn Sie dies Verfahren versuchen. Mir ist aber bange, daß Sie im Fortgange solcher Evolution Teufel entwickeln werden. Ich weiß nicht viel anderes, was aus der menschlichen Natur herauskommen wird; denn sie ist so voll Sünde, wie ein Ei voll Nahrung ist; und die Evolution der Sünde muß ewiges Unheil sein. Wir alle glauben, daß wir ans Seelengewinnen gehen müssen mit dem Wunsche, in Gottes Namen alles neu gemacht zu sehen. Diese alte Kreatur ist tot und verderbt und muß begraben werden; und je eher, desto besser. Jesus ist gekommen, damit das Alte vergehen und alles neu gemacht werden möchte. Im Verlauf unseres Werkes versuchen wir den Menschen zu nützen, indem wir uns bemühen, sie zur Mäßigkeit zu bringen; möge Gott alles derartige Werk segnen! Aber wir würden unsere Arbeit für mißlungen halten, wenn wir eine Welt von Mäßigkeitsfreunden hervorgebracht und sie alle als Ungläubige gelassen hätten. Wir zielen auf etwas mehr als auf Mäßigkeit ab, denn wir glauben, daß die Menschen wiedergeboren werden müssen. Es ist gut, wenn sogar eine Leiche rein ist, und deshalb gut, wenn die Unwiedergeborenen sittlich anständig sind. Es wäre ein großer Segen, wenn sie gereinigt würden von den Lastern, die diese Stadt stinkend machen vor Gott und vor anständigen Menschen. Aber unsere Arbeit geht nicht so sehr auf dieses, als vielmehr dahin zu wirken, daß die in der Sünde Toten lebendig werden und daß Jesus Christus da regiere, wo jetzt der Fürst, der in der Luft herrschet, das Regiment hat. Sie predigen, Brüder, zu dem Zwecke, daß die Menschen die Sünde aufgeben und zu Jesus fliehen, um Vergebung zu erlangen; daß sie durch seinen Heiligen Geist erneuert werden und ebensosehr alles Heilige lieben lernen, wie sie jetzt alles Sündige lieben. Sie zielen auf eine radikale Kur ab; die Axt wird an die Wurzel der Bäume gelegt; die Besserung der alten Natur würde Sie nicht befriedigen, Sie wollen Mitteilung einer neuen Natur durch die göttliche Macht, damit diejenigen, welche sich in der Straße um sie sammeln, für Gott leben mögen.

Unser Ziel ist es, die Welt von unten nach oben zu kehren; oder mit anderen Worten; wir wünschen, daß da, wo die Sünde mächtig geworden ist, die Gnade viel mächtiger werde. Wir wollen ein Wunder. Es ist gut, dies gleich am Anfang festzustellen. Einige Brüder denken, daß sie ihren Ton der geistlichen Fähigkeit ihrer Hörer anpassen müssen; aber dies ist ein Irrtum. Nach der Meinung dieser Brüder sollte man nicht einen Mann ermahnen, Buße zu tun und zu glauben, wenn man nicht glaubt, daß er aus eigener Kraft Buße tun und glauben könne. Meine Erwiderung ist ein Bekenntnis: Ich gebiete den Menschen im Namen Jesu, Buße zu tun und zu glauben, obwohl ich weiß, daß sie ohne die Gnade Gottes nichts von der Art tun können; denn ich bin nicht gesandt, zu arbeiten nach dem, was meine eigene Vernunft mir eingibt, sondern gemäß den Befehlen meines Herrn und Meisters. Unsere ganz andere Weise kommt aus der Verleihung des Heiligen Geistes, der seinen Predigern befiehlt, Wunder zu tun im Namen des Herrn Jesus. Wir sind gesandt, um zu blinden Augen zu sprechen: »Sehet!«, zu tauben Ohren: »Höret!«, zu toten Herzen: »Lebet!«, und sogar zu einem Lazarus, der in dem Grabe verwest, in welchem er schon stinkt: – »Lazarus, komm heraus!« Können wir dies tun? Wir werden weise sein, wenn wir mit der Überzeugung beginnen, daß wir hierzu gänzlich machtlos sind, wenn nicht unser Meister uns gesandt hat und mit uns ist. Aber wenn er, der uns gesandt hat, mit uns ist, so sind alle Dinge möglich dem, der da glaubt. O Prediger, wenn du aufstehst, um zu sehen, was *du* tun kannst, so wird es weise sein, dich rasch wieder niederzusetzen; wenn du aber aufstehst, um zu erproben, was dein allmächtiger Herr und Meister durch dich tun kann, so liegen unendliche Möglichkeiten vor dir! Es gibt keine Grenze für das, was

Gott vollbringen kann, wenn er durch dein Herz und deine Stimme wirkt. Als neulich am Sonntagmorgen meine lieben Brüder, die Diakone und Ältesten dieser Gemeinde, sich, wie es ihre Gewohnheit ist, zum Gebet um mich versammelten, sagte einer von ihnen: »Herr, nimm ihn, wie ein Mann ein Werkzeug in seine Hand nimmt, wenn er es mit festem Griff erfaßt und es dann gebraucht, um damit das zu vollbringen, was er will.« Das ist es, was allen Arbeitern not tut: daß Gott selbst der durch sie Wirkende ist. Sie sollen Werkzeuge in den Händen Gottes sein; Sie selber sollen natürlich alle Ihre Kräfte und Fähigkeiten anstrengen, die der Herr Ihnen verliehen hat; aber sich doch niemals auf ihre eigene Macht verlassen, sondern allein auf jene heilige, geheimnisvolle, göttliche Kraft, welche in uns und durch uns und mit uns auf die Herzen und Gemüter der Menschen wirkt.

Brüder, wir haben uns sehr getäuscht, nicht wahr, in einigen unserer Bekehrten? Wir werden uns immer täuschen, so weit sie *unsere* Bekehrten sind. Wir werden uns sehr über sie freuen, wenn sie sich als Werk Gottes erweisen. Wenn die Macht der Gnade in ihnen wirkt, dann wird es herrlich sein; denn die Gnade bringt Herrlichkeit. Aber bloße Redekunst wird auf die Länge nur falschen Schein und Schande erzeugen. Wenn wir predigen und uns ein sehr hübscher, blumenreicher Satz, ein sehr zierlicher, poetischer Ausdruck in den Sinn kommt, so wünsche ich, wir könnten zurückgehalten werden durch jene Furcht, welche wir bei dem Apostel Paulus sehen, wenn er sagt, daß er nicht mit klugen Worten predigen wolle, »auf daß nicht das Kreuz Christi zunichte werde«. Es ist die Pflicht eines Predigers des Evangeliums, ob er in Häusern oder auf der Straße predigt, sich selber zu sagen: »Ich könnte dieses sehr hübsch sagen, aber dann würden sie vielleicht darauf achten, *wie* ich es sage; ich will es darum so sagen, daß sie nur den inneren Wert der Wahrheit, die ich sie lehre, beachten.« Es ist weder die Weise, wie wir das Evangelium vortragen, noch die Art, wie wir es illustrieren, was Seelen gewinnt, sondern das Evangelium selbst tut das Werk in den Händen des Heiligen Geistes, und von diesem müssen wir die gründliche Bekehrung der Menschen erwarten. Ein Wunder muß gewirkt werden, durch welches unsere Hörer die Beute jener »mächtigen Stärke« werden, welche »Gott in Christus gewirket hat, da er ihn von den Toten auferweckt hat und gesetzt zu seiner Rechten im Himmel über alle Fürstentümer und Gewalt«. Darum müssen wir von uns selbst hinwegsehen zu dem lebendigen Gott. Nicht wahr? Wir erstreben gründliche, wirkliche Bekehrung; deshalb verlassen wir uns auf die Macht des Heiligen Geistes. Wenn es ein Wunder ist, so muß Gott es wirken, das ist klar. Es kann nicht durch unsere Schlußfolgerungen oder Überredungen oder Drohungen geschehen, es kann nur vom Herrn kommen.

Wann, denn dies ist der Punkt, worauf es ankommt, können wir erwarten, *mit dem Geiste Gottes begabt zu werden und in seiner Kraft auszugehen?* Ich erwidere, daß sehr viel von dem Seelenzustande des Predigers selbst abhängt. Ich bin überzeugt, wir haben nie genug Gewicht gelegt auf das Werk Gottes in unserem eigenen Innern mit bezug auf unser Predigen. Ein ganz Gott geweihter Mann kann von der göttlichen Kraft so voll sein, daß alle um ihn her es merken müssen. Sie können nicht sagen, was es ist oder von wannen es kommt und vielleicht nicht, wohin es geht; aber es ist etwas an dem Manne, was weit über die gewöhnliche Ordnung der Dinge hinausgeht. Zu einer andern Zeit ist derselbe Mann vielleicht schwach und stumpf und sich selbst dessen bewußt. Siehe! Er will ausgehen wie vormals, aber er kann keine mächtige Tat tun. Es ist klar, daß selbst ein Simson in der rechten Verfassung sein muß, sonst kann er keine Siege gewinnen. Wenn des Kämpfers Locken geschoren sind, so werden die Philister über ihn lachen; wenn der Herr von einem Manne gewichen ist, so ist ihm keine Kraft zu fruchtbarem Dienst geblieben. Liebe Brüder, achten Sie sorgfältig auf Ihren eigenen Zustand vor Gott. Sorgen Sie für Ihr eigenes Landgut, achten Sie wohl auf die Schaf- und Rinderherden. Wenn Sie nicht in Gottes Nähe wandeln, wenn Sie nicht in jenem klaren Lichte weilen, das den Thron Gottes umgibt und das nur denen bekannt ist, welche mit dem Ewigen Gemeinschaft haben, werden Sie aus Ihrer Kammer herausgehen und zu Ihrem Werke eilen, aber nichts wird darnach kommen. Das Gefäß ist allerdings nur ein irdenes, hat indes doch seinen Platz in der göttlichen Ordnung; aber es wird mit dem göttlichen Schatz nicht gefüllt werden, wenn es nicht rein ist, und wenn es nicht auch in anderer Hinsicht tauglich ist zum Gebrauch für den Herrn. Lassen Sie mich einiges mit Namen nennen, bei welchem viel von dem Prediger selbst abhängen muß.

Wir gewinnen einige Seelen für Christum dadurch, daß wir als Zeugen handeln. Wir treten auf und legen über gewisse Wahrheiten Zeugnis ab für den Herrn Jesus Christus. Nun, ich habe nie das große Vorrecht gehabt, von einem Rechtsanwalt in die Enge getrieben zu werden. Ich habe zuweilen daran gedacht, was ich tun sollte, wenn ich als Zeuge aufgerufen würde, um verhört und kreuzverhört zu werden. Ich denke, ich würde einfach aufstehen und die Wahrheit erzählen, so weit ich sie wüßte, und keinen Versuch machen, meinen Witz oder meine Sprachgewandtheit oder mein Urteilsvermögen zu zeigen. Wenn ich einfache, grade Antworten auf die Fragen gäbe, so würde ich jeden Rechtsanwalt unter dem Himmel überwinden. Die Schwierigkeit liegt darin, daß ein Zeuge oft sich mehr seiner selbst bewußt ist als dessen, was er zu sagen hat. Deshalb fühlt er sich bald müde, geplagt und gelangweilt, und wenn er ärgerlich wird, ist er kein guter Zeuge in der Sache. Nun, Sie Straßenprediger, werden häufig in die Enge getrieben; des Teufels Anwälte werden sicherlich zu Ihnen kommen, er hat deren eine große Zahl beständig in seinem Dienste. Das Eine, was Sie zu tun haben, ist: von der Wahrheit Zeugnis abzulegen. Wenn Sie sich selber fragen: »Wie soll ich diesem Mann geschickt antworten, damit ich ihn besiege?« so werden Sie nicht weislich tun. Eine witzige Antwort ist oft etwas sehr Passendes; aber eine fromme Antwort ist doch besser. Versuchen Sie, zu sich selbst zu sagen: »Es kommt im Grunde nicht viel darauf an, ob dieser Mann beweist, daß ich ein Narr bin oder nicht, denn ich weiß *das* schon. Ich bin's zufrieden, um Christi willen für einen Narren gehalten zu werden und mich um meinen Ruf nicht zu kümmern. Ich habe zu zeugen von dem, was ich weiß, und mit Gottes Hilfe will ich das kühn tun. Wenn der, welcher mich unterbricht, mich über andere Dinge befragt, will ich sagen, daß ich nicht komme, um von andern Dingen zu zeugen, sondern nur dieses Eine tun. Zu diesem Endzweck will ich sprechen, und zu keinem andern.«

Brüder, der Zeuge muß selbst errettet sein und sollte seiner Errettung gewiß sein. Ich weiß nicht, ob Sie an Ihrer eigenen Errettung zweifeln. Vielleicht sollte ich Ihnen empfehlen zu predigen, selbst wenn das der Fall ist, da Sie, wenn Sie nicht selbst errettet sind, doch wünschen, daß andere es werden. Sie zweifeln nicht, daß Sie einst volle Glaubensgewißheit hatten. Und jetzt, wenn Sie voll Trauer bekennen müssen: »Ach! Ich fühle nicht die volle Kraft des Evangeliums an meinem eigenen Herzen«, können Sie aufrichtig hinzufügen: »Dennoch weiß ich, daß es wahr ist, denn ich habe gesehen, daß es andere errettet, und ich weiß, daß keine andere Macht *mich* erretten kann.« Vielleicht wird sogar dieses stammelnde, so aufrichtig ehrliche Zeugnis eine Träne in Ihres Gegners Auge bringen und Mitgefühl mit Ihnen erwecken. »Ich predigte«, sagte John Bunyan, »zuweilen ohne Hoffnung, wie ein Mensch in Ketten zu Menschen in Ketten, und wenn ich auch meine eigenen Fesseln klirren hörte, so sagte ich doch andern, daß es Befreiung für sie gäbe, und hieß sie auf den großen Befreier blicken.« Ich würde Bunyan nicht gewehrt haben, wenn er so predigte. Dennoch aber ist es etwas Großes, wenn Sie aus eigener, persönlicher Erfahrung erklären können, daß der Herr »eherne Türen zerbrochen und eiserne Riegel zerschlagen« hat. Wenn die, die unser Zeugnis hören, fragen: »Sind Sie dessen gewiß?« müssen Sie antworten: Dessen gewiß? Ich bin dessen so gewiß, wie ich gewiß bin, daß ich ein lebendiger Mensch bin. Die Leute nennen dies »zu große Bestimmtheit«. Das macht nichts aus. Ein Mann muß wissen, worüber er predigt, sonst laßt ihn sich niedersetzen. Wenn ich irgend einen Zweifel hätte an den Dingen, die ich von dieser Kanzel predige, so würde ich mich schämen, der Pastor dieser Gemeinde zu bleiben. Aber ich predige, was ich weiß, und zeuge von dem, was ich gesehen habe, und ich wage meine Seele und alle ihre ewigen Angelegenheiten an die Wahrheit dessen, was ich predige. Wenn das Evangelium, das ich predige, mich nicht errettet, so werde ich niemals errettet werden, denn was ich andern verkünde, ist mein eigener, persönlicher Grund des Vertrauens. Ich habe kein Rettungsboot für mich allein; die Arche, zu der ich andere einlade, schließt mich und alles, was ich habe, ein.

Ein guter Zeuge sollte alles, was er sagen will, selbst wissen; er sollte sich in seinem Thema zu Hause fühlen. Er wird als Zeuge aufgerufen, sagen wir, in Sachen eines Diebstahls. Er weiß, was er sah und hat nur darüber eine Erklärung abzugeben. Man beginnt, ihn zu befragen über ein Bild in dem Hause oder über die Farbe eines Kleides, das in der Garderobe hing. Er antwortet: »Sie gehen weiter, als meine Erinnerung reicht, ich kann nur von dem zeugen, was ich sah.« Was wir wissen und was wir nicht wissen, würde zwei große Bücher ausmachen, und wir dürfen sicherlich bitten, daß man uns mit dem zweiten verschone.

Bruder, sagen Sie, was Sie wissen, und dann setzen Sie sich nieder. Aber seien Sie ruhig und gelassen während Sie von dem reden, womit Sie persönlich bekannt sind. Sie werden sich nie so Ihren Gemütsbewegungen überlassen können, daß Sie sich heimisch unter den Leuten fühlen, wenn Sie nicht heimisch in Ihrem Thema sind. Wenn Sie wissen, was Sie wollen, so fühlen Sie sich frei genug, um mit ernstem Eifer zu predigen. Wenn Sie, Straßenprediger, nicht das Evangelium von Anfang bis zu Ende kennen und wissen, wo Sie sind, wenn Sie es vortragen, können Sie nicht mit der rechten Glut predigen. Aber wenn Sie heimisch in Ihrer Lehre sind, dann stehen Sie auf und seien Sie so kühn und eifrig und dringlich, wie Sie wollen. Treten Sie den Leuten gegenüber in dem Gefühl, daß Sie ihnen etwas zu sagen haben, was des Hörens wert ist, dessen Sie ganz gewiß sind, was für Sie Ihr wahres Leben ist. Es sind ehrliche Herzen in jeder Versammlung draußen und auch in jeder drinnen, die nur einen ehrlichen Glaubenszeugen zu hören brauchen, so werden sie ihn annehmen und zum Glauben an den Herrn Jesus Christus gebracht werden.

Aber Sie sind nicht nur Zeugen, Sie sind Sachwalter des Herrn Jesus Christus. Nun, bei einem Sachwalter hängt sehr viel von dem Manne selbst ab. Es scheint, als wenn das Kennzeichen und Merkmal des Christentums bei einigen Predigern nicht eine feurige Zunge, sondern ein Eisblock wäre. Sie möchten nicht einen Anwalt haben, der aufstünde und Ihre Sache in einer kalten, gleichgültigen Weise führte und den es nicht im geringsten zu kümmern schiene, ob Sie des Mordes schuldig befunden oder freigesprochen würden. Wie könnten Sie seine Gleichgültigkeit ertragen, wenn Sie in Gefahr stünden, gehängt zu werden? O nein! Sie wünschen, solchen falschen Advokaten zum Schweigen zu bringen. Ebenso: wenn ein Mann für Christus zu sprechen hat und es ist ihm kein Ernst damit, so laßt ihn zu Bett gehen. Sie lächeln, aber wäre es nicht besser, daß er zu Bett ginge, als daß er eine ganze Versammlung in Schlaf bringt? Ja, wir müssen es sehr ernst nehmen. Wenn wir etwas an den Menschen ausrichten sollen, so müssen wir sie lieben. Es gibt eine echte Liebe zu Menschen, die einige besitzen, und es gibt einen echten Widerwillen gegen Menschen, den andere besitzen. Ich kenne Herren, die zu denken scheinen, die arbeitenden Klassen seien widerwärtig und schlecht, sie müßten im Zaum gehalten und mit

Strenge regiert werden. Mit solchen Ansichten werden sie niemals die Arbeiter bekehren. Um Menschen zu gewinnen, müssen Sie fühlen: Ich bin einer von ihnen. Wenn sie erbärmlich sind, ich bin einer von ihnen; wenn sie verlorene Sünder sind, ich bin einer von ihnen; wenn sie einen Heiland brauchen, ich bin einer von ihnen. Zu dem größten Sünder sollten Sie predigen mit diesem Spruch vor Augen: »Solcher sind euer etliche gewesen.« Die Gnade allein macht, daß wir anders sind, und diese Gnade predigen wir. Echte Liebe zu Gott und warme Liebe zu den Menschen, dies macht den rechten Sachwalter.

Ich glaube ferner, obwohl gewisse Leute es verneinen, daß man auch die Furcht auf die Menschen wirken lassen muß und daß der Prediger selber diese fühlen sollte. »Noah, von Furcht bewegt, bereitete eine Arche zum Heil seines Hauses.«* Errettung von dem Tode in der Flut war das Begehren in dieser Furcht Noahs; und wenn ein Mann dahin kommt, für andere zu fürchten, so daß sein Herz ausruft: »Sie werden umkommen, sie werden umkommen, sie werden in die Hölle sinken, sie werden auf ewig vor dem Angesichte des Herrn verbannt werden«, und wenn diese Furcht auf seiner Seele lastet und ihn niederdrückt und ihn dann treibt, hinzugehen und mit Tränen zu predigen, oh, dann wird er die Menschen so bitten und mahnen, daß er sie gewinnt! Da er »die Schrecken des Herrn« kennt, wird er die Menschen überreden. Die Schrecken des Herrn kennen ist das Mittel, wodurch wir lernen, zu *überreden* und nicht hart zu sprechen. Einige haben die Schrecken des Herrn gebraucht, um zu erschrecken; aber Paulus brauchte sie, um zu überreden. Lassen Sie uns ihn nachahmen. Sagen Sie: »Wir sind gekommen, euch, liebe Männer und Brüder, zu sagen, daß die Welt in Flammen steht und daß ihr fliehen müßt, um euer Leben zu erretten und auf den Berg euch flüchten, auf daß ihr nicht verzehret werdet.« Wir müssen ihnen diese Warnung überbringen mit der vollen Überzeugung, daß sie wahr ist, sonst werden wir nur dem Knaben gleichen, der zum Spaß rief: »Ein Wolf!« Etwas von dem Schatten des letzten furchtbaren Tages muß auf unsere Seele fallen, um unserer Gnadenbotschaft den Ton der Überzeugung zu geben, sonst werden wir des Sachwalters wahre Kraft nicht haben. Brüder, wir müssen den Menschen sagen, daß ihnen der Heiland dringend not tut,

* Hebr. 11, 7. Nach der engl. Übers.

und ihnen zeigen, daß wir es fühlen, wie nötig er ihnen ist, sonst werden wir sie schwerlich zum Heiland bringen.

Wer Christi Sache führt, sollte selber von dem Gedanken an den Tag des Gerichts bewegt sein. Wenn ich durch jene Tür auf die Kanzel trete und die ungeheure Menschenmenge mir gegenüber sehe, so erschrecke ich oft. Ich denke an diese Tausende von unsterblichen Seelen, welche durch das Fenster ihrer aufmerksamen Augen schauen, und ich soll zu ihnen allen predigen und für ihr Blut verantwortlich sein, wenn ich nicht treu gegen sie bin. Ich sage Ihnen, das gibt mir ein Gefühl, als wenn ich zurückweichen müßte. Aber Furcht ist nicht allein da. Ich werde aufrecht gehalten durch die Hoffnung und den Glauben, daß Gott diese Leute zu segnen beabsichtigt durch das Wort, das er mich predigen lassen wird. Ich glaube, daß jeder in der Menschenmenge von Gott zu irgend einem Zweck in die Versammlung gesandt ist, und daß ich gesandt bin, diesen Zweck zu erfüllen. Ich denke oft während der Predigt bei mir: Wer wird jetzt überwunden? Es kommt mir nie in den Sinn, daß das Wort des Herrn seinen Zweck verfehlen wird. Nein, das kann niemals der Fall sein. Häufig bin ich ganz sicher, daß Menschen bekehrt werden, und immer, daß Gott durch das Zeugnis von seiner Wahrheit verherrlicht wird. Sie mögen sich darauf verlassen, Ihre hoffnungsvolle Überzeugung, daß Gottes Wort nicht leer zu ihm zurückkehren kann, ist eine große Ermutigung für Ihre Hörer sowohl wie für Sie selber. Ihre freudige Zuversicht, daß sie bekehrt werden, mag wie der kleine Finger einer Mutter sein, den sie nach dem Kinde ausstreckt, um ihm zu helfen, zu ihr zu kommen. Das Feuer in Ihrem Herzen mag einen Funken in ihre Seelen werfen, wodurch die Flamme des geistlichen Lebens in ihnen angezündet wird. Lassen Sie uns alle Kunst lernen, die Menschenseelen zu bitten und zu mahnen.

Doch, liebe Straßenprediger, und alle hier anwesenden Christen, *wir haben nicht nur Zeugen und Sachwalter zu sein, sondern auch Vorbilder.* Eine der besten Weisen, wilde Enten zu fangen, ist die Benützung eines Lockvogels. Die Lockente geht selbst in das Netz ein, und die andern folgen ihr. Wir sollten in der Christenheit mehr die heilige Kunst des Lockens üben, d. h., unser Beispiel, indem wir selbst zu Christus kommen, indem wir ein gottseliges Leben inmitten eines verkehrten Geschlechts führen, unser Beispiel in Freud' und Leid, unser Beispiel in heiliger Unterwerfung unter den göttlichen Willen in der Zeit der Not, unser Beispiel auf allen frommen Wegen wird andere dahin führen, den Weg des Lebens zu betreten. Sie können sich natürlich nicht auf die Straße stellen und von ihrem Beispiel reden; aber es gibt keinen Straßenprediger, der nicht besser bekannt ist, als er denkt. Irgend einer in der Menge mag das Privatleben des Redenden kennen. Ich hörte einmal von einem Straßenprediger, dem ein Hörer zurief: »Ah, Jack, du wagst nicht so vor deiner eigenen Tür zu predigen!« Es war unglücklicherweise kurz vorher geschehen, daß dieser Prediger mit einem seiner Nachbarn hatte kämpfen wollen, und deshalb war es nicht wahrscheinlich, daß er nahe bei seinem Hause sich viel mit Predigen befaßt hätte. Diese Unterbrechung war sehr unangenehm. Wenn das Leben eines Mannes daheim ein unwürdiges ist, so sollte er mehrere Meilen weit weggehen, ehe er auftritt, um zu predigen, und wenn er dann auftritt, so sollte er nichts sagen. Man kennt uns, Brüder; man weiß weit mehr von uns, als wir meinen, und was man nicht kennt und weiß, das denkt man sich. Unser Wandel sollte der mächtigste Teil unseres Predigtamtes sein, Leben und Lippen sollten übereinstimmen.

Meine Zeit ist kurz; aber ich muß noch ein Wort zu einem andern Punkt sagen. Ich habe gesagt, daß die Wirksamkeit des Heiligen Geistes in großem Maße von dem Menschen selbst abhängt, aber ich muß hinzufügen, daß *auch viel von denen abhängt, die den Prediger umgeben*. Ein Straßenprediger, der ganz allein ausgeht, muß in einer sehr unglücklichen Lage sein. Es ist eine ungemeine Hilfe, wenn Sie mit einer eifrigen, lebendigen Gemeinde in Verbindung stehen, die für Sie betet; und wenn Sie keine solche da finden, wo Sie predigen, so ist das Nächstbeste, daß Sie ein halbes Dutzend Brüder oder Schwestern suchen, die Ihnen beistehen, mit Ihnen gehen und besonders mit Ihnen beten. Einige Prediger sind so unabhängig, daß sie Helfer entbehren können, aber Sie werden weislich handeln, wenn Sie das Alleinstehen nicht lieben. Könnten Sie nicht die Sache in dieser Weise ansehen: Wenn ich ein halbes Dutzend junger Männer dahin bringe, mit mir zu gehen, so werde ich ihnen nützen und sie zu Arbeitern heranbilden. Wenn Sie sich mit einem halben Dutzend Männer verbinden können, die nicht alle sehr jung sind, sondern etwas gefördert in der Kenntnis göttlicher Wahrheit, so wird diese Verbindung sehr zu Ihrem beiderseitigen Vorteil sein. Ich bekenne Ihnen allen, daß, obgleich Gott mich sehr in seinem Werke gesegnet hat, mir doch durchaus kein Verdienst dabei gebührt, sondern jenen lieben Freunden im Tabernakel und überall in der Welt, die mich zum Gegenstand ihrer besonderen Fürbitte machen. Ein Mann hat gut wirken, der solche Leute um sich hat wie ich. Mein lieber Freund und Diakon William Olney sagte einst: »Unser Pastor hat uns bisher vorwärts geführt, und wir sind mit ganzem Herzen gefolgt. Alles hat Erfolg gehabt; habt ihr nicht Vertrauen zu seiner Führung?« Die Leute riefen: »Ja«. Darauf sagte mein Freund: »Wenn unser Pastor uns zu einem Graben gebracht hat, der aussieht, als wenn man nicht darüber kommen könnte, laßt uns denselben mit unsern Leibern füllen und ihn hinübertragen.« Dies war ein großes Wort: der Graben wurde gefüllt, nein, es schien, als wenn er sich sofort von selbst füllte. Wenn Sie einen treuen Weggefährten haben, so ist Ihre Kraft mehr als verdoppelt. Was für ein Segen ist ein gutes Weib! Die Frauen, die nicht an ihrem Platze sein würden, wenn sie anfingen, auf der Straße zu predigen, können es ihren Männern angenehm und gemütlich machen, wenn sie nach Hause kommen, und dann werden diese um so besser predigen! Einige von ihnen können sogar in anderer Weise helfen, wenn sie klug und sanft sind. Sie können ihrem Mann einen Wink geben, daß er in gewissen kleinen Dingen etwas verkehrt macht, und er kann den Wink beachten und sie richtig machen. Ein lieber Bruder bat mich einst, ihm etwas Unterricht zu geben, und sagte dabei: »Der einzige Lehrer, den ich gehabt habe, ist meine Frau, die besseren Unterricht genossen hat, als er mir zuteil geworden ist. Ich pflegte grobe grammatische Fehler zu machen, und sie deutete leise darauf hin, daß die Leute mich auslachen könnten, wenn ich mich nicht der Grammatik befleißigte.« Seine Frau wurde auf diese Weise ein Professor der Sprachwissenschaft für ihn und war für ihren Mann Goldes wert, und er wußte das. Sie, die Sie solche Helfer haben, sollten Gott täglich dafür danken.

Ferner ist es eine sehr große Hilfe, wenn wir einen Bruderbund schließen mit einem warmherzigen Christen, der mehr weiß als wir und uns durch kluge Winke nützlich ist. Gott wird uns dann um anderer willen segnen, wenn er es nicht um unserer selbst willen tun kann. Sie haben gewiß die Mönchsgeschichte gehört von dem Manne, der gepredigt und viele Seelen für Christus gewonnen und sich dazu beglückwünscht hatte. In einer Nacht wurde ihm geoffenbart, er werde am Jüngsten Tage nicht die Ehre davon haben. Er fragte den Engel in seinem Traum, wem denn das Verdienst davon beigelegt werden würde, und der Engel antwortet: »Jener taube, alte Mann, der auf der Kanzeltreppe sitzt und für dich betet, war die Ursache des Segens.« Lassen Sie uns dankbar sein für jenen tauben Mann oder jene alte Frau oder jene armen, betenden Freunde, die durch ihre Fürbitten einen Segen auf uns herabbringen. Der Geist Gottes wird zwei segnen, wenn er einen vielleicht nicht segnen wollte. Abrahams Gebet allein konnte keine der fünf Städte retten, obgleich sein Gebet wie ein Tonnengewicht in der Waagschale war; aber dort war sein Neffe Lot, ein recht armseliges Menschenkind. Er hatte nicht mehr als eine halbe Unze Gebet in sich; aber dies winzige bißchen gab den Ausschlag, und Zoar wurde erhalten. Fügen Sie also Ihre halbe Unze Gebet dem größeren Gewicht der Gebete Heiliger hinzu, denn diese mögen dessen bedürfen.

Liebe Brüder, ich versuche nicht, Sie zu belehren. Einige von Ihnen könnten weit besser mich belehren; aber vielleicht auch nicht, denn ich vermute, daß ich doch ziemlich alt bin nach dem, was ich höre. Eine Frau versuchte am Anfang dieses Jahres (1887) Geld von mir zu bekommen und sagte: »Ich erinnere mich, daß ich Ihre liebe Stimme vor mehr als vierzig Jahren hörte.« Ich sagte: »Sie hörten meine Stimme vor vierzig Jahren! wo war das?« Sie antwortete: »Sie predigten in Penton Hill.« – »Gut«, sagte ich, »war es nicht vor mehr als vierzig Jahren?« – »Ja«, war ihre Erwiderung, »es mag fünfzig sein.« – »Oh,« sagte ich, »ich vermute, daß ich sehr jung damals war?« – »O ja!«, entgegnete sie. »Sie waren ein so lieber junger Mann.« Dies war natürlich eine unnötige Versicherung. Aber ich denke, sie war nicht ganz so überzeugt von meiner Liebenswürdigkeit, als ich ihr sagte, ich hätte nie in Penton Hill gepredigt und wäre vor fünfzig Jahren erst drei Jahre alt gewesen, und sie sollte sich schämen, zu glauben, daß ich ihr Geld geben würde, weil sie Lügen erzählte. Indes, ich will heute abend die Behauptung der Frau annehmen und voraussetzen, daß ich das ehrwürdige Individuum bin, als welches sie mich beschrieb, und will mich erkühnen, Ihnen zu sagen, liebe Brüder, wenn wir Seelen gewinnen wollen, *so dürfen wir viele Mühe und schwere Arbeit nicht scheuen.* Sie setzen doch kein Mißtrauen in die Kraft der Predigt, nicht wahr? Ich hoffe, Sie werden des Predigens nicht müde, obwohl Sie sicher zuweilen müde davon werden. Fahren Sie fort mit Predigen! Schuster, bleib bei deinem Leisten; Prediger bleib bei deinem Predigen. An dem großen Tage, wenn die Musterrolle verlesen werden wird von all denjenigen, die durch schöne Musik und Kirchenschmuck und religiöse Ausstellungen und Abendunterhaltungen bekehrt wurden, werden diese sich auf den zehnten Teil von nichts belaufen. Aber es wird Gott immer gefallen, durch törichte Predigt die selig zu machen, welche daran glauben. Bleiben Sie bei Ihrem Predigen; und wenn Sie etwas außerdem tun, so lassen Sie dies nicht die Predigt in den Hintergrund drängen. Predigen Sie erstens und predigen Sie zweitens und predigen Sie drittens.

Predigen Sie die Liebe Christi, predigen Sie das Versöhnungsopfer, predigen Sie die neue Geburt, predigen Sie den ganzen Ratschluß Gottes. Der alte Hammer des Evangeliums wird immer noch den Felsen in Stücke brechen; das alte Pfingstfeuer wird immer noch unter der Menge brennen. Versuchen Sie nichts Neues, fahren Sie fort mit Predigen, und wenn wir alle predigen in dem Heiligen Geist, vom Himmel herabgesandt, so werden die Folgen unserer Predigt uns in Staunen setzen. Wie! Es gibt doch im Grunde gar keine Grenze für die Macht der Zunge! Blicken Sie auf die Macht einer bösen Zunge, was für ein großes Unheil kann sie anrichten! Und wird Gott nicht noch mehr Macht in eine geheiligte Zunge legen, wenn wir sie nur richtig gebrauchen wollen? Blicken Sie auf die Macht des Feuers: ein einziger Funken kann eine Stadt in Flammen setzen. Ebenso brauchen wir, wenn der Geist Gottes mit uns ist, nicht zu berechnen, wie viel oder was wir tun können: man kann das Wirkungsfeld der Flamme nicht berechnen, und man kann keine Grenze ziehen für die Wirkungen der göttlichen Wahrheit, wenn sie mit der Freudigkeit, die aus dem Geiste Gottes geboren ist, gepredigt wird. Haben Sie noch große Hoffnung, Brüder, haben Sie noch große Hoffnung trotz jener schamlosen Mitternachtsstraßen, trotz jener glänzenden Branntweinpaläste an jeder Straßenecke, trotz der Gottlosigkeit der Reichen, trotz der Unwissenheit der Armen. Fahren Sie fort; fahren Sie fort; fahren Sie fort; in Gottes Namen fahren Sie fort, denn wenn die Predigt des Evangeliums die Menschen nicht errettet, so wird sie nichts erretten. Wenn des Herrn eigner Weg, der Weg der Barmherzigkeit, ein verfehlter ist, dann behängt den Himmel mit Trauergewändern und löscht die Sonne aus in ewige Mitternacht; dann bleibt nichts unserm Geschlechte übrig als das Dunkel der Finsternis. Errettung durch das Opfer Jesu ist Gottes letztes Angebot. Freuen wir uns, daß es nicht trügen kann. Lassen Sie uns glauben ohne Vorbehalt und dann geradeaus weiter gehen mit der Predigt des Wortes.

Rechte Straßenprediger werden sicherlich mit ihrem Predigen sehr viel *ernstes Privatgespräch* verbinden. Wie viele sind in diesem Tabernakel bekehrt worden durch Gespräche mit gewissen Brüdern hier, die ich nicht näher bezeichnen will! Sie sind überall in diesem Hause, während ich predige! Ich erinnere mich, daß ein Bruder an einem Montagabend mit mir sprach und plötzlich verschwand, noch ehe er die Worte zu Ende gesprochen hatte, die er mir zuflüsterte. Ich erfuhr nie völlig, was er hatte sagen wollen. Aber bald darauf sah ich ihn dort in der Galerie zur Linken neben einer mir unbekannten Dame sitzen. Nach dem Gottesdienst fragte ich ihn: »Wohin gingen Sie?« und er sagte: »Ein Sonnenstrahl kam gerade durchs Fenster hinein und ließ mich ein Gesicht erblicken, das so traurig aussah, daß ich hinaufeilte und mich dicht neben diese Frau mit dem betrübten Antlitz setzte.« – »Trösteten Sie dieselbe?« – »O ja! sie nahm den Herrn Jesus sehr bald an. Und gerade als sie es tat, bemerkte ich ein anderes begieriges Gesicht, und ich bat sie, zu warten bis nach dem Ende des Gottesdienstes, und ging zu dem andern – einem jungen Mann.« – Er hatte mit diesen beiden gebetet und war nicht zufrieden gewesen, bis sie ihr Herz dem Herrn gegeben hatten. Das ist die Weise, auf der Lauer zu stehen. Wir brauchen eine Schar Scharfschützen, die ihre Leute, einen nach dem andern, aufs Korn nehmen. Wenn wir große Kanonen von der Kanzel feuern, werden manche getötet, aber viele verfehlen ihr Ziel. Wir brauchen liebevolle Seelen, die umhergehen und mit den Einzelnen verkehren durch treffende, persönliche Warnungen und Ermutigungen. Jeder Straßenprediger sollte sich nicht nur an die Hunderte wenden, sondern auch bereit sein, die Einzelnen vorzunehmen und sollte andere bei sich haben, welche dieselbe treffliche Kunst verstehen. Wie viel mehr Segen würde aus den Straßenpredigten kommen, wenn jeder Prediger von Leuten begleitet wäre, die seine Nägel für ihn einschlügen durch Gespräche mit den Einzelnen!

Am letzten Sonntagabend erzählte mein Bruder uns eine kleine Geschichte, die ich nie vergessen werde. Er war eines Abends im Hospital zu Croydon; er ist einer von denen, die dort regelmäßig Besuche zu machen haben. Alle Träger waren heimgegangen, und es war Zeit, das Haus für die Nacht zu schließen. Er war mit Ausnahme des Arztes der einzige noch Anwesende, als ein Knabe angelaufen kam und sagte, es hätte ein Eisenbahnunfall stattgefunden und jemand müßte mit einer Bahre zu der Station kommen. Der Doktor sagte zu meinem Bruder: »Wollen Sie das eine Ende der Bahre nehmen, wenn ich das andere nehme?« – »O ja!« war die freudige Antwort, und so gingen der Doktor und der Pastor mit der Bahre fort. Sie brachten einen Verwundeten zurück. Mein Bruder sagte: »Ich ging oft nach dem Hospital in den nächsten paar Wochen, weil ich so viel Teilnahme empfand für den Mann, den ich hatte tragen helfen.« Ich glaube, er wird immer Interesse für ihn behalten, weil er einmal sein Gewicht gefühlt hat. Wenn Sie einen Mann auf Ihrem Herzen tragen und seine Last fühlen, so wird sein Name in Ihre Seele eingegraben sein. So fühlen die, welche einzeln mit den Leuten sprechen, das Gewicht von Seelen; und ich glaube, dies ist es, wovon manche Pastoren mehr wissen sollten, dann würden sie besser predigen.

Wo Prediger und Gespräch mit Einzelnen nicht dienlich ist, da *haben Sie einen Traktat bereit;* dies ist oft eine sehr wirksame Methode. Einige Traktate würden keinen Maikäfer bewegen, es ist nicht genug in ihnen, um eine Fliege zu interessieren. Verschaffen Sie sich gute, schlagende Traktate oder gar keine. Aber ein ergreifender, rührender evangelischer Traktat mag oft der Same des ewigen Lebens sein; gehen Sie deshalb nicht ohne Traktate aus.

Ich nehme an, daß Sie neben dem Weggeben eines Traktats auch noch versuchen, ausfindig zu machen, wo jemand wohnt, der Sie oft hört, *damit Sie ihn besuchen können.* Was für eine schöne Sache ist ein Besuch von einem Straßenprediger! »Denke Dir«, sagt die Frau, »da kommt dieser Mann, Dich zu besuchen, Bill, der Herr, der an der Straßenecke predigt. Soll ich ihn herein führen?« – »O ja«, ist die Antwort, »ich habe ihn oftmals gehört, er ist ein guter Kerl.« – Besuchen Sie, so viel Sie können, denn es wird für Sie wie für die Leute von Nutzen sein.

Welche Macht liegt auch *in einem Briefe an einen Einzelnen!* Einige Leute haben immer noch eine Art abergläubischer Ehrfurcht vor einem Brief, und wenn sie ein ernstes Schreiben von einem von Ihnen bekommen, werden sie es sehr hoch halten; und wer weiß? – ein Brief mag den Mann treffen, den die Predigt verfehlte. Junge Leute, die nicht imstande sind zu predigen, könnten viel Gutes wirken, wenn sie an ihre jungen Freunde seelsorgerliche Briefe schrieben; sie könnten sehr deutlich mit ihrer Feder sprechen, ob sie auch schüchtern wären beim Sprechen mit ihrer Zunge. Lassen Sie uns Menschen durch alle Mittel unter dem Himmel rufen und retten; lassen Sie uns Menschen hindern, zur Hölle hinab zu gehen. Wir sind nicht halb so eifrig, wie wir sein sollten. Gedenken Sie des jungen Mannes, der im Sterben zu seinem Bruder sagte: »Mein Bruder, wie konntest Du so gleichgültig gegen meine Seele sein, wie Du es gewesen bist?« Er erwiderte: »Bruder, ich bin nicht gleichgültig gegen Deine Seele gewesen, denn ich habe häufig mit Dir darüber gesprochen.« – »O ja«, sagte er, »Du sprachst; aber ich glaube doch, wenn Du daran gedacht hättest, daß ich hinunter zur Hölle ginge, würdest Du ernster gewesen sein, Du hättest über mich geweint und als Bruder hättest Du mir nicht gestattet, verloren zu gehen.« Lassen Sie niemand dies einmal von Ihnen sagen!

Aber ich höre die Bemerkung, daß die meisten Menschen, wenn sie eifrig werden, so wunderliche Dinge tun und so seltsame Dinge sagen. Laßt sie seltsame Dinge sagen und laßt sie seltsame Dinge tun, wenn diese aus echtem Eifer hervorgehen. Wir wollen nicht Luftsprünge und Gebärden, welche bloß Nachäffung des Eifers sind; aber wirklicher weißglühender Eifer ist das, was unserer Zeit not tut, und wo man den sieht, da ist es schade, zu kritisch zu sein. Man muß einen großen Sturm seinen eigenen Weg toben lassen. Man muß ein lebendiges Herz sprechen lassen, wie es kann. Wenn jemand eifrig ist, aber nicht reden kann, so wird er sich seine eigene Methode erfinden, um seinen Zweck auszuführen. Wie Hannibal die Felsen durch Essig geschmolzen haben soll, so wird der Eifer auf die eine oder andere Weise die felsigen Herzen der Menschen schmelzen. Möge der Geist auf Ihnen, auf jedem von Ihnen ruhen, um Jesu Christi willen! Amen.

Was es kostet, ein Seelengewinner zu sein

Eine Ansprache bei einer Gebetsstunde* im Tabernakel

Ich möchte ein Wort mit euch reden, die ihr versucht, Seelen zu Jesus zu bringen. Ihr wünscht und betet, daß ihr nützlich sein möchtet; wißt ihr, was dieses mit sich bringt? Seid ihr gewiß, daß ihr es wißt? Dann seid bereit, viele Dinge, mit denen ihr lieber nicht bekannt sein möchtet, zu sehen und zu erleiden. Erfahrungen, die für euch persönlich unnötig wären, werden euer Teil werden, wenn der Herr euch zur Errettung anderer gebraucht. Ein gewöhnlicher Mensch mag die ganze Nacht in seinem Bette ruhen, aber ein Arzt wird zu jeder Stunde herausgerufen; ein Landmann mag gemächlich beim Feuer sitzen, aber wenn er ein Hirte wird, so muß er draußen unter den Lämmern sein und für sie jedes Wetter ertragen. So sagt auch Paulus: »Darum erdulde ich alles um der Auserwählten willen, auf daß auch sie die Seligkeit erlangen in Christus Jesus mit ewiger Herrlichkeit.« Deshalb werden wir durch Erfahrungen hindurch gehen müssen, die uns in Staunen setzen werden.

Vor einigen Jahren litt ich an furchtbarer Niedergeschlagenheit. Mir war manches Traurige begegnet; ich war auch unwohl und mir sank der Mut. Aus der Tiefe mußte ich zu dem Herrn rufen. Gerade ehe ich nach Mentone ging, litt ich sehr viel körperlich, aber weit mehr geistig, denn meine Seele war ganz in Traurigkeit versunken. Unter diesem Druck, der auf mir lastete, hielt ich eine Predigt über die Worte: »Mein Gott, mein Gott, warum hast du mich verlassen?« Ich war so geeignet, über diesen Text zu predigen, wie ich wohl kaum je gewesen. In der Tat, ich hoffe, daß wenige meiner Brüder so tief auf diese herzbrechenden Worte hätten eingehen können. Ich fühlte, so sehr ich nur vermochte, das Grauen einer von Gott verlassenen Seele. Nun, das war keine wünschenswerte Erfahrung. Ich zittere bei der bloßen Vorstellung, wieder durch eine sol-

---

* An jedem Montagabend wird im Tabernakel eine öffentliche Gebetsstunde gehalten. A. d. Üb.

che Verfinsterung der Seele zu gehen; ich bete, daß ich nie wieder in dieser Art leiden möge, es sei denn, daß dasselbe Ergebnis davon abhinge.

An jenem Abend kam nach der Predigt ein Mann zu mir, der dem Wahnsinn so nahe war, wie man es außerhalb des Irrenhauses nur sein kann. Seine Augen schienen aus seinem Kopfe herauszutreten, und er sagte, er wäre in völlige Verzweiflung geraten, wenn er nicht diese Predigt gehört hätte, bei welcher er gefühlt habe, daß es *einen* Menschen gebe, der seine Gefühle verstände und seine Erfahrung beschreiben könne. Ich sprach mit ihm, versuchte ihn zu ermutigen und bat ihn, am Montagabend wieder zu kommen, wo ich etwas mehr Zeit haben würde, mit ihm zu reden. Ich sah den Bruder wieder, sagte ihm, ich hielte ihn für einen hoffnungsvollen Patienten und freute mich, daß das Wort so passend für seinen Zustand gewesen wäre. Dem Anschein nach nahm er den Trost nicht an, den ich ihm bot, und dennoch hatte ich das Gefühl, daß die Wahrheit, die er gehört, in seinem Gemüt arbeite und daß der Sturm seiner Seele sich bald legen und einer tiefen Stille Platz machen würde.

Nun hört, was folgt. Gestern abend, als ich gerade über die Worte gepredigt hatte: »Der Allmächtige, der meine Seele betrübet«, kam nach dem Gottesdienst dieser selbe Bruder herein, der vor fünf Jahren bei mir gewesen war. Sein Aussehen war von seinem frühern so verschieden wie der Mittag von der Mitternacht oder wie das Leben von dem Tode. Ich sagte zu ihm: »Mich freut es, Sie zu sehen, denn ich habe oft an Sie gedacht und hätte gern gewußt, ob Sie zum vollkommenen Frieden gelangt wären.« – Ich sagte schon, daß ich damals nach Mentone gegangen wäre, und mein Patient ging aufs Land, so daß wir seit fünf Jahren uns nicht gesehen hatten. Auf meine Fragen antwortete dieser Bruder: »Ja, Sie sagten, ich wäre ein Patient, der Hoffnung gäbe, und gewiß werden Sie froh sein, zu hören, daß ich von jenem Tage an im Sonnenschein gewandelt bin. Alles ist verändert und verwandelt für mich.« Liebe Freunde, sobald ich meinen armen, verzweifelten Patienten zum erstenmal sah, dankte ich Gott, daß meine furchtbare Erfahrung mich bereit gemacht hatte, mit ihm zu fühlen und ihn zu leiten. Aber gestern abend, als ich ihn völlig hergestellt sah, floß mein Herz über von Dankbarkeit gegen Gott für meine früheren traurigen Empfindungen. Ich wollte hundertmal in die Tiefen hinabgehen, um ein niedergeschlagenes Gemüt zu trösten. Es ist gut für mich, daß ich gelitten habe, damit ich zu seiner Zeit ein Wort mit einem Müden zu reden weiß.

Angenommen ihr könntet durch eine schmerzhafte Operation euren rechten Arm ein wenig länger machen lassen, so glaube ich doch nicht, daß ihr euch gern dieser Operation unterziehen würdet. Aber wenn ihr voraussähet, daß ihr durch das Erleiden der Schmerzen instand gesetzt würdet, Ertrinkende, die sonst vor euren Augen versänken, zu erreichen und zu retten, so glaube ich, würdet ihr willig den Schmerz ertragen und dem Arzt ein großes Honorar zahlen dafür, daß ihr zur Rettung eurer Mitmenschen fähig gemacht wäret. Rechnet also darauf, daß ihr, um seelengewinnende Macht zu erlangen, durch Feuer und Wasser, durch Zweifel und Verzweiflung, durch geistige Qual und Seelenangst werdet gehen müssen. Es wird natürlich nicht bei euch allen das gleiche stattfinden, vielleicht nicht einmal bei zweien, aber je nach dem euch zugewiesenen Werk wird eure Vorbereitung sein. Ihr müßt ins Feuer gehen, wenn ihr andere aus demselben herausreißen sollt, und ihr werdet in die Fluten zu tauchen haben, wenn ihr andere aus dem Wasser ziehen sollt. Ihr könnt nicht mit einer Feuerrettungsmaschine arbeiten ohne das Sengen der Feuersbrunst zu fühlen, und ihr könnt nicht ein Rettungsboot rudern ohne mit den Wellen bedeckt zu werden. Wenn Joseph seine Brüder am Leben erhalten soll, so muß er selber hinab nach Ägypten gehen; wenn Moses das Volk durch die Wüste führen soll, so muß er erst selbst vierzig Jahre mit seiner Herde dort zubringen. Payson sagte mit Wahrheit: »Wenn jemand darum betet, ein Prediger zu werden, der mit Erfolg arbeitet, so weiß er nicht, was er bittet; und es geziemt ihm, zu erwägen, ob er tief aus Christi bitterem Kelch trinken und mit Christi Taufe getauft werden kann.«

Ich wurde auf diese Gedanken geführt durch das Gebet, das unser hochgeschätzter Bruder Levinsohn so eben betete. Er ist, wie ihr bemerkt, vom Samen Abrahams und verdankt seine Bekehrung einem Stadtmissionar seines eigenen Volkes. Wäre dieser Stadtmissionar nicht selbst ein Jude gewesen, so würde er das Herz des jungen Fremden nicht gekannt und sein Ohr für die Botschaft des Evangeliums nicht gewonnen haben. Die Menschen werden gewöhnlich für Christum gewonnen durch *angemessene* Werk-

zeuge, und diese Angemessenheit liegt oft in der Macht des Mitge-
fühls.

Ein Schlüssel öffnet eine Tür, weil er in das Schloß hineinpaßt; eine
ernste Ansprache rührt das Herz, weil sie für den Zustand dieses
Herzens paßt. Ihr und ich müssen in allerlei Lagen und Formen hin-
eingebracht werden, um für alle Arten Gemüter und Herzen zu passen; gerade wie Paulus sagt: »Ich bin jedermann allerlei geworden,
auf daß ich allenthalben ja etliche selig mache.« Dieses muß auch mit
uns geschehen. Laßt uns freudig alles tragen, was der Heilige Geist
auch in unserem Gemüte wirken mag, damit wir so unsern Mitmenschen zu desto reicherem Segen werden. Kommt, Brüder, legt euer
Alles auf den Altar! Übergebt euch ganz, ihr Arbeiter, der Hand des
Herrn. Ihr, die ihr ein zartes und feines Gefühl habt, müßt vielleicht
angestoßen werden, bis ihr die Macht erlangt, den Groben und
Unwissenden nützlich zu sein; ihr, die ihr weise und gebildet seid,
müßt vielleicht zu Narren gemacht werden, damit ihr Narren für
Jesum gewinnen mögt; denn Narren haben es nötig, errettet zu
werden, und viele von ihnen werden nicht anders errettet als durch
Mittel, welche Gebildete nicht bewundern können.

Wie fein gehen einige Leute ans Werk, wo das, was hier not täte,
nicht Zartheit, sondern Energie ist! Andrerseits, wie heftig sind einige, da, wo statt Kraft Takt und Milde am Platze wäre. Dies müssen wir lernen; wir müssen dazu dressiert werden, wie die Hunde es
werden, damit sie das Wild verfolgen. Hier ist *eine* solche Erfahrung: Ein Bruder ist zierlich; er wünscht, ernst zu reden, aber es
muß auch ausgefeilt sein. Er hat eine hübsch ausgearbeitete Ansprache niedergeschrieben, sein Konzept ist sorgfältig vorbereitet. Ach!
Er hat das unschätzbare Dokument zu Hause gelassen! Was soll er
tun? Er ist zu fromm, um alles aufzugeben, er will versuchen zu reden. Er beginnt nett und kommt durch den ersten Teil. »Hübsch
und sanft, mein Lieber.« Was folgt nun? Seht, er starrt in die Höhe
nach dem zweiten Teil. Er zappelt umher, aber er kann nicht
schwimmen; er kämpft sich durch ans Land, und als er aus den Fluten emporsteigt, könnt ihr ihn im Geiste sagen hören: »Das ist mein
letzter Versuch.« Doch ist er das nicht. Er redet wieder. Er gewinnt
Zuversicht; er wird ein Redner, der Eindruck macht. Durch solche
Demütigungen wie diese bereitet ihn der Herr zu, das Werk kräftig
zu tun. Am Anfang sind wir zu fein, um fähig zu sein, oder zu groß,

um gut zu sein. Wir müssen eine Lehrzeit durchmachen und so unser Geschäft lernen. Ein Bleistift ist von gar keinem Nutzen, bis er gespitzt ist; das schöne Zedernholz muß weggeschnitten werden; dann hat das Metall im Innern, das zeichnet und schreibt, freien Spielraum. Brüder, das Messer der Trübsal ist scharf, aber heilsam; ihr könnt keine Freude daran empfinden, aber der Glaube mag euch lehren, es zu schätzen. Seid ihr nicht willig, durch jede Feuerprobe zu gehen, wenn ihr nur einige Seelen erretten könnt? Wenn ihr nicht dieses Sinnes seid, so tätet ihr besser, bei eurem Ackerbau und eurem Handel zu bleiben, denn kein Mensch wird je eine Seele gewinnen, der nicht bereit ist, um dieser Seele willen alles, was im Bereich der Möglichkeit liegt, zu ertragen.

Sehr viel hat man oft unter Furcht zu leiden, und doch mag diese Furcht helfen, die Seele anzuregen und sie zum Werk tauglich zu machen; wenigstens mag sie das Herz zum Gebet treiben, und das allein ist schon ein großer Teil der notwendigen Vorbereitung. Ein frommer Mann beschreibt in folgender Weise einen seiner ersten Versuche, zu den Leuten zu gehen, um mit ihnen über ihren Seelenzustand zu reden: »Auf dem Wege zum Hause der Leute dachte ich daran, wie ich die Sache zur Sprache bringen und was ich sagen wollte. Und während der ganzen Zeit zitterte ich und war erregt. Als ich die Tür erreichte, schien es mir, als wenn ich durch die Steine sinken würde; mein Mut war dahin, und als ich meine Hand zu dem Klopfer erhob, fiel sie zurück, ohne ihn zu berühren. Ich ging aus bloßer Furcht einige Stufen wieder hinunter; aber nach kurzer Überlegung war ich wieder beim Klopfer und trat ins Haus ein. Die Worte, die ich sprach, und das Gebet, das ich betete, waren sehr gebrochen; aber dankbar, sehr dankbar bin ich, daß meine Furcht und Feigheit nicht die Oberhand behielt. Das Eis war gebrochen.« Dies Eisbrechen muß durchgemacht werden, und das Ergebnis ist ein sehr wohltätiges.

O arme Seelen, die ihr wünscht, den Heiland zu finden, Jesus ist für euch gestorben; und jetzt leben die Seinen für euch! Wir können keine Sühnopfer für euch darbringen; es ist auch nicht nötig, daß wir dies tun; aber dennoch würden wir gern um eurer Seelen willen Opfer bringen. Hört ihr nicht, was unser Bruder soeben in seinem Gebet sagte: Wir würden alles tun, alles sein, alles geben und alles leiden, wenn wir euch nur zu Christus bringen könnten? Ich versichere euch, daß viele von uns das Gleiche fühlen. Wollt ihr nicht um euch selber sorgen? Sollen *wir* es ernst mit euren Seelen nehmen, und wollt ihr sie vertändeln? Seid weiser, ich bitte euch, und laßt die unendliche Weisheit euch sogleich zu unseres teuren Heilandes Füßen leiten! Amen.

Die Belohnung des Seelengewinners

Eine Ansprache bei einer Gebetsstunde im Tabernakel

Auf meinem Wege zu dieser Versammlung bemerkte ich an dem Anschlagebrett der Polizeistation ein in die Augen fallendes Plakat, das jedem eine große

Belohnung

bot, der gewisse Mörder entdecken und vor Gericht bringen würde. Ohne Zweifel wissen unsere Gesetzgeber, daß die Hoffnung auf eine sehr große Belohnung der einzige Beweggrund ist, der bei den Gefährten von Meuchelmördern etwas vermag. Das gewöhnliche Angeben erntet so viel Verachtung und Haß, daß selten jemand sich dazu verleiten läßt.

Weit angenehmer ist es, daran zu denken, daß es eine Belohnung gibt dafür, daß man Menschen zur Barmherzigkeit bringt, und diese ist von einer viel höheren Art, als der Lohn dafür, daß man Menschen der Gerechtigkeit überliefert. Sie ist außerdem weit eher von uns zu erreichen, und das ist ein praktischer Punkt, der unserer Beachtung wert ist. Nicht alle können Verbrecher verfolgen, aber wir alle können Verlorengehende erretten. Gott sei gedankt, daß der Meuchelmörder und Einbrecher verhältnismäßig wenige sind; aber Sünder, welche es nötig haben, gesucht und errettet zu werden, sind überall in großer Menge um uns her. Hier ist Raum für euch alle, und niemand braucht zu glauben, daß er von den Belohnungen ausgeschlossen sei, welche die ewige Liebe allen verleiht, die ihrem Dienste sich widmen.

Bei dem Wort *Belohnung* werden einige die Ohren spitzen und murmeln: »Gesetzlichkeit.« Indes ist die Belohnung, von der wir reden, nicht von Rechtswegen, sondern aus Gnaden verheißen, und sie wird empfangen, nicht mit dem stolzen Dünkel des Verdienstes, sondern mit der dankbaren Freude der Demut.

Andere Freunde werden flüstern: »Ist dies nicht ein niedriger Beweggrund, nur Lohnsucht?« Wir erwidern, daß es ebenso lohnsüchtig ist, wie Moses es war, der ansah »die Belohnung«. In dieser Sache hängt alles davon ab, welcher Art die Belohnung ist. Wenn dies die Freude ist, Gutes tun zu dürfen, der Trost, Gott verherrlicht zu haben, und die Seligkeit, dem Herrn Jesus zu gefallen, – dann ist das Streben, unsere Mitmenschen von dem Hinabfahren in die Hölle zu retten, an sich schon eine Gnade vom Herrn. Und selbst wenn wir keinen Erfolg dabei hätten, so würde der Herr doch sprechen, wie er von Davids Absicht, einen Tempel zu bauen, sprach: »Du hast wohl getan, daß du solches vornahmst.« Selbst, wenn die Seelen, welche wir suchen, alle im Unglauben beharrten, wenn sie alle uns verachten und verwerfen und verlachen sollten, so wäre es doch ein Gott wohlgefälliges Werk, wenigstens den Versuch gemacht zu haben. Wenn kein Regen aus der Wolke kommt, so hat sie doch vor der glühenden Hitze der Sonne geschützt; alles ist nicht verloren, selbst wenn die größere Absicht nicht erreicht wird. Wie, wenn wir nur lernten, uns mit dem Heiland in seinen Tränen zu vereinen und zu rufen: »Wie oft habe ich euch versammeln wollen, und ihr habt nicht gewollt!« Es ist die Erhabenheit selbst, wenn uns gestattet wird, an derselben Stätte mit Jesu zu stehen und mit ihm zu weinen. *Wir* werden um so besser verwandelt durch solche Trauer, auch wenn andere es nicht werden.

Aber, Gott sei Dank, unsere Arbeit ist nicht vergeblich in dem Herrn. Ich glaube, daß den meisten von euch, die wirklich versucht haben, in der Kraft des Heiligen Geistes, durch schriftgemäßes Lehren und durch Gebet andere zu Jesus zu bringen, dies gelungen ist. Ich mag zu einigen wenigen sprechen, denen das noch nicht gelungen ist; ist dem so, so würde ich ihnen empfehlen, ihre Beweggründe, ihren Sinn, ihr Werk und ihr Gebet genau zu prüfen und dann wiederum zu beginnen. Vielleicht könnten sie weislicher, gläubiger, demütiger und mehr in der Kraft des Heiligen Geistes zu Werke gehen. Sie müssen es machen wie die Landleute, welche nach einer kärglichen Ernte wiederum in Hoffnung pflügen. Sie sollten nicht entmutigt, sondern sie sollten angespornt werden. Wir müssen uns ängstlich bemühen, den Grund des Mißlingens ausfindig zu machen, und bereit sein, von all unsern Mitarbeitern zu lernen. Aber wir müssen »stracks unser Angesicht wenden«, auf daß wir ja ihrer etliche erretten, und entschlossen sein, daß wir, was auch geschehe, kein Mittel unversucht lassen wollen, die Errettung derer, die um uns sind, zu bewirken. Wie können wir es ertragen, aus der Welt zu gehen ohne Garben, die wir »mit Freuden mit uns bringen«? Ich glaube, daß es den meisten von uns, die wir hier zum Gebet versammelt sind, über unsere Erwartungen hinaus gelungen ist. Gott hat uns gesegnet, nicht über unsere Wünsche hinaus, aber doch über unsere Hoffnungen hinaus.

Ich bin oft erstaunt gewesen über die Barmherzigkeit Gottes gegen mich. Armselige Predigten von mir, über die ich hätte weinen mögen, wenn ich nach Hause kam, haben viele zum Kreuze geführt; und noch wunderbarer, Worte, die ich in gewöhnlicher Unterhaltung gesprochen, ganz zufällige Äußerungen, wie man sie nennt, sind nichtsdestoweniger wie geflügelte Pfeile von Gott gewesen, haben der Menschen Herzen durchbohrt und sie verwundet zu Jesu Füßen gelegt. Ich habe oft meine Hände staunend emporgehoben und gesagt: »Wie kann Gott ein so schwaches Werkzeug segnen?« Dies ist das Gefühl der meisten, die sich der gesegneten Kunst des Menschenfischens widmen, und der Wunsch nach solchem Erfolg ist ein so reiner Beweggrund, daß er sich in eines Engels Herzen finden könnte, wirklich so rein wie der, der den Heiland leitete, als er, »um der Freude willen, die vor ihm war« das Kreuz erduldete und der Schande nicht achtete.* »Meinest du, daß Hiob umsonst Gott fürchtet?« sagte Satan. Wenn er diese Frage hätte bejahen können, wenn er hätte beweisen können, daß der gottesfürchtige und aufrichtige Mann in seinem heiligen Leben keine Belohnung gefunden hatte, dann würde Satan an der Gerechtigkeit Gottes gemäkelt und die Menschen angetrieben haben, einen so unnützen Dienst zu verlassen. Wahrlich, es gibt eine Belohnung für den Gerechten, und im Dienste Gottes ist sein Lohn von unendlichem Wert. Wenn wir uns bemühen, Menschen zu Gott zu führen, so treiben wir ein weit gewinnreicheres Geschäft als Perlenfischen und graben nach Diamanten. Keine Tätigkeit der sterblichen Menschen ist mit dem Seelengewinnen zu vergleichen. Ich weiß, was ich sage, wenn ich euch heiße, es so hoch zu schätzen, wie man eine Ministerstelle oder einen Königsthron schätzt; es ist ein königliches Geschäft, und die, welche es mit Erfolg betreiben, sind echte Könige.

Die Ernte unserer Arbeit ist noch nicht da; »wir warten auf sie durch Geduld«; aber wir haben Handgelder unseres Lohnes, erfri-

---

* Hebr. 12, 2. N. d. engl. Üb.

schende Pfänder von dem, was uns beigelegt ist im Himmel. Zum Teil *liegt dieser Lohn in der Arbeit selbst.* Die Menschen jagen und schießen aus bloßer Liebe zur Jagd; gewiß, in einer unendlich höheren Sphäre dürfen wir jagen, nach Menschenseelen um der Freude willen, die die Arbeit uns gewährt. Für einige von uns würde es ein unerträgliches Elend sein, Menschen in die Hölle sinken zu sehen und nichts zu tun, um sie zu erretten. Es ist eine Belohnung für uns, wenn das Feuer in unserm Innern einen Ausgang findet. Es wäre ein Weh und eine Last für uns, ausgeschlossen zu sein von jener heiligen Tätigkeit, Feuerbrände aus der Flamme zu reißen. Wir empfinden tiefe Teilnahme für unsere Mitmenschen und fühlen, daß in einem gewissen Grade ihre Sünde unsere Sünde, ihre Gefahr unsere Gefahr ist. Es ist uns wehe im Herzen, wenn andere irre gehen und den abschüssigen Pfad wandeln. Darum ist es schon für uns selbst eine Befreiung, das Evangelium zu verkünden, weil wir sonst in diesem mitfühlenden Elend eingeschlossen blieben und in unserem Herzen den Schrei verdammter Seelen hörten.

Seelengewinnen ist darüber *ein Dienst, welcher für den, der sich ihm widmet, sehr wohltätig ist.* Der Mann, der um eine Seele gesorgt, für die gebetet, mit viel Zittern gesprochen und sich bemüht hat, Zugang zu ihr zu finden, hat sich selber durch diese Anstrengung gefördert. Nachdem er sich getäuscht sehen mußte, hat er ernster zu Gott gerufen, hat wiederum versucht, hat nach einer Verheißung geforscht, die für den Suchenden passend wäre, hat über die göttliche Eigenschaft, die am ehesten den zitternden Glauben ermutigen kann, nachgedacht – mit jedem dieser Schritte hat er sich selber gefördert. Wer mit dem weinenden Bußfertigen die alte, alte Geschichte vom Kreuz wieder durchgegangen und zuletzt die Hand von einem gefaßt hat, der sagen konnte: »Ich glaube, und ich will glauben, daß Jesus für mich gestorben ist«; – ich sage, der hat eine Belohnung schon in dem, was er in seiner eigenen Seele erfahren hat.

Es hat ihn an seinen eigenen Zustand erinnert; es hat ihm die Kämpfe gezeigt, welche der Heilige Geist hatte, als er ihn selber zur Buße brachte; es hat ihn an jenen teuren Augenblick erinnert, wo er zum erstenmal auf Jesus blickte; und es hat ihn bestärkt in der festen Zuversicht, daß Christus Menschen errettet. Wenn wir Jesus einen andern erretten sehen und die wunderbare Verklärung erblicken, die auf dem Gesicht des Erretteten schimmert, so wird unser eigener Glaube sehr befestigt. Zweifler und die Männer des neueren Denkens haben wenig mit Neubekehrten zu tun; diejenigen, welche darum arbeiten, daß Bekehrungen geschehen, glauben an Bekehrungen; diejenigen welche die Vorgänge bei der Wiedergeburt sehen, erblicken ein Wunder und sind gewiß, daß dies »der Finger Gottes« ist. Es ist eine sehr gesegnete Übung für eine Seele, es ist die göttlichste Veredlung des Herzens, wenn wir uns bemühen, einen anderen zu Füßen des teuren Erlösers zu bringen. Wenn damit alles ein Ende hätte, so könntet ihr Gott danken, daß er euch zu einem so tröstlichen, so stärkenden, so erhebenden Dienst berufen hat, wie der es ist, andere von ihren bösen Wegen zu bekehren.

Eine weitere köstliche Belohnung *ist die Dankbarkeit und Liebe derer, die wir zu Christus bringen.* Dies ist ein kostbares Gut – das Glück, sich an der Freude eines andern zu freuen, die Seligkeit, zu hören, daß wir eine Seele zu Christus geführt haben. Messet die Süßigkeit dieser Belohnung an der Bitterkeit des Gegenteils. Ein Mann Gottes hat viele zu Jesus gebracht, und alles ist gut in der Gemeinde gegangen, bis abnehmende Gesundheit oder auch die veränderte Mode ihn in den Hintergrund gedrängt hat, und dann sind seine eigenen geistlichen Kinder erpicht darauf gewesen, ihn aus der Tür zu werfen. Der unfreundlichste Stich von allen ist von denen gekommen, die ihm ihre Rettung verdankten. Sein Herz war gebrochen, während er seufzte: »Ich hätte es tragen können, wenn nicht gerade die, welche ich zum Heiland gebracht, sich gegen mich gewandt hätten.« – Dieser Schmerz ist mir nicht ganz unbekannt. Ich kann nie ein gewisses Haus vergessen, in welchem der Herr mir gab, vier Prinzipale und mehrere der Angestellten zu Jesu Füßen zu bringen. Aus der größten Sorglosigkeit und Weltlichkeit herausgerissen, wurden die, welche vormals nichts von der Gnade Gottes gewußt hatten, freudige Bekenner des Glaubens. Nach einer Weile sogen sie gewisse, von den unsrigen abweichende Meinungen ein, und von diesem Augenblick an hatten einige von ihnen nichts als harte Worte für mich und mein Predigen. Ich hatte mein Bestes getan, um sie alle Wahrheit zu lehren, die ich kannte, und wenn sie mehr ausfindig gemacht hatten, als ich entdeckt hatte, so hätten sie wenigstens daran gedenken können, wo sie die Anfangsgründe des Glaubens gelernt hatten. Es sind jetzt Jahre her, und ich habe nie auch nur soviel darüber gesagt, wie ich es jetzt getan habe, aber ich fühle die Wunde sehr. Ich erwähne diese scharfen Stiche nur, um zu zeigen, wie süß es ist, diejenigen um sich zu sehen, die wir zum Heiland gebracht haben.

Eine Mutter fühlt große Freude an ihren Kindern, denn eine große Liebe kommt mit der natürlichen Verwandtschaft. Aber eine noch tiefere Liebe ist mit der geistlichen Verwandtschaft verbunden, eine Liebe, welche lebenslang andauert und in der Ewigkeit noch fortwähren wird, denn selbst im Himmel wird jeder Diener des Herrn sagen: »Hier bin ich und die Kinder, die mir der Herr gegeben hat.« Sie freien weder noch lassen sie sich freien in der Stadt unseres Gottes, aber Vaterschaft und Bruderschaft in Christus wird auch dort noch sein. Jene süßen und gesegneten Bande, welche die Gnade geknüpft hat, dauern ewig, und geistliche Verwandtschaften werden eher entwickelt als aufgelöst durch die Versetzung in das bessere Land. Wenn ihr begierig nach wirklicher Freude seid, nach einer, über die ihr nachdenken und ruhig dabei sein könnt, so bin ich überzeugt, daß keine Freude des Reichwerdens, keine Freude vermehrter Kenntnis, keine Freude über Einfluß auf eure Mitgeschöpfe, keine Freude irgend einer andern Art je verglichen werden kann mit dem Entzücken, eine Seele vom Tode zu erretten und mitzuhelfen, unsere verlornen Brüder wieder in des großen Vaters Haus zurückzuführen. Sprecht von zehntausend Pfund Belohnung! Es ist gar nichts, man kann leicht diese Summe ausgeben. Aber man kann nicht die unaussprechliche Wonne erschöpfen, die aus der Dankbarkeit der Seelen quillt, die von dem Irrtum ihres Weges bekehrt sind.

Aber die reichste Belohnung liegt darin, *daß wir Gott gefallen und dazu helfen, daß der Erlöser das sieht, wofür seine Seele gearbeitet hat.* Daß Jesus seine Belohnung hat, ist des ewigen Vaters würdig, aber es ist wunderbar, daß wir von dem Vater gebraucht werden, seinem Sohn das durch seine Schmerzen Erkaufte zu geben. Dies ist ein Wunder der Wunder! O meine Seele, dies ist eine zu große Ehre für dich! Eine Seligkeit, zu tief für Worte! Höret zu, liebe Freunde, und antwortet mir. Was würdet ihr geben, wenn ihr das Herz des geliebten Heilands mit Freude erfüllen könntet? Gedenket des Schmerzes, den ihr ihn gekostet habt, und der Qualen, die ihn durchzuckten, damit er euch von der Sünde und ihren Folgen befreien könnte. Sehnt ihr euch nicht danach, ihn zu erfreuen? Wenn ihr andere ihm zu Füßen legt, so macht ihr ihm solche Freude. Ist es nicht ein wundervoller Spruch: »Es wird Freude sein vor den Engeln Gottes über einen Sünder, der Buße tut?« Was bedeutet dies? Bedeutet es, daß die Engel Freude haben? Wir lesen es gewöhnlich so, aber das ist nicht der Sinn des Spruches. Er sagt: »Es wird Freude sein *vor* den Engeln Gottes« d. h. Freude in dem Herzen Gottes, um dessen Thron die Engel stehn. Es ist eine Freude, welche die Engel mit Wonne sehen – was ist es? Ist der heilige Gott noch größerer Freude fähig, als seiner eigenen, grenzenlosen Glückseligkeit? Wunderbare Worte sind diese! Die unendliche Seligkeit Gottes wird noch weiter entfaltet, wenn sie nicht vermehrt werden kann. Können wir die Werkzeuge dazu sein? Können wir etwas tun, was den Ewig-Seligen froh macht? Ja, denn uns wird gesagt, daß der große Vater sich ungemein freut, wenn ein Sohn, der tot war, wieder lebendig wird und der Verlorene wiedergefunden ist.

Wenn ich dies sagen könnte, wie ich es sagen sollte, so würde jeder Christ ausrufen: »Dann will ich arbeiten, um Seelen zum Heiland zu bringen«; und es würde diejenigen unter uns, die viele zu Jesus gebracht haben, antreiben, es sei zur rechten Zeit oder zur Unzeit, mehr zu ihm zu bringen. Es ist ein großes Vergnügen, einem irdischen Freund eine Freundlichkeit zu erweisen, aber etwas ganz ausdrücklich für Jesus zu tun, etwas, was von allen Dingen in der Welt ihm das wohlgefälligste ist, das ist eine große Wonne! Es ist ein gutes Werk, ein Versammlungshaus zu bauen und es ganz der Sache Gottes zu weihen, wenn es aus dem rechten Beweggrunde geschieht; aber *ein* lebendiger Stein, durch uns auf den festen Grund gebaut, wird dem Meister mehr Freude machen, als wenn wir ein großes Gebäude aus natürlichen Steinen errichten, das vielleicht nur »das Land hindern« mag. Geht also, liebe Freunde, und sucht eure Kinder und eure Nachbarn, eure Freunde und eure Verwandten zu des Heilandes Füßen zu bringen, denn nichts wird ihm so viel Freude machen, als wenn sie sich zu ihm kehren und leben. Bei eurer Liebe zu Jesu bitte ich euch: werdet Menschenfischer!

Des Seelengewinners Leben und Werk

»Die Frucht des Gerechten ist ein Baum des Lebens; und ein Weiser gewinnt die Herzen.« Sprüche 11, 30.

»Die Frucht des Gerechten ist ein Baum des Lebens; und wer Seelen gewinnet, der ist weise.« (N. d. engl. Üb.)

Es scheint mir, daß es beim Anblick einer Schar Gläubiger eine höhere Freude gibt, als die, daß man sie nur als Errettete betrachtet. Nicht, als wenn nicht eine große Freude in ihrer Errettung läge, eine Freude, wert die Harfen der Engel in Bewegung zu setzen. Denkt an des Heilandes Todesleiden bei dem Loskauf eines jeden seiner Erlösten, denkt an das Werk des Heiligen Geistes in jedem erneuerten Herzen, denkt an die Liebe des Vaters, die auf jedem der Wiedergeborenen ruht: Ich könnte nicht, wenn ich auch »meinen Spruch anhöbe« einen Monat lang, die ganze Tiefe und Weite der Freude schildern, die in einer Menge von Gläubigen schon zu sehen ist, wenn wir allein auf das blicken, was Gott für sie getan und ihnen verheißen hat und an ihnen erfüllen will. Aber es gibt noch ein weiteres Feld des Gedankens, und meine Seele ist diesen ganzen Tag darüber hingewandert, – der Gedanke an die Fähigkeiten zum Dienste Gottes, die sich in einer zahlreichen Schar von Gläubigen finden, die Möglichkeiten, anderen zum Segen zu werden, die in den Herzen der Wiedergeborenen liegen. Wir dürfen an das, was wir jetzt schon sind, nicht so viel denken, daß wir darüber vergessen, was der Herr durch uns an anderen ausrichten kann. Hier sind die brennenden Kohlen, aber wer kann die Feuersbrunst beschreiben, welche sie verursachen mögen?

Wir sollten die christliche Gemeinde nicht als ein luxuriöses Hotel betrachten, in denen christliche Herren, jeder gemächlich in seinem eigenen Zimmer, wohnen können, sondern als eine Baracke, in der Soldaten zusammen leben, um eingeübt und für den Krieg herangebildet zu werden. Wir sollten die christliche Gemeinde nicht ansehen als eine Gesellschaft für gegenseitige Bewunderung und Tröstung, sondern als ein Heer mit Bannern, das zum Kampfe zieht, um Siege für Christus zu gewinnen, die Festungen des Feindes zu stürmen und Provinz auf Provinz zu des Erlösers Reich hinzuzufügen. Wir können Bekehrte, die eine Gemeinde bilden, als Weizen in der Scheuer ansehen. Gott sei gedankt, daß er da ist, und daß soweit die Ernte den Sämann belohnt hat. Aber weit erfreulicher ist der Anblick, wenn wir daran denken, daß jeder von diesen Gläubigen zu einem lebendigen Mitarbeiter für die Ausbreitung des Reiches Jesu berufen ist; denn dann sehen wir sie die fruchtbaren Täler unseres Landes besäen und binnen kurzer Zeit Frucht bringen, etliche dreißigfältig, etliche vierzigfältig, etliche fünfzigfältig und etliche hundertfältig. Die Kräfte des Lebens sind staunenswert; aus eins wird hundert in einem wunderbar kurzen Zeitraum. Einige Weizenkörner würden hinreichen, innerhalb weniger Zeit die ganze Welt zu besäen, und einige wahre Heilige möchten genügen für die Bekehrung aller Völker. Nehmt nur das, was aus *einer* Ähre kommt, verwahrt es gut, säet dann alles, verwahrt es wiederum das nächste Jahr und säet es dann wieder, und die Vervielfältigung übersteigt beinahe die Berechnung. O daß jeder Christ so Jahr für Jahr des Herrn Saatkorn wäre! Wenn aller Weizen in der Welt verdorben wäre mit Ausnahme eines einzigen Kornes, so würde man nicht viele Jahre brauchen, um die ganze Erde wieder damit zu füllen und ihre Felder und Ebenen zu besäen; aber in einer weit kürzeren Zeit würde in der Kraft des Heiligen Geistes *ein* Paulus oder *ein* Petrus alle Lande evangelisiert haben. Betrachtet euch als Weizenkörner, dazu bestimmt, die Welt zu besäen. Derjenige lebt richtig, der so eifrig ist, als wenn das ganze Dasein des Christentums von ihm abhinge, und der entschlossen ist, allen, die er erreichen kann, den unerforschlichen Reichtum Christi zu verkündigen.

Wenn wir, die Christus als sein Saatkorn gebraucht, nur alle ausgestreut und gesäet wären, wie wir es sein sollten, und alle aufsproßten und den grünen Halm und das Korn in der Ähre hervorbrächten, was für eine Ernte würde das geben! Wiederum würde erfüllt werden: »Es wird eine Handvoll Korn auf dem Gipfel der Berge sein«; – ein sehr schlechter Platz dafür – »seine Frucht wird rauschen wie der Libanon und wird grünen in den Städten wie Gras auf Erden« (Ps. 72, 16. n. d. engl. Üb). Möge Gott uns verleihen, etwas von der lebendigmachenden Kraft des Heiligen Geistes zu fühlen, während wir zusammen reden, nicht so sehr von dem, was Gott für uns getan hat, als was Gott durch uns tun kann, und davon, wie wir uns tauglich machen können, von ihm gebraucht zu werden!

Es sind zwei Dinge in dem Text: Das erste ist: *Das Leben des Gläubigen ist oder sollte sein voll geistlichen Segens;* »Die Frucht des Gerechten ist ein Baum des Lebens.« Zweitens: *Das Streben des Gläubigen sollte immer sein, Seelen zu gewinnen.* Das Zweite ist ziemlich dasselbe wie das Erste, nur daß dieses unsern unbewußten Einfluß darstellt, und jenes unsere Bemühungen mit der offenen Absicht, Seelen für Christus zu gewinnen.

Laßt uns mit dem Ersten anfangen, denn das Zweite kann nicht ohne das Erste ausgeführt werden. Ohne Fülle des Lebens im Innern kann kein Hinüberfließen des Lebens zum andern stattfinden. Es nützt auch nichts, zu versuchen, Seelengewinner zu werden, wenn ihr nicht Frucht in eurem eigenen Leben tragt. Wie könnt ihr dem Herrn mit euren Lippen dienen, wenn ihr ihm nicht mit eurem Leben dient? Wie könnt ihr sein Evangelium mit eurem Munde predigen, wenn ihr mit Händen, Füßen und Herzen des Teufels Evangelium predigt und den Antichrist auf den Thron setzt durch die Unheiligkeit eures Wandels? Erst müssen wir Leben haben und selbst Frucht zur Ehre Gottes tragen, dann wird unser Beispiel die Bekehrung anderer bewirken. Laßt uns zur Quelle gehn und sehen, wie wesentlich des Gläubigen eigenes Leben für seine Wirksamkeit unter anderen Menschen ist.

I. Das Leben des Gläubigen ist voll geistlichen Segens.

Diese Tatsache wollen wir erwägen anhand einiger Bemerkungen, die sich aus dem Text ergeben. Zuerst laßt mich darauf hinweisen, daß *des Gläubigen äußeres Leben einer Frucht gleicht, die von ihm kommt.* Es ist wichtig dies zu beachten. »Die Frucht des Gerechten«, d. h. sein Leben, ist nicht etwas, das auf ihm befestigt ist, sondern etwas, das aus ihm heraus wächst. Es ist nicht ein Kleid, das er aus- und anziehen kann, sondern es ist unzertrennlich mit ihm verbunden. Des aufrichtigen Mannes Frömmigkeit ist der Mann selbst, und nicht ein Mantel zum Umhängen. Wahre Gottseligkeit ist das natürliche Gewächs einer erneuerten Natur, nicht die Treibhauspflanze frommer, erhitzter Aufregung.

Ist es nicht natürlich für einen Weinstock, Trauben zu tragen? natürlich für einen Palmbaum, Datteln zu tragen? Gewiß, ebenso natürlich, als daß man Sodomsäpfel auf Sodomsbäumen findet und daß schädliche Pflanzen giftige Beeren hervorbringen. Wenn Gott seinen Kindern eine neue Natur gibt, so entspringt das Leben, welches aus dieser neuen Natur kommt, von selbst da heraus. Der Mann, der eine Frömmigkeit hat, die nicht einen Teil seiner selbst bildet, wird bald entdecken, daß sie schlimmer als nur nutzlos für ihn ist. Der Mann, der seine Frömmigkeit wie eine Maske beim Karneval trägt, so daß er sich, wenn er nach Hause kommt, aus einem Heiligen in einen Barbaren, aus einem Engel in einen Teufel, aus einem Johannes in einen Judas verwandelt – solch ein Mann, sage ich, weiß sehr wohl, was die Beobachtung der Formen und die Heuchelei für ihn tun können, aber er hat keine Spur von wahrer Frömmigkeit. Feigenbäume tragen nicht Feigen an gewissen Tagen und Dornen an andern Tagen; sie sind ihrer Natur treu zu allen Zeiten.

Diejenigen, die meinen, daß Gottseligkeit eine Sache der Gewänder sei und eine nahe Verbindung mit Blau und Scharlach und feiner Leinwand habe, sind konsequent, wenn sie ihre Frömmigkeit aufbewahren bis zu einer für das Tragen ihres heiligen Pompes geeigneten Zeit; aber der, der entdeckt hat, was das Christentum ist, weiß, daß es viel mehr ein Leben als eine Handlung, eine Form oder ein Bekenntnis ist. So sehr ich das Glaubensbekenntnis der Christenheit liebe, bin ich doch bereit zu sagen, daß wahres Christentum weit mehr ein Leben als ein Glaubensbekenntnis ist. Es ist ein Glaubensbekenntnis und es hat seine Förmlichkeiten, aber es ist hauptsächlich ein Leben; es ist ein göttlicher Funke aus des Himmels Flamme, der in die menschliche Brust fällt, darin brennt, vieles verzehrt, was verborgen in der Seele liegt, und dann zuletzt als ein himmlisches Leben herausflammt, das von allen umher gesehen und gefühlt wird. Unter der inwohnenden Kraft des Heiligen Geistes wird ein Wiedergeborner wie jener Busch in Horeb, der ganz von der Gottheit glühte. Der Gott in ihm macht ihn leuchtend, so daß der Platz um ihn her heiliges Land ist, und die, welche ihn ansehen, die Macht seines heiligen Lebens spüren.

Liebe Brüder, wir müssen Sorge tragen, daß unsere Frömmigkeit mehr und mehr etwas aus unserer Seele Hervorwachsendes wird.

Viele sind eingezäunt mit dem: »Du mußt dies nicht tun und das nicht«, und werden weitergetrieben mit: »Du mußt dies tun und du mußt das tun.« Aber es gibt eine Lehre, die nur zu oft verdreht wird, aber dessen ungeachtet doch eine gesegnete Wahrheit ist und in unseren Herzen wohnen sollte: »Ihr seid nicht unter dem Gesetz, sondern unter der Gnade.« Daher gehorcht ihr nicht deshalb dem Willen Gottes, weil ihr etwa hofft, den Himmel dadurch zu erwerben, oder wähnt, dem göttlichen Zorn durch euer eigenes Tun zu entfliehen, sondern weil ein Leben in euch ist, das nach dem strebt, was heilig, rein, recht und wahr ist und dasjenige nicht ertragen kann, was böse ist. Ihr trachtet, reich an guten Werken zu werden, nicht aus gesetzlicher Hoffnung oder gesetzlicher Furcht, sondern weil etwas Heiliges, von Gott Geborenes in euch ist, das seiner Natur gemäß sucht, zu tun, was Gott gefällt. Seht mehr und mehr darauf, daß eure Frömmigkeit wirklich wahr, natürlich, lebendig sei, nicht künstlich, gezwungen, oberflächlich, ein Ding der Zeiten, Tage, Plätze, ein durch Aufregung erzeugter Pilz, eine Gärung, die durch Versammlungen hervorgerufen und durch Beredsamkeit verstärkt ist. Wir alle brauchen ein geistliches Leben, das sowohl in der Wüste als in der Menschenmenge leben kann; ein Leben, das sich in jedem Gang des Alltags und in jeder Gesellschaft zeigt. Gebt mir die Gottseligkeit, die zu Hause gesehen wird, besonders beim Sitzen um den Kamin, denn sie ist nirgends schöner als da; die im Lärm und Kampf des gewöhnlichen Geschäftes gesehen wird, unter Spöttern und Widersprechern sowohl wie unter christlichen Leuten. Zeigt mir den Glauben, der den Luchsaugen der Welt trotzen und furchtlos wandeln kann, sowohl da, wo alle mit dem grimmigen Auge des Hasses auf ihn blicken, als auch da, wo Beobachter sind, die mitfühlen, und Freunde, die milde richten. Möget ihr mit dem Leben des Heiligen Geistes erfüllt werden, und euer ganzer Wandel das natürliche und gesegnete Erzeugnis von dem Innewohnen dieses Heiligen Geistes sein!

Beachtet weiter, daß *die Frucht, die von einem Christen kommt, eine seines Charakters würdige Frucht ist:* »Die Frucht des Gerechten ist ein Baum des Lebens.« Jeder Baum trägt seine eigene Frucht und wird daran erkannt. Der Gerechte trägt gerechte Frucht; mögen wir uns nicht täuschen, Brüder, oder in irgendeinen Irrtum darüber geraten: »Wer recht tut, der ist gerecht«, und: »Wer nicht recht tut, der ist nicht von Gott« und »wer nicht seinen Bruder lieb hat.« Wir sind bereit, hoffe ich, für die Lehre von der Rechtfertigung durch den Glauben zu sterben und vor allen Gegnern zu behaupten, daß die Seligkeit nicht aus den Werken kommt. Aber wir bekennen auch, daß wir gerechtfertigt sind durch einen Glauben, welcher Werke hervorbringt, und wenn jemand einen Glauben hat, der keine guten Werke erzeugt, so ist es der Glaube der Teufel. Der errettende Glaube eignet sich das vollbrachte Werk des Herrn Jesus an und errettet so allein, denn wir werden gerecht durch den Glauben, ohne Werke; aber der Glaube, welcher ohne Werke bleibt, kann niemand Errettung bringen. Wir werden gerecht durch den Glauben, ohne Werke; aber nicht durch einen Glauben, der ohne Werke ist, denn der wirkliche Glaube, der die Seele errettet, wirkt durch Liebe und reinigt den Charakter. Wenn du über den Ladentisch hin betrügen kannst, so ist deine Hoffnung auf den Himmel auch ein Betrug, wenn du dabei auch noch so hübsch beten kannst wie nur irgend einer und Werke äußerer Frömmigkeit so gut tun kannst, wie jeder andere Heuchler, bist du doch betrogen, wenn du erwartest, daß es am letzten Ende gut mit dir stehen wird. Wenn du als Diener faul, lügnerisch und herumschlendernd bist oder als Herr hart, tyrannisch und unchristlich gegen deine Untergebenen, so zeigt deine Frucht, daß du ein Baum aus Satans Obstgarten bist und Äpfel trägst, die seinem Gaumen munden. Wenn du im Handel Kniffe übst und wenn du lügen kannst – und wie viele lügen jeden Tag über ihre Nachbarn oder über ihre Güter! –, so magst du soviel du willst, davon reden, daß du durch den Glauben gerechtfertigt bist, aber alle Lügner werden ihr Teil haben in dem Pfuhl, der mit Feuer und Schwefel brennt, und unter den größten Lügnern wirst du sein; denn du bist der Lüge schuldig, weil du sprichst: »Ich bin ein Christ«, während du es nicht bist. Ein falsches Bekenntnis ist eine der schlimmsten Lügen, da es Christus und den Seinen die höchste Unehre bringt. Die Frucht des Gerechten ist Gerechtigkeit; der Feigenbaum bringt keine Dornen hervor, und wir werden ebensowenig Trauben lesen von den Disteln. Der Baum wird an seiner Frucht erkannt, und wenn wir auch nicht die Herzen der Menschen richten können und nicht versuchen dürfen, es zu tun, so können wir doch ihr Leben richten; und ich bitte Gott, daß wir alle bereit sein mögen, unser eigenes Leben zu richten und zu sehen, ob wir gerechte Frucht bringen, wenn nicht, so sind wir nicht Gerechte.

Laßt es indessen niemals vergessen werden, daß die Frucht des Gerechten, obwohl sie naturgemäß aus ihm kommt – denn seine neugeborene Natur trägt die süße Frucht des Gehorsams –, *dennoch* immer die Frucht der Gnade und die Gabe Gottes ist. Keiner Wahrheit sollte mehr gedacht werden als dieser: »An mir soll man deine Frucht finden.«* Wir können keine Frucht bringen, wenn wir nicht in Christus bleiben. Die Gerechten werden grünen wie ein »Zweig«, und nur wie ein Zweig. Wie grünt ein Zweig? Durch seine Verbindung mit dem Stamm und das daraus folgende Einfließen des Saftes. So werden des Gerechten gerechte Taten, obwohl sie seine eigenen sind, doch stets durch die Gnade hervorgebracht, welche ihm mitgeteilt ist und er wagt nie, sich etwas Verdienst davon beizulegen, sondern singt: »Nicht uns, Herr, nicht uns, sondern deinem Namen gib Ehre.« Wenn es ihm mißlingt, so tadelt er sich selbst; wenn es ihm gelingt, so preiset er Gott. Ahmt sein Beispiel nach, legt jeden Fehler, jede Schwachheit, jedes Gebrechen vor eure eigene Tür; und wenn es euch in irgend einer Hinsicht an Vollkommenheit mangelt – und ich bin gewiß, das wird der Fall sein – nehmt es alles auf euch und entschuldigt euch nicht. Aber wenn irgend eine Tugend da ist, ein aufrichtiges Verlangen, ein wirkliches Gebet, irgend etwas, was gut ist, so schreibt es alles dem Geiste Gottes zu. Gedenkt daran, der Gerechte würde nicht gerecht sein, wenn Gott ihn nicht gerecht gemacht hätte, und die Frucht der Gerechtigkeit würde nie von ihm kommen, wenn nicht der göttliche Saft in ihm dieselbe erzeugt hätte. Gott allein sei alle Ehre und aller Ruhm.

Die Hauptlehre dieses Spruches ist, daß dieses Hervorbrechen des innern Lebens beim Christen, *diese Frucht seiner Seele ein Segen für andere wird*. Gleich einem Baume gibt sie Schatten und Nahrung allen um ihn her. Sie ist ein Baum des Lebens, ein Ausdruck, den ich nicht völlig so auslegen kann, wie ich es wünschte, denn es ist eine Fülle von Lehre in diesem Bild zusammengedrängt. Das, was für den Gläubigen selbst eine Frucht ist, wird für andere ein Baum; es ist ein seltsames Gleichnis, aber keineswegs ein lahmes. Von dem Kinde Gottes fällt die Frucht heiligen Lebens, eben wie die Eichel von der Eiche fällt; dieses heilige Leben übt Einfluß aus und erzeugt in andern die besten Ergebnisse, eben wie die Eichel selbst eine Ei-

---

* »Von mir wird deine Frucht gefunden.« N. d. engl. Üb.

che wird und ihren Schatten den Vögeln der Luft leiht. Des Christen Heiligkeit wird ein Baum des Lebens. Ich nehme an, dies bedeutet: ein lebendiger Baum, ein Baum, dazu bestimmt, Leben zu geben und es in andern zu erhalten. Eine Frucht wird ein Baum! Ein Baum des Lebens! Dies ist ein wundervolles Ergebnis! Der Wandel des Christen ist die Frucht seines inneren Lebens; dies Leben wächst aus einer Frucht zu einem Baum heran, und als ein Baum trägt es Frucht in andern zur Ehre und zum Preise Gottes. Liebe Brüder und Schwestern, ich kenne einige von Gottes Heiligen, die sehr in Gottes Nähe leben; sie sind augenscheinlich Bäume des Lebens, denn ihr bloßer Schatten ist tröstend, kühlend und erquickend für viele müden Seelen. Ich habe gesehen, daß die Jungen, die Angefochtenen, die Niedergeschlagenen zu ihnen gingen, unter ihrem Schatten niedersaßen, ihren Kummer vor ihnen ausschütteten und es als einen reichen Segen empfanden, wenn sie ihnen ihre Teilnahme bewiesen, ihnen von der Treue des Herrn erzählten und sie auf den Pfad der Weisheit leiteten. Solche Menschen kennen heißt reich sein; es gibt einige wenige der Art in der Welt. Sie sind Bibliotheken der evangelischen Wahrheit; aber sie sind besser als Bücher, denn die Wahrheit ist in ihnen auf lebendige Seiten geschrieben. Ihre ganze Persönlichkeit ist ein wahrer und lebendiger Baum; sie ist nicht ein bloßer Pfahl von dem toten Holz der Lehre, der eine Inschrift trägt und dabei verfault, sondern sie ist etwas Lebendiges, Organisches, Frucht-Erzeugendes, eine Pflanze, die des Herrn Rechte gepflanzt hat.

Nicht nur Trost geben einige Heilige andern Menschen, sondern sie gewähren ihnen auch geistliche Nahrung. Geförderte Christen werden »Pfleger und Säugammen«, welche die Schwachen stärken und die Wunden derer, die gebrochenen Herzens sind, verbinden. So sind auch die starken, kühnen, großmütigen Taten weitherziger Christen ihren Mitchristen von großem Nutzen und dienen dazu, sie auf eine höhere Stufe zu erheben. Ihr fühlt euch erfrischt, wenn ihr seht, wie sie handeln; ihre Geduld im Leiden, ihr Mut in der Gefahr, ihr heiliger Glaube an Gott, ihr fröhliches Antlitz im Unglück – all dieses stählt euch für eure eigenen Kämpfe. Auf tausenderlei Weise wirkt das Beispiel des geheiligten Gläubigen heilend und tröstend auf seine Brüder und hilft dazu, sie über Angst und Unglauben hinweg zu heben. Eben wie die Blätter des Lebensbaumes zur

Heilung der Völker dienen, so sind die Worte und Taten der Heiligen Arznei für tausend Krankheiten.

Und dann, wie süß ist für den Geschmack der Gottesfürchtigen die Frucht, welche erfahrene Gläubige tragen! Wir können niemals auf Menschen vertrauen, wie wir auf den Herrn trauen, aber der Herr kann auch die Glieder uns zum Segen werden lassen, wie das Haupt uns stets Segen gibt. Jesus allein ist der Baum des Lebens, aber er läßt einige seiner Diener für uns zu kleinen Lebensbäumen werden, durch welche er uns Frucht gibt von gleicher Art, wie er selber sie trägt, denn er legt diese in sie hinein und läßt sie goldene Äpfel hervorbringen, die unsere Seele erfreuen. Möge jeder von uns unserem Herrn gleich gemacht werden, und möge seine Frucht auf unseren Zweigen sich finden.

Wir haben viele entschlafene Heilige ins Grab gelegt, und unter ihnen waren einige, von denen ich in diesem Augenblicke nicht besonders sprechen will, deren Leben, wenn ich darauf zurückblicke, immer noch ein Baum des Lebens für mich ist. Ich bitte Gott, daß ich ihnen gleichen möge. Viele von euch haben sie gekannt, und wenn ihr euch nur ihr frommes, heiliges Lebens ins Gedächtnis zurückrufen wollt, so wird es stets noch ein Baum des Lebens für euch sein. Wiewohl sie gestorben sind, reden sie noch; hört ihre beredten Ermahnungen! Selbst in ihrer Asche lebt noch ihr Feuer; zündet eure Seelen an bei ihrer Glut. Ihr edles Beispiel ist ihr Vermächtnis an die Gemeinde, deren Mitglieder reicher und edler werden, wenn sie an ihren Wandel im Glauben und an ihre Arbeit der Liebe gedenken. Geliebte, möge jeder von uns ein wahrer Segen für die Gemeinde werden, in deren Garten wir gepflanzt sind! »Oh«, sagt einer, »mir ist bange, ich gleiche nicht sehr einem Baume, denn ich fühle mich so schwach und unbedeutend.« Wenn du Glauben wie ein Senfkorn hast, so hast du den Anfang des Baumes, unter dessen Zweigen die Vögel des Himmels noch wohnen werden. Diese Vögel, die den winzigen Samen hätten fressen können, kommen und wohnen in dem Baum, der daraus erwächst, und die Leute, die dich verachten und verspotten jetzt, da du ein junger Anfänger bist, werden eines Tages, wenn Gott dich segnet, froh sein, aus deinem Beispiel und deiner Erfahrung Trost zu entnehmen.

Aber noch einen Gedanken über diesen Punkt: Erinnert euch, *daß die Vollendung und Entwicklung des heiligen Lebens droben gese-*

hen werden wird. Es gibt eine Stadt, von der geschrieben steht: »Mitten auf ihrer Gasse und auf beiden Seiten des Stroms stand Holz des Lebens.« Das Holz des Lebens ist eine himmlische Pflanze, und auch die Frucht des Christen ist etwas Himmlisches; obgleich noch nicht ins Land der Herrlichkeit versetzt, wird sie doch schon bereitet für ihre künftige Stätte. Was ist Heiligkeit anders als der Himmel auf Erden? Was ist das Leben für Gott anders als das eigentliche Wesen des Himmels? Was sind Aufrichtigkeit, Lauterkeit, Christus-Ähnlichkeit? Haben diese nicht noch mehr mit dem Himmel zu tun als Harfen und Palmen und Gassen vom reinsten Golde? Heiligkeit, Reinheit, Liebenswürdigkeit des Charakters – diese bilden einen Himmel in des Menschen eigener Brust, und selbst wenn es keinen Ort gäbe, der Himmel genannt wird, so würde das Herz, das von der Sünde befreit und dem Herrn Jesus ähnlich gemacht ist, ein himmlisches Glück haben. Seht denn, liebe Brüder, von welcher Wichtigkeit es für uns ist, vor Gott wirklich gerecht zu sein; denn aus dieser Gerechtigkeit wird die Frucht hervorwachsen, die ein Baum des Lebens für andere sein wird und ein Baum des Lebens im Himmel droben ewiglich. O Heiliger Geist, mache es so, und du sollst allen Ruhm haben!

II. *Das Streben des Gläubigen sollte immer auf das Gewinnen von Seelen gerichtet sein.* Denn, »wer Seelen gewinnt, der ist weise«. Diese zwei Dinge sind zusammengestellt – zuerst das Leben, dann das Streben: »Was nun Gott zusammengefügt hat, das soll der Mensch nicht scheiden.«

Unserem Text entnehmen wir, *daß es Seelen gibt, denen es Bedürfnis ist, gewonnen zu werden.* Ach! alle Menschenseelen sind von Natur verloren. Ihr könnt durch die Straßen Londons wandern und mit Seufzern und Tränen von den Menschenmassen, denen ihr auf diesen vollen Gassen begegnet, sprechen: »Verloren, verloren, verloren!« Wo kein Vertrauen auf Christus ist und der Geist nicht ein neues Herz geschaffen hat und die Seele nicht zu dem großen Vater gekommen ist, da ist eine Seele verloren. Aber es ist noch Barmherzigkeit da – diese verlorenen Seelen können gewonnen werden. Sie sind nicht hoffnungslos verloren; Gott hat noch nicht beschlossen, daß sie auf ewig bleiben sollen, wie sie sind. Es ist noch nicht gesprochen: »Wer unrein ist, der sei fernerhin unrein«; sondern sie sind in dem Lande der Hoffnung, wo die Barmherzigkeit sie erreichen kann, denn es wird von ihnen gesagt, daß sie fähig sind, gewonnen zu werden. Sie können noch befreit werden, aber der Ausdruck deutet an, daß es unserer Anstrengung dazu bedarf: »Wer Seelen *gewinnet*.«

Was verstehen wir unter dem Wort »gewinnen«? Wir gebrauchen es bei der *Brautwerbung*. Wir sprechen von dem Bräutigam, der seine Braut gewinnt. Und zuweilen gehört viel Beweis der Liebe, manches bittende Wort dazu, ehe das begehrte Herz ganz des Bewerbers eigen wird. Ich brauche diese Erklärung, weil sie in vieler Hinsicht die allerbeste ist, denn man muß die Seelen in dieser Weise für Christus gewinnen, damit sie ihm vermählt werden. Wir müssen uns für Christus um den Sünder bewerben. Jesus ist der Bräutigam und wir müssen für ihn sprechen und von seiner Schönheit erzählen, wie Abrahams Knecht, als er ging, um für Isaak ein Weib zu suchen, an seiner Statt als Bewerber handelte. Habt ihr nie die Geschichte gelesen? Dann schlagt sie auf, wenn ihr nach Hause kommt und seht, wie er von seinem Herrn redete, was für Güter er hätte und wie Isaak der Erbe von allem werden würde usw., und dann seine Rede damit endigte, daß er Rebekka bat, mit ihm zu gehen. Die Frage ward ihr vorgelegt: »Willst du mit diesem Manne ziehen?« So ist des Predigers Geschäft, seinen Herrn und seines Herrn Reichtümer zu empfehlen und dann die Seelen zu fragen: »Wollt ihr mit Christus vermählt werden?« Wem dieses sehr zarte Geschäft gelingt, der ist ein weiser Mann.

Wir gebrauchen den Ausdruck auch beim *Kriege*. Wir sprechen vom Gewinnen einer Stadt, eines Schlosses, einer Schlacht. Wir gewinnen Siege nicht im Schlaf. Glaubt mir, Festungen werden auch nicht durch Leute gewonnen, die nur halb wach sind. Zum Gewinnen einer Schlacht gehört die beste Geschicklichkeit, die größte Ausdauer und der äußerste Mut. Um Festungen, die für fast uneinnehmbar gelten, zu stürmen, muß man das Mitternachtsöl brennen und die Kunst des Angriffs wohl studieren; und wenn die Zeit zum Sturm kommt, darf kein Soldat träge sein, sondern alle Kraft der Artillerie und der Menschen muß auf den angegriffenen Punkt gerichtet werden. Das Menschenherz durch die Kraft der Gnade zu erobern, es gefangen zu nehmen, die ehernen Türen zu zerbrechen und die eisernen Riegel zu zerschlagen, das erfordert ein Geschick, welches nur Christus geben kann. Die großen Sturmböcke heranbringen und jeden Stein in des Sünders Gewissen erschüttern, sein Herz zittern und beben machen vor dem zukünftigen Zorn – mit einem Wort, eine Seele mit der ganzen Artillerie des Evangeliums angreifen, dazu gehört ein weiser Mann und einer, der ganz und gar bei der Sache ist. Die weiße Fahne der Barmherzigkeit empor halten, und wenn diese verachtet wird, den Sturmbock der Drohungen gebrauchen, bis eine Bresche gemacht ist, und dann mit dem Schwert des Geistes in der Hand, die Stadt erobern, die schwarze Fahne der Sünde herunterreißen und das Banner des Kreues aufrichten, dazu gehört alle Kraft, die dem besten Prediger zu Gebote steht und noch viel mehr. Die, deren Seelen so kalt sind wie die Polarregionen und deren Energie bis zu einem verschwindenden Punkt herabgesunken ist, werden wahrscheinlich nicht die Stadt »Menschenseele« für den Fürsten Immanuel nehmen. Wenn ihr Seelen gewinnen wollt, so müßt ihr mit ganzer Seele bei eurem Werke sein, eben wie ein Soldat mit ganzer Seele bei der Schlacht sein muß, sonst wird der Sieg nicht euer sein.

Wir brauchen das Wort »gewinnen« mit Bezug auf die *Erwerbung eines Vermögens,* und wir alle wissen, daß der Mann, der ein Millionär werden will, früh aufstehen und spät ins Bett gehen und das Brot der Sorge essen muß; es gehört sehr viel Arbeit und Sparen und ich weiß nicht was noch mehr dazu, ungeheuren Reichtum aufzuhäufen. Wir müssen an das Seelengewinnen gehen mit demselben Eifer und derselben Konzentrierung unserer Fähigkeiten, wie der alte Astor von New York daran ging, das Vermögen von so vielen Millionen zusammenzubringen, das er jetzt hinterlassen hat. Es ist in der Tat ein *Wettlauf,* und ihr wißt, daß in einem Wettlaufe niemand gewinnt, wenn er nicht jeden Muskel und jede Sehne anstrengt. »Die, so in den Schranken laufen, die laufen alle, aber einer erlanget das Kleinod.« Und dieser eine ist gewöhnlich der, welcher mehr Kraft hat als die übrigen. Doch, ob er wirklich mehr Kraft besitzt oder nicht, jedenfalls aber hat er alle angestrengt, die er hat, und wir werden nicht Seelen gewinnen, wenn wir ihm nicht hierin nachahmen.

Salomo erklärt in diesem Text den, der Seelen gewinnt, für weise, und eine solche Erklärung ist um so wertvoller, weil sie von einem so weisen Mann kommt. Laßt mich euch zeigen, warum einer, der Seelen gewinnt, weise ist. Zuerst, *er muß von Gott gelehret sein, ehe er es unternimmt.* Der Mann, welcher nicht weiß, daß er, obwohl einst blind, »nun sehend« ist, täte besser, an seine eigene Blindheit zu denken, ehe er versucht, seine Freunde auf den rechten Weg zu leiten. Wenn ihr nicht selbst errettet seid, so könnt ihr nicht das Werkzeug sein, andere zu erretten. Wer Seelen gewinnt, muß erst weise genug gewesen sein, die eigene Seligkeit zu schaffen.

Dies vorausgesetzt, *ist er ein weiser Mann, weil er ein solches Ziel sich wählt.* Junger Mann, wählst du dir etwas, das würdig ist, der große Zweck deines Lebens zu werden? Ich hoffe, du wirst weislich urteilen und einen edlen Ehrgeiz haben. Wenn Gott dir große Gaben gegeben hat, so hoffe ich, daß sie nicht für irgend einen niedrigen, gemeinen oder selbstsüchtigen Zweck vergeudet werden. Angenommen, ich spreche jetzt zu einem, der große Talente hat und die Gelegenheit, zu werden, was er will, ins Parlament zu gehen und zur Annahme wichtiger Gesetze beizutragen, oder sich dem Geschäfte zu widmen und dort ein bedeutender Mann zu werden: ich hoffe, er wird die Ansprüche, die Jesus und unsterbliche Seelen an ihn haben, ebensowohl wägen wie andere Ansprüche. Soll ich mich dem Studium widmen? Soll ich mich dem Geschäft hingeben? Soll ich reisen? Soll ich meine Zeit mit Vergnügungen zubringen? Soll ich der erste Fuchsjäger der Provinz werden? Soll ich meine Zeit zur Förderung politischer und sozialer Reformen hergeben? Denke über alles nach; aber wenn du ein Christ bist, mein lieber Freund, wird nichts dir so viel Genuß, so viel Ehre und so viel dauernden Lohn einbringen, wie dies, daß du dich dem Seelengewinnen widmest. Oh, es ist eine großartige Jagd, das kann ich dir sagen, und es übertrifft alles Fuchsjagen der Welt an Aufregung und Aufheiterung!

Bin ich nicht zuweilen über Hecken und Gräben einem armen Sünder gefolgt und habe Schritt mit ihm gehalten in jeder Wendung und Windung, die er nahm, bis ich ihn durch Gottes Gnade einholte und mich ungemein freute, wenn ich ihn von meinem Herrn in Besitz genommen sah? Unser Herr Jesus nennt seine Prediger Fischer, und keine anderen Fischer haben solche Arbeit, solche Trauer und solche Freude wie wir. Was für eine schöne Sache ist es, daß ihr Seelen gewinnen könnt für Jesus, und sogar, wenn ihr in eurem weltlichen Berufe bleibt! Einige von euch würden auf der Kanzel niemals Seelen gewinnen; es würde zu bedauern sein, wenn ihr es versuchtet, aber ihr könnt Seelen gewinnen in der Werkstatt und in der Waschküche, in der Kinderstube und im Salon. Unser Jagdrevier ist überall; am Wege, am Kamin, im Winkel, in der Menschenmenge.

Bei den Geringen im Volke ist Jesus unser Thema, und bei den Großen haben wir kein anderes. Du wirst weise sein, mein Bruder, wenn bei dir der eine, alles andere verzehrende Wunsch der ist, die Gottlosen von dem Irrtum ihres Weges zu bekehren. Für dich wird es eine von vielen Sternen schimmernde Krone geben, die du zu Jesu Füßen legen wirst am Tage seiner Erscheinung.

Ferner, es wird nicht nur weise sein, dies zu eurem Streben zu machen, *sondern ihr werdet auch sehr weise sein müssen, wenn es euch gelingen soll,* weil die Seelen so verschieden in ihrer Beschaffenheit, ihren Gefühlen und Zuständen sind und ihr euch ihnen allen anpassen müsset. Die »Trappers« in Nordamerika müssen die Gewohnheiten der wilden Tiere, die sie zu fangen wünschen, ausspähen, und ebenso werdet ihr zu lernen haben, wie ihr mit jeder Klasse von Menschen verfahren müßt. Einige sind sehr niedergedrückt, ihr werdet sie zu trösten haben. Vielleicht werdet ihr sie zu viel trösten und sie ungläubig machen, und deshalb werdet ihr möglicherweise zuweilen ein scharfes Wort zu sprechen haben, um das Murren, in das sie hineingeraten sind, zu heilen. Ein anderer mag leichtfertig sein, und wenn ihr ein ernstes Gesicht macht, werdet ihr euren Vogel hinwegscheuchen; ihr müßt heiter sein und wie zufällig ein Wort der Ermahnung fallen lassen. Einige Leute werden euch nicht zu Wort kommen lassen, sondern nur selbst reden; ihr müßt die Kunst verstehen, ein Wort hineinzuschieben. Ihr werdet sehr weise sein müssen und allen alles werden, und euer Erfolg wird eure Weisheit zeigen. Theorien über die Behandlung der Seelen mögen sehr weise aussehen, aber sie erweisen sich oft als nutzlos, wenn man versucht, nach ihnen zu handeln; wer durch Gottes Gnade das Werk vollbringt, ist ein weiser Mann, ob er auch vielleicht gar keine Theorie kennt. Diese Arbeit wird all euren Verstand erfordern und noch mehr, und ihr werdet zu dem großen Gewinner der Seelen droben zu rufen haben, daß er euch seinen Heiligen Geist gebe.

Aber merkt euch: wer Seelen gewinnt, ist weise, weil er mit *einer Arbeit beschäftigt ist, welche ihn weiser macht, je länger er damit fortfährt.* Ihr werdet zuerst stümpern und wahrscheinlich Sünder von Christus wegtreiben durch eure Versuche, sie zu ihm zu ziehen. Ich habe mit all meiner Kraft versucht, Seelen durch eine gewisse Schriftstelle zu bewegen, aber sie haben diese in ganz entgegengesetzter Meinung verstanden und sind in verkehrter Richtung weiter gegangen. Es ist sehr schwer zu wissen, wie man mit Suchenden verfahren soll. Wenn ihr wollt, daß einige Leute vorwärts gehen sollen, so müßt ihr sie rückwärts ziehen; wenn ihr wollt, daß sie rechts gehen sollen, müßt ihr darauf bestehen, daß sie links gehen, dann gehen sie sofort rechts. Ihr müßt auf diese Torheiten der armen menschlichen Natur vorbereitet sein. Ich kenne eine arme christliche Frau, die fünfzig Jahre ein Kind Gottes gewesen war, aber nun in einem Zustand von Schwermut und Traurigkeit war, aus dem niemand sie herausreißen konnte. Ich besuchte sie mehrmals und bemühte mich, sie aufzuheitern, aber gewöhnlich war sie, wenn ich sie verließ, schlimmer als zuvor. Darum sagte ich, als ich sie wieder besuchte, gar nichts von Christus oder vom Glauben. Sie fing bald selbst davon an, und ich antwortete ihr, ich wolle mit ihr nicht von solchen heiligen Dingen reden, sie verstünde nichts davon, denn sie glaubte nicht an Christus und wäre ohne Zweifel viele Jahre eine Heuchlerin gewesen. Das konnte sie nicht ertragen und behauptete zu ihrer Selbstverteidigung, daß der Herr droben sie besser kenne als ich und daß er ihr Zeuge wäre, daß sie den Herrn Jesus Christus lieb hätte. Sie versuchte nachher, dies Zugeständnis abzuschwächen, aber sie konnte nie mehr mit mir ganz so verzweifelnd sprechen. Wahre Liebhaber der Menschenseelen lernen die Kunst, mit ihnen umzugehen, und der Heilige Geist macht sie zu erfahrenen Seelenärzten. Es ist nicht, weil ein Mann mehr Fähigkeiten hat, und auch nicht allein, weil er gottseliger ist, sondern der Herr gibt ihm eine sehr starke Liebe zu den Menschenseelen, und dies verleiht ihm eine verborgene Geschicklichkeit, da meistens das Mittel, Seelen zu Christus zu bringen, das ist, sie zu Christus zu lieben.

Liebe Brüder, ich will noch einmal sagen, *der, welcher wirklich Seelen für Jesus gewinnt, wie er es auch macht, ist ein weiser Mann.* Einige von euch geben dies nicht gern zu. Sie sagen: »Nun, N. N. hat wohl sehr nützlich gewirkt, aber er ist sehr barsch.« Was tut seine Barschheit, wenn er Seelen gewinnt? »Ach!« sagt ein anderer, »ich erbaue mich nicht unter ihm.« Warum gehst du hin, um erbaut zu werden? Wenn der Herr ihn gesandt hat, um niederzureißen, so laß ihn niederreißen, und gehe du anderswohin zu deiner Erbauung; aber murre nicht über einen Mann, der *eine* Sache tut, weil er nicht noch eine andere tut. Wir sind auch viel zu geneigt, einen Prediger dem andern gegenüberzustellen und zu sagen: »Ihr solltet *meinen* Prediger hören.« Vielleicht sollten wir es, aber es würde besser für dich sein, den Mann zu hören, der dich erbaut, und andere gehen zu lassen, wo sie auch Unterweisung empfangen. »Wer Seelen gewinnt, der ist weise.« Ich frage euch nicht, wie er es tat. Er sang das Evangelium, und euch gefiel das nicht; aber wenn er Seelen gewann, so war er weise. Seelengewinner haben jeder ihre eigene Art; und wenn sie nur Seelen gewinnen, sind sie weise. Ich will euch sagen, was nicht weise ist und am letzten Ende nicht dafür gehalten werden wird, nämlich, in den Gemeinden umhergehen, selber nichts tun und spötteln über alle Knechte Gottes, die segensreich wirken.

Hier liegt ein lieber Bruder auf seinem Sterbebett, er hat den süßen Gedanken, daß der Herr ihn gewürdigt hat, viele Seelen zu Christus zu bringen, und die Hoffnung, daß viele Selige ihn empfangen werden, wenn er an jene Pforte kommt. Sie werden sich an dem Aufgang zum Neuen Jerusalem zusammenscharen und den bewillkommnen, der sie zu Jesus geführt hat. Sie sind unsterbliche Denkmäler seiner Arbeit. Er ist weise. – Es ist ein verhältnismäßig Geringes für einen Prediger, wenn er sein Leben lang ein eifriger Verfechter der rechten Lehre gewesen ist und seine Kraft daran gewandt hat, das Gehege seiner Kirche instand zu halten; Seelengewinnen aber ist das Hauptgeschäft. Es ist etwas sehr Gutes, ernstlich »über dem Glauben zu kämpfen, der einmal den Heiligen übergeben ist«; aber ich denke nicht, daß ich bei meiner letzten Rechenschaft gern sagen würde: »Herr, ich habe gelebt, um gegen die Romanisten und die Staatskirche zu kämpfen und um die verschiedenen irrenden Sekten zu unterdrücken, aber ich habe niemals einen Sünder zum Kreuze geführt.« Nein, wir wollen den guten Kampf des Glaubens kämpfen, aber das Gewinnen von Seelen ist eine größere Sache, und wer sich derselben befleißigt, der ist weise. Ein anderer Bruder hat die Wahrheit gepredigt, aber er feilte und glättete seine Predigten so, daß das Evangelium verdeckt wurde. Nie hielt er eine Predigt für tauglich, gehalten zu werden, eh er sie nicht ein dutzendmal umgeschrieben hätte, um zu sehen, ob sie jeder der Regeln des Cicero und des Quintilian entsprach, und dann ging er hin und machte die Verkündigung des Evangeliums zu einer großartigen Rede. Ist das weise? Nun, es gehört ein weiser Mann dazu, um ein vollendeter Redner zu sein; aber es ist besser, kein Redner zu sein, wenn schöne Worte es hindern, daß man verstanden wird. Laßt lieber die Beredsamkeit vor die Hunde gehen, als daß Seelen verloren gehen. Was wir wollen, ist Seelen gewinnen, und diese werden durch blumenreiche Reden nicht gewonnen. Wir müssen die Seelen auf dem Herzen tragen und glühendroten Eifer für ihre Errettung haben; dann sollen wir, wie viele Versehen wir auch nach Ansicht der Kritiker machen mögen, unter diejenigen gezählt werden, die der Herr weise nennt.

Nun, ihr christlichen Männer und Frauen, mein Wunsch ist, ihr griffet die Sache praktisch an und beschlösset, daß ihr von heute an versuchen wolltet, eine Seele zu gewinnen. Versucht es schon auf dem Heimwege; versucht es mit euren eigenen Kindern. Habe ich euch nicht erzählt, was an einem Sonntagabend geschah? In meiner Predigt sagte ich: »Nun, liebe Mütter, habt ihr je mit jedem eurer Kinder einzeln gebetet und es angetrieben, Jesus zu ergreifen? Vielleicht ist die kleine Anna jetzt schon im Bett, und du hast nie mit ihr über ewige Dinge gesprochen. Gehe heute abend nach Hause, wecke sie auf und sage: Anna, es tut mir leid, daß ich nie mit dir von dem Heiland gesprochen und mit dir gebetet habe, aber ich will es jetzt tun. Wecke sie auf, lege deine Arme um ihren Nacken und schütte mit ihr dein Herz vor Gott aus.« Nun, es war eine liebe Schwester anwesend, die eine Tochter namens Anna hatte. Was denkt ihr? Sie kam am Montag mit ihrer Tochter Anna zu mir in die Sakristei, denn als sie sie aufgeweckt und gesagt hatte: »Ich habe nie mit dir von Jesus gesprochen«, antwortete die Tochter: »O liebe Mutter, ich habe den Heiland schon seit sechs Monaten lieb und mich gewundert, warum du nie mit mir von ihm gesprochen hast«; da hat es große Freude gegeben. Vielleicht findet ihr, daß es ebenso mit eurem lieben Kinde ist; und wenn nicht, so ist desto mehr Grund vorhanden, sogleich zu sprechen. Gewannst du nie eine Seele für Jesus? Du wirst eine Krone im Himmel haben, aber keine Juwelen darin. Du wirst kinderlos zum Himmel gehn; und du weißt, wie es in alten Zeiten war, wie die Frauen sich fürchteten, kinderlos zu bleiben. Laßt es so mit Christen sein; laßt sie sich fürchten, im geistlichen Sinne kinderlos zu sein. Wir *müssen* die Rufe derer hören, die für Gott geboren sind, wir *müssen* sie hören, sonst rufen wir voll Angst: »Schaffe mir Bekehrte; wo nicht, so sterbe ich.« Junge Männer und alte Männer und Schwestern jedes Alters, wenn ihr den Herrn liebt, so habt Erbarmen mit den Seelen. Sehet ihr sie nicht? Sie gehen zu Tausenden hinab in die Hölle; so oft der Zeiger an der Uhr seinen Kreislauf vollendet, so oft verschlingt die Hölle eine ganze Menge, einige, die nichts von Christus wissen, und andere, die ihn eigenwillig verwerfen. Die Welt liegt in der Finsternis: unsere große Stadt schmachtet immer noch nach dem Licht; euere eigenen Freunde und Verwandte sind noch nicht errettet, und sie können tot sein, ehe diese Woche vorüber ist. Oh, wenn ihr irgend welche Menschlichkeit habt, geschweige denn Christlichkeit, so erzählt den Kranken von dem Heilmittel, das ihr gefunden! Wenn ihr das Leben gefunden habt, so verkündigt es den Toten; wenn ihr die Freiheit gefunden, macht es den Gefangenen bekannt; wenn ihr Christus gefunden, sagt anderen von ihm. Meine Brüder im Studium, laßt dieses eure köstlichste Arbeit sein, während ihr studiert, und laßt es das *eine* Ziel eures Lebens sein, wenn ihr von uns weggeht. Seid nicht zufrieden, wenn ihr eine Anzahl Hörer um euch sammelt, sondern arbeitet, um Seelen zu gewinnen; und je nachdem ihr dieses tut, wird Gott euch segnen. Was uns betrifft: wir hoffen während unserer noch übrigen Lebenszeit dem zu folgen, welcher der rechte Seelengewinner ist, und uns in die Hand dessen zu geben, der uns zu Seelengewinnern macht, damit unser Leben nicht eine lang fortgesetzte Torheit sei, sondern sich durch seine Früchte als ein von der Weisheit geleitetes bewähren möge.

O ihr noch nicht für Jesus gewonnenen Seelen, erinnert euch, daß der Glaube an Christus euch errettet! Vertraut auf ihn! Möchtet ihr dahin gebracht werden, auf ihn zu vertrauen, um seines Namens willen! Amen.

Was unter »Seelen gewinnen« zu verstehen ist

»Ein Weiser gewinnt die Herzen.« Sprüche 11, 30.

»Wer Seelen gewinnt, der ist weise.« N. d. engl. Üb.

Der Text sagt nicht: »Wer Silber gewinnt, der ist weise«, obgleich ein solcher sich ohne Zweifel weise dünkt und vielleicht in diesen Tagen der Konkurrenz in einem gewissen Sinne es auch sein muß. Aber solche Weisheit von der Erde endet mit der Erde, und es gibt eine andere Welt, wo die gangbaren Münzen von Europa nicht angenommen werden und frühere Besitzungen nicht als Zeichen von Reichtum und Weisheit gelten. Salomo erkennt in unserem Text keine Krone der Weisheit den schlauen Staatsmännern zu, nicht einmal den tüchtigsten Regenten; er erteilt keine Diplome den Philosophen, den Dichtern oder den Männern von Geist und Witz; er krönt mit Lorbeeren nur die, welche Seelen gewinnen. Er erklärt nicht, daß der, welcher predigt, notwendig weise sei; und ach! es gibt viele, die predigen und viel Beifall und Auszeichnungen erlangen, die aber keine Seelen gewinnen und die finden werden, daß es am letzten Ende ihnen hart ergehen wird, weil sie aller Wahrscheinlichkeit nach »liefen«, ohne daß der Herr sie gesandt hatte. Salomo sagt nicht, daß der, welcher über das Seelengewinnen redet, weise sei, denn Regeln für andere aufstellen, ist etwas sehr Einfaches, aber selber darnach handeln, ist weit schwieriger. Wer tatsächlich, wirklich und wahrhaftig Menschen von dem Irrtum ihres Weges zu Gott bekehrt und so das Werkzeug wird, sie von der Hölle zu retten, ist ein weiser Mann, auf welche Art er auch die Seelen gewinnen mag. Er mag ein Paulus sein, sehr logisch, tief in der Lehre, so daß er die Zustimmung aufrichtiger Beurteiler erlangt; und wenn er *so* Seelen gewinnt, ist er weise. Er mag ein Apollos sein, groß in der Rhetorik, und sein erhabener Genius mag bis zum Himmel der Beredsamkeit sich emporschwingen; wenn er Seelen auf diese Art gewinnt, ist er weise, aber sonst nicht. Oder er mag ein Kephas sein, rauh und schroff, der wunderliche Bilder und strenge Reden gebraucht; aber wenn er Seelen gewinnt, ist er nicht weniger weise als sein hochgebildeter Bruder oder sein logischer Freund. Die große Weisheit der Seelengewinner wird nach dem Text nur bewiesen durch ihren wirklichen Erfolg im Gewinnen der Seelen. Ihrem Herrn sind sie verantwortlich für die Art, in welcher sie zu Werke gehen, nicht uns. Laßt uns nicht die Prediger miteinander vergleichen und gegenüberstellen. »Wer bist du, daß du einen fremden Knecht richtest?« Die Weisheit wird in all ihren Kindern gerechtfertigt. Nur Kinder zanken über zufällige Methoden, Männer sehen auf große Resultate. Gewinnen diese Arbeiter von mannigfacher Art und verschiedenen Methoden Seelen, dann sind sie weise; ihr aber, die ihr sie kritisiert und selber unfruchtbar seid, seid nicht weise, ob ihr euch auch die Miene gebt, ihre Richter zu sein. Gott erklärt Seelengewinner für weise; bestreite das, wer's wagt. »Wer Seelen gewinnt, der ist weise«, dies kann man sehr klar sehen. Wer durch Gottes Gnade ein solches Wunder vollbringen kann, der muß weise sein. Große Seelengewinner sind niemals Narren gewesen. Ein Mann, den Gott befähigt, Seelen zu gewinnen, könnte wahrscheinlich jedes andere tun, was ihm die Vorsehung zuwiese. Nehmt z. B. Martin Luther. Nun, der Mann war nicht nur tauglich, eine Reformation durchzuführen, er hätte ein Volk regieren oder eine Armee kommandieren können! Denkt an Whitefield und erinnert euch, daß die donnernde Beredsamkeit, die ganz England erregte, nicht mit einer schwachen Urteilskraft oder einem Mangel an Verstand verbunden war; der Mann war ein Meister der Redekunst, und wenn er sich dem Handel gewidmet hätte, so würde er einen der ersten Plätze unter den Kaufleuten eingenommen haben, oder wäre er ein Politiker gewesen, so würde jedes Parlament, das seinen Worten gelauscht hätte, ihn bewundert haben. Wer Seelen gewinnt, ist gewöhnlich ein Mann, der jedes andere hätte tun können, wenn Gott ihn dazu berufen haben würde. Ich weiß, der Herr gebraucht verschiedene Mittel, aber er gebraucht immer Mittel, die für den Zweck passen; und wenn ihr mir sagt, daß David den Goliath mit einer Schleuder erschlug, so antworte ich: es war die beste Waffe in der Welt, einen solchen Riesen zu treffen, und die passendste für David, weil er von Jugend auf darin geübt war. Gott gebraucht stets geeignete Werkzeuge; und obwohl der Ruhm nicht ihrer ist, sondern Gott gebührt, so ist doch eine Vorbereitung und eine Tauglichkeit in ihnen, die Gott sieht, selbst wenn wir dieselbe nicht sehen.

»Wer Seelen gewinnt, der ist weise«, weil er ein weises Ziel gewählt hat. Ich meine, es war Michelangelo, der einst einige prächtige Statuen aus Schnee bildete. Sie sind dahin; das Material, das rasch durch den Frost verdichtet wurde, schmolz ebenso rasch in der Hitze. Viel weiser war es, als er den dauerhaften Marmor gestaltete und Werke hervorbrachte, die Jahrhunderte lang bleiben werden. Aber selbst der Marmor wird verzehrt und abgenutzt durch den Zahn der Zeit. Der ist weise, der zu seinem rohen Material unsterbliche Seelen wählt, deren Dasein das der Sterne überdauern wird. Wenn Gott uns segnet, so daß wir Seelen gewinnen, wird unser Werk bleiben, wenn das Holz und das Heu und die Stoppeln irdischer Kunst und Wissenschaft zu dem Staub zurückgekehrt sind, aus dem sie entsprangen. In dem Himmel selber wird der Seelengewinner Denkmäler seiner Arbeit für immer aufgestellt sehen. Er hat ein weises Ziel gewählt, denn was kann weiser sein, als erstens Gott verherrlichen und dann zweitens, unseren Mitmenschen im höchsten Sinne des Wortes Gutes tun: eine Seele dem Abgrund entreißen, der vor ihr gähnt, sie zu dem Himmel erheben, der auf sie wartet? Was gibt es Trefflicheres als dies? Ich sage, daß selbst Engel uns arme Menschenkinder beneiden könnten, daß es uns erlaubt ist, es zu unserem Lebenszweck zu machen, Seelen für Jesus Christus zu gewinnen.

Um ein solches Werk zu vollbringen, muß ein Mann weise sein. Gott selbst gewinnt Seelen nicht ohne Weisheit, denn der ewige Heilsplan ist von einem Verstand, der nicht irren kann, entworfen. Christus, der große Seelengewinner, ist »die Weisheit Gottes« sowohl als »die Macht Gottes«. Es ist in der neuen Schöpfung ebensoviel Weisheit zu schauen wie in der alten. In einem erretteten Sünder ist ebensoviel von Gott zu sehen wie in einem Weltall, das sich aus dem Nichts erhebt; also müssen auch wir, die wir Mitarbeiter Gottes sein sollen und mit ihm an das große Werk des Seelengewinnens gehen, weise sein. Es ist ein Werk, welches des Heilandes Herz erfüllte, ein Werk, welches den Geist Gottes beschäftigte, noch ehe die Erde war. Es ist kein Kinderspiel, keine Sache, die halb im Schlafe getan werden kann, die ohne tiefe Überlegung versucht werden oder ohne die gnädige Hilfe des allein weisen Gottes, unseres Heilandes, ausgeführt werden kann.

Merkt euch wohl, meine Brüder, daß der, dem das Gewinnen von Seelen gelingt, sich als ein weiser Mann bewähren wird. Sogar, wenn ich ganz selbstsüchtig wäre und mich nur um mein eigenes Glück kümmerte, würde ich es wählen, ein Seelengewinner zu sein, denn niemals kannte ich vollkommenes, überfließendes, unaussprechliches Glück der reinsten und edelsten Art, bis ich zum erstenmal von einer Frau hörte, die durch mich veranlaßt war, den Heiland zu suchen, und ihn gefunden hatte. Ich erinnere mich noch der Freude, die mich durchzuckte! Keine junge Mutter freute sich je so über ihr erstes Kind, kein Krieger frohlockte so über einen mühsam errungenen Sieg. O diese Freude, zu wissen, daß ein Sünder mit Gott versöhnt ist durch den Heiligen Geist vermittelst der Worte, die von unsern schwachen Lippen gesprochen sind. Seitdem habe ich nicht nur von Hunderten, sondern von Tausenden von Sündern gehört, die von dem Irrtum ihres Weges bekehrt sind durch das Zeugnis Gottes in mir, und der Gedanke an diese mir verliehene Gnade wirft mich in Beschämung darnieder. Mögen Trübsale kommen, mögen Leiden sich mehren, dennoch überwiegt diese Freude alles andere, die Freude, daß wir unter Gott »ein guter Geruch Christi« sind an jedem Ort, und daß so oft wir das Wort predigen, Herzen aufgeschlossen werden, Herzen in neuem Leben schlagen, Augen über Sünde weinen und die Tränen hinweggewischt werden, wenn sie den großen Stellvertreter sehen und leben.

Über jede Frage hinaus, es ist eine Freude, die Welten wert ist, wenn man Seelen gewinnt, und Dank sei Gott, es ist eine Freude, die nicht mit diesem sterblichen Leben aufhört. Es muß keine geringe Seligkeit sein, wenn wir unsern Weg hinauf zum ewigen Throne nehmen, andere neben uns sagen zu hören, die sich zu derselben Herrlichkeit empor schwingen: »Wir gehen mit dir durch die Perlentore ein, du hast uns zum Heiland gebracht«, und im Himmel von denen bewillkommnet zu werden, die uns Vater in Christus nennen. Es wird eine Seligkeit ohnegleichen sein, in jenen ewigen Hütten die anzutreffen, die von uns in Christus Jesus gezeugt sind, die wir mit Ängsten geboren haben, bis daß Christus in ihnen eine Gestalt gewonnen hatte. Dies heißt viele Himmel haben – einen Himmel in jedem für Christus Gewonnenen, nach der Verheißung des Herrn: »Die, so viele zur Gerechtigkeit weisen, werden leuchten wie die Sterne immer und ewiglich.«

Ich habe genug gesagt, Brüder, wie ich hoffe, um in einigen von euch den Wunsch zu erregen, Seelengewinner zu werden. Aber ehe ich weiter auf den Text eingehe, möchte ich euch daran erinnern, daß diese Ehre nicht allein den Predigern zukommt. Diese mögen ihr volles Teil davon haben, aber sie gehört jedem von euch, der sich Christus gewidmet hat; solche Ehre haben alle Heiligen. Jeder Mann hier, jede Frau hier, jedes Kind hier, dessen Herz recht zu Gott steht, kann ein Seelengewinner sein. Kein Mensch wird durch Gottes Vorsehung an einen Platz gestellt, wo er nichts Gutes tun kann. Es ist kein Glühwurm unter der Hecke, der nicht ein notwendiges Licht gibt; es ist kein arbeitender Mann, keine leidende Frau, keine Dienstmagd, kein Schornsteinfeger und kein Gassenkehrer, der nicht einige Gelegenheit hat, Gott zu dienen; und was ich von Seelengewinnern gesagt habe, gilt nicht allein von dem gelehrten Doktor der Theologie oder dem beredten Prediger, sondern von allen, die in Christus Jesus sind. Jeder von euch kann, wenn die Gnade Gottes ihn dazu fähig macht, die Glückseligkeit erlangen, Seelen zu Christus zu führen.

»Wer Seelen gewinnet, der ist weise«; ich werde dies erläutern, indem ich zuerst *das in dem Texte gebrauchte Bild »Seelen gewinnen« erkläre;* und dann zweitens, *indem ich euch einige Lehren über das Gewinnen der Seelen gebe,* durch welche sich, wie ich hoffe, jedem Gläubigen die Überzeugung aufdrängen wird, daß es zu dieser Arbeit der höchsten Weisheit bedarf.

I. Zuerst *laßt uns das in dem Text gebrauchte Bild betrachten:* »Wer Seelen gewinnet, der ist weise.« Wir brauchen das Wort »gewinnen« bei vielen Dingen. Zuweilen wird es in sehr schlechter Gesellschaft gefunden, bei jenen Glücksspielen und täuschenden Kunstgriffen, durch die manche Leute so gern gewinnen möchten. Mir tut es leid zu sagen, daß sich auch in der religiösen Welt noch manche Täuschung findet. Es gibt Menschen, die behaupten, Seelen zu erretten durch gewisse Zeremonien und Handbewegungen. Durch ein paar Tropfen Wasser wird ein Kind zu einem Kinde Gottes, einem Gliede Christi und einem Erben des ewigen Lebens* gemacht! Diese Art der Wiedergeburt geht über meinen Glauben hinaus, sie ist etwas, das ich nicht verstehe. Es gibt auch eine Art, Seelen zu gewinnen, durch Auflegen der Hände auf die Köpfe, nur müssen es die Hände eines Bischofs sein, dann können die Finger die Gnade Gottes übermitteln. Ich muß bekennen, daß ich diese geheime Wis-

* Nach dem englischen Book of Common Prayer. A. d. Üb.

senschaft nicht verstehe, brauche mich indes hierüber nicht zu wundern, denn Seelen können auf diese Weise nur errettet werden durch gewisse bevorzugte Personen, welche die apostolische Nachfolge empfangen haben. Diese bischöfliche Konfirmation ist, wenn behauptet wird, daß durch die bloße Bewegung der Hände die Gnade Gottes übermittelt werde, eine Täuschung. Es ist kaum denkbar, daß es im neunzehnten Jahrhundert noch Menschen gibt, welche die Seligkeit durch Sakramente predigen und die Seligkeit durch Priester! Es ist wirklich zu spät, noch mit solchen Dingen zu kommen. Sie mögen denen genügt haben, die nicht lesen konnten, in Zeiten, wo Bücher selten waren. Aber seit jenem Tag, wo Gott dem erleuchteten Luther half, mit Donnerstimme die befreiende Wahrheit zu verkünden: »Aus Gnaden seid ihr selig geworden durch den Glauben; und dasselbige nicht aus euch, Gottes Gabe ist es«, – seitdem ist zu viel Licht dagewesen für mittelalterliche Eulen. Laßt sie zurückgehen zu ihren efeuumrankten Türmen und vor dem Monde klagen über die, die ihr Reich der Dunkelheit zerstörten. Engländer sollten ihnen keine Ehrfurcht zollen. Der Puseyismus der neuen Zeit ist ein unechtes Papsttum, zu niedrig, zu veränderlich, zu doppelzüngig, um Menschen von ehrlichem Gemüte zu täuschen. Wenn wir Seelen gewinnen, soll es durch andere Künste sein als die, welche Jesuiten und Puseyiten uns lehren können. Traut keinem, der behauptet, Menschen durch bloße Zeremonien selig machen zu können. Wir können Seelen nicht durch dergleichen Mittel erretten, und wir wollen es nicht, denn wir wissen, daß Satan dabei am meisten gewinnt und daß er über solche Lehrer lachen wird, wenn er am letzten Ende das Blatt gegen sie kehrt.

Wie gewinnen wir denn Seelen? Das Wort »gewinnen« hat noch eine weit bessere Bedeutung. Es wird bei der Kriegführung gebraucht. Soldaten gewinnen Städte und Provinzen. Nun, eine Seele gewinnen ist viel schwieriger als eine Stadt gewinnen. Beobachtet den ernsten Seelengewinner bei seiner Arbeit; wie vorsichtig achtet er auf die Vorschriften seines großen Anführers, um zu wissen, wann er die weiße Fahne aufziehen und das Herz auffordern soll, sich der Liebe eines sterbenden Heilandes zu ergeben; wann er die schwarze Fahne der Drohung aushängen und zeigen soll, daß wenn die Gnade nicht angenommen wird, das Gericht sicherlich folgt; und wann er mit Grauen und Widerstreben die rote Fahne der

Schrecken Gottes gegen hartnäckige, unbußfertige Sünder zu entfalten hat. Der christliche Krieger muß verstehen, allmählich vorzurücken, jenes Vorurteil zu untergraben, jene alte Feindschaft zu unterminieren, jene böse Lust in die Luft zu sprengen und zuletzt die Zitadelle zu stürmen. Es ist seine Sache, die Sturmleiter anzulegen und sich zu freuen, wenn er ein Klirren an der Mauer des Herzens hört, das ihm sagt, die Leiter habe gefaßt und festen Halt gewonnen; und dann hinaufzuklimmen, auf den Mann einzudringen, im Namen Gottes seinen Unglauben totzuschlagen, die Stadt zu erobern, die blutrote Fahne des Kreuzes Christi aufzupflanzen und zu sagen: »Das Herz ist gewonnen, endlich für Christus gewonnen!« Dazu gehört ein gut ausgebildeter Krieger, ein Meister in seiner Kunst. Ein Narr kann es nicht tun. Gottes Gnade muß einen Mann weise machen, damit er so die Seele erobert, ihr Gefängnis gefangen führt, und die Tore des Herzens weit öffnet, damit der Fürst Immanuel einziehen kann. Dies heißt eine Seele gewinnen.

Das Wort »gewinnen« wurde gewöhnlich bei den Alten gebraucht, um *das Gewinnen im Wettkampfe* zu bezeichnen. Wenn der Grieche die Lorbeer- oder Efeukrone zu gewinnen suchte, mußte er lange vorher einen Ausbildungskursus durchmachen; und wenn er zuletzt zum Kampfe hervortrat, sah man gleich nach der ersten Anstrengung, wie jeder Muskel und jeder Nerv bei ihm entwickelt worden war. Er hatte einen starken Gegner und wußte das, und deshalb ließ er keine seiner Kräfte unbenutzt. Während des Ringens konnte man sehen, wie sein Auge jede Bewegung, jede Finte des Gegners beobachtete, und wie seine Hand, sein Fuß und sein ganzer Körper an dem Kampf teilnahmen. Er fürchtete, zu fallen; er hoffte seinen Gegner zu Fall zu bringen. Nun, ein wahrer Seelengewinner hat oft einen furchtbaren Kampf mit dem Teufel in den Menschen zu bestehen. Er hat zu ringen mit ihrem Vorurteil, mit ihrer Sündenliebe, mit ihrem Unglauben, mit ihrem Stolz, und dann wiederum ganz plötzlich, mit ihrer Verzweiflung; einen Augenblick streitet er mit ihrer Selbstgerechtigkeit, den nächsten Augenblick mit ihrem Unglauben. Zehntausend Künste werden gebraucht, um den Seelengewinner zu hindern, Sieger in diesem Kampfe zu bleiben; aber wenn Gott ihn gesandt hat, so wird er nie die Seele loslassen, die er sucht, bis er der Macht der Sünde einen Stoß versetzt und wieder eine Seele für Christum gewonnen hat.

Außerdem gibt es noch eine andere Bedeutung des Wortes »gewinnen«, bei der ich hier nicht lange verweilen kann. Wir gebrauchen das Wort, wie ihr wißt, in einem sanfteren Sinne als dem hier erwähnten, *wenn wir von Herzen sprechen.* Es gibt verborgene und geheimnisvolle Wege, auf denen Liebende den Gegenstand ihrer Neigung gewinnen. Ich kann euch nicht sagen, wie der Liebende seine Erwählte gewinnt, aber die Erfahrung hat es euch wahrscheinlich gelehrt. Die Waffe dieser Kriegsführung ist nicht immer die gleiche, aber wo der Sieg gewonnen ist, da wird die Weisheit bei der Wahl der Mittel jedem Auge klar. Die Waffe der Liebe ist zuweilen ein Blick oder ein Wort, das sanft geflüstert und auf das begierig gelauscht wird; zuweilen ist es eine Träne. Aber so viel weiß ich, daß die meisten von uns um ein anderes Herz ein Band geschlungen haben, das dieses andere Herz nicht gern lösen möchte und das beide in einer Haft gefesselt hält, die ihr Leben verschönt hat. Ja, und das ist beinahe auch die Art, in welcher wir Seelen zu retten haben. Diese Illustration ist zutreffender als eine der anderen. Liebe ist der wahre Weg zum Seelengewinnen, denn wenn ich vom Erstürmen der Wälle und vom Ringen sprach, so waren das nur Bilder, aber dieses ist dem wirklichen Sachverhalt sehr nahe. Wir gewinnen durch Liebe. Wir gewinnen die Herzen für Jesus durch Liebe, durch Teilnahme an ihren Leiden, durch unsere Angst, daß sie verloren gehen, durch Fürbitte bei Gott, daß sie nicht unerrettet sterben möchten, durch unsere Bitten an sie, daß sie um ihrer selbst willen bei Gott Barmherzigkeit und Gnade suchen möchten. Ja, Brüder, es gibt ein geistliches Werben und Gewinnen der Herzen für den Herrn Jesus; und wenn ihr dieses lernen wollt, so müßt ihr Gott bitten, euch ein weiches Herz und eine mitfühlende Seele zu verleihen. Ich glaube, viel von dem Geheimnis des Seelengewinnens liegt darin, daß jemand »Eingeweide der Barmherzigkeit« hat und eine Seele, die Mitgefühl haben kann mit menschlichen Schwachheiten. Haut einen Prediger aus Granit, und selbst wenn ihr ihm eines Engels Zunge gebt, so wird er doch niemanden bekehren. Stellt ihn auf die beste Kanzel, macht seinen Vortrag fehlerlos und den Inhalt seiner Rede ganz biblisch, aber so lange er in seiner Brust ein hartes Herz trägt, kann er nie eine Seele gewinnen. Seelengewinnen erfordert ein Herz, das stark gegen die Rippen schlägt. Es erfordert eine Seele, voll von menschlicher Freundlichkeit; dies ist die Conditio sine qua non, die unerläßliche Voraussetzung des Erfolges. Dies ist die Haupteigenschaft, die ein Seelengewinner von Natur haben muß, und die, wenn Gott sie segnet, Wunder vollbringen wird.

Ich habe den Text im Hebräischen nicht nachgesehen, aber ich finde die Randbemerkung dabei: »Wer Seelen *fängt,* der ist weise«, ein Wort, das sich auf Fischen oder Vogelfangen bezieht.

Wer Fische fängt, muß auch etwas davon verstehen. Washington Irving, meine ich, ist es, der uns von drei Herren erzählt, die in Isaak Walton viel von dem Vergnügen des Fischfangs gelesen hatten. Deshalb wollten sie auch damit beginnen und suchten die sanfte Kunst zu erlernen. Sie gingen nach New York, kauften die besten Ruten und Schnüre, die zu haben waren und machten genau die Fliege für den besonderen Tag oder Monat ausfindig, damit die Fische sogleich anbissen und sozusagen eilig in den Korb flögen. Sie fischten und fischten und fischten den ganzen langen Tag; aber der Korb blieb leer. Sie wurden des Vergnügens überdrüssig, das kein Vergnügen war, als ein zerlumpter Knabe ohne Schuhe und Strümpfe daherkam und ihnen eine tiefe Demütigung bereitete. Er hatte einen Zweig vom Baume abgerissen und zog ein Stück Bindfaden und eine krumm gebogene Nadel hervor; er steckte einen Wurm daran, warf's hinein, und sogleich kam ein Fisch heraus, als wäre er eine Nadel, die vom Magneten angezogen wurde. Wieder warf er die Leine hinein, und heraus kam ein anderer, und so weiter, bis der Korb ganz voll war. Sie fragten ihn, wie er es mache. Ach! erwiderte er, das könne er ihnen nicht sagen, aber es wäre leicht genug, wenn man es nur verstände.

Ungefähr ebenso ist es bei dem Fischen nach Menschen. Einige Prediger, welche silberne Schnüre und schöne Ruten haben, predigen sehr beredt und ungemein anmutig, aber sie gewinnen niemals Seelen. Ich weiß nicht, woher das kommt, aber ein anderer Mann kommt, mit sehr einfacher Rede, doch mit einem warmen Herzen, und sofort werden Menschen zu Gott bekehrt. Es muß jedenfalls eine innere Beziehung zwischen dem Prediger und den Seelen, die er gewinnen will, da sein. Gott gibt denen, die er zu Seelengewinnern macht, eine natürliche Liebe zu dem Werke und eine geistliche Tauglichkeit dafür. Es ist ein Mitgefühl zwischen denen, die gesegnet werden sollen, und denen, welche das Werkzeug dazu sein sollen, und zum großen Teil werden, mit Gottes Hilfe, die Seelen durch dieses Mitgefühl gewonnen; aber es ist so klar wie der helle

Tag, daß ein Mann weise sein muß, wenn er ein Menschenfischer sein will.

II. Und jetzt, Brüder und Schwestern, die ihr von Woche zu Woche arbeitet, um Seelen zu gewinnen, will ich euch zweitens *einige der Arten zeigen, wie denn Seelen zu gewinnen sind.*

Der Prediger selbst gewinnt, glaube ich, die Seelen am besten, wenn er an den Erfolg seiner Arbeit glaubt, *wenn er an sofortige Bekehrungen glaubt.* Wie kann er erwarten, daß Gott etwas tun soll, wovon er nicht glaubt, daß Gott es tun wird? Der hat am meisten Erfolg, der jedesmal, wenn er predigt, Bekehrung erwartet. Nach seinem Glauben soll ihm geschehen. Ohne Bekehrungen zufrieden sein, ist die sicherste Art, um nie solche zu haben; einzig und allein auf Errettung der Seelen abzielen ist der sicherste Weg zu einem fruchtbaren Wirken. Wenn wir seufzen und weinen, bis Menschen errettet sind, so werden sie errettet werden.

Dem wird es am besten gelingen, *der sich fest an die seelenerrettende Wahrheit hält.* Jede Wahrheit ist nicht seelenerettend, obwohl jede erbauend ist. Wer sich an die einfache Geschichte vom Kreuze hält, den Menschen wieder und immer wieder sagt, daß, wer an Christus glaubt, nicht verdammt wird, daß zum Seligwerden nichts gehört als einfaches Vertrauen auf den gekreuzigten Erlöser; der, dessen Predigt hauptsächlich besteht aus der glorreichen Geschichte vom Kreuze, den Leiden des sterbenden Lammes, der Barmherzigkeit Gottes, der Willigkeit des großen Vaters, die verlorenen Söhne aufzunehmen; der, welcher von Tag zu Tag ruft: »Siehe, das ist Gottes Lamm, welches der Welt Sünde trägt«, der wird wahrscheinlich ein Seelengewinner sein, besonders, wenn er dabei viel betet, viel ängstliches Verlangen hat, Menschen zu Jesus gebracht zu sehen, und dann im Privatleben ebensowohl wie im öffentlichen Predigtamt anderen von der Liebe des teuren Heilandes zu erzählen sucht.

Aber ich rede nicht zu Predigern, sondern zu euch, die ihr in den Stühlen sitzt, und deshalb will ich mich noch ausdrücklicher an euch wenden. Brüder und Schwestern, ihr habt verschiedene Gaben. Ich hoffe, ihr gebraucht sie alle. Vielleicht denken einige von euch, obgleich sie Gemeindeglieder sind, sie hätten keine; aber jeder Gläubige hat seine Gabe und seinen Arbeitsauftrag. Was könnt ihr tun, um Seelen zu gewinnen?

Laßt mich denjenigen, die meinen, sie könnten nichts tun, empfehlen, *andere zum Hören des Wortes zu bringen.* Dies ist eine Pflicht, die sehr vernachlässigt wird. Ich kann euch kaum bitten, jemand hierher zu bringen, aber viele von euch besuchen andere Gotteshäuser, die vielleicht nicht halb voll sind. Füllt sie. Murrt nicht über die kleine Zahl der Hörer, sondern macht sie größer. Nehmt zu der nächsten Predigt jemand mit euch, so wird die Versammlung sofort vergrößert. Geht hin mit dem Gebet, daß eures Pastors Predigt gesegnet werden möge, und wenn ihr selber nicht zu predigen vermögt, so könnt ihr das tun, was vielleicht das Nächstbeste ist, indem ihr andere zum Hören des Wortes bringt. Dies ist eine sehr alltägliche und einfache Bemerkung, aber laßt mich euch dieselbe einschärfen, denn sie ist von großem praktischem Wert. In vielen Kirchen und Kapellen, die fast leer sind, möchte bald eine große Hörerzahl sich einfinden, wenn die, welche Gewinn von der Predigt haben, andern davon erzählten und sie bewegten, dahin zu gehen. Überredet doch eure Nachbarn, mitzukommen; bekümmert euch um sie, laßt sie fühlen, daß es unrecht sei, sonntags vom Morgen bis zum Abend zu Hause zu bleiben. Ich sage nicht, tadelt sie, das nützt wenig; aber ich sage, lockt sie, überredet sie. Leiht ihnen z. B. auch einmal eure Eintrittskarten* fürs Tabernakel oder steht in den Gängen und laßt sie eure Sitze einnehmen. Bringt sie unter den Schall des Wortes, und wer weiß, was das Ergebnis sein mag? Oh, was für ein Segen würde es für euch sein, wenn ihr hörtet, daß das, was ihr nicht tun konntet – denn ihr vermochtet kaum für Christus zu sprechen –, durch die Kraft des Heiligen Geistes von eurem Prediger getan würde dadurch, daß ihr jemand in die Schußweite des Evangeliums brachtet!

Ferner, ihr Seelengewinner, *versucht nach der Predigt mit Fremden zu reden.* Der Prediger mag das Ziel verfehlt haben, aber ihr braucht es nicht zu verfehlen; oder der Prediger mag das Ziel getroffen haben, und ihr könnt helfen, den Eindruck durch ein freundliches Wort zu vertiefen. Ich erinnere mich, daß mehrere in die Gemeinde eintraten, die ihre Bekehrung den Predigten in der Musikhalle in

---

* Die Sitze im Tabernakel mieten, bekommen Eintrittskarten, und können hineingehen, ehe die Türen für alle andern geöffnet werden. Sobald dies aber geschehen ist, können sie ihre Sitze nicht mehr beanspruchen. A. d. Üb.

Surrey* zuschrieben, aber sie sagten, nicht diesen allein, sondern auch etwas anderem, das mitwirkte. Sie waren frisch vom Lande gekommen, und ein freundlicher Mann traf sie an der Pforte, redete sie an, sagte, er hoffe, das Gehörte hätte ihnen gefallen, fragte, ob sie am Abend wiederkämen, und sagte, er würde sich freuen, wenn sie vorher eine Tasse Tee in seinem Hause trinken wollten; sie taten dies, und er sprach mit ihnen von dem Herrn Jesus. Am nächsten Sonntag war es ebenso, und zuletzt wurden die, auf welche die Predigten zuerst nicht viel Eindruck gemacht hatten, dahin geführt, mit andern Ohren zu hören, bis sie allmählich durch des Herrn Gnadenwerk zu Gott bekehrt wurden. Es ist ein guter Jagdgrund hier in jeder großen Versammlung für euch, die ihr wirklich Gutes zu tun wünschet. Wie viele kommen jeden Morgen und Abend in dieses Haus ohne einen Gedanken daran, Christus anzunehmen! Oh, wenn ihr alle mir helfen wolltet, ihr, die ihr den Herrn liebt, wenn ihr alle mir helfen wolltet, indem ihr mit denen, die neben euch sitzen, sprächet, wie viel könnte vollendet werden! Laßt niemals jemand sagen: »Ich kam drei Monate lang zum Tabernakel und niemand sprach mit mir«; sondern sucht mit einer sanften Vertraulichkeit, die immer im Hause Gottes gestattet sein sollte, andern die Wahrheit einzuprägen, die ich nur in das Ohr bringen kann, die ihr aber mit Gottes Hilfe in das Herz bringen könnt.

Weiter laßt mich euch, liebe Freunde, *die Kunst, Bekannte und Verwandte beim Knopfloch zu fassen*, empfehlen. Wenn ihr nicht vor Hundert predigen könnt, so predigt Einem. Nehmt Einen beiseite und sprecht ruhig und liebevoll und mit Gebet zu ihm. »Einen!« sagt ihr. Nun, ist das nicht genug? Ich kenne deinen Ehrgeiz, junger Mann; du wünschest hier, vor diesen Tausenden zu predigen; sei zufrieden und beginne mit Einzelnen. Dein Meister schämte sich nicht, auf dem Brunnen zu sitzen und einer zu predigen; und als er seine Predigt beendet hatte, da hatte er in Wirklichkeit der ganzen Stadt Sichar wohlgetan, denn dieses Weib wurde eine Missionarin für ihre Bekannte. Schüchternheit hält uns oft ab, in dieser Weise zu wirken, aber wir müssen sie bekämpfen; es darf nicht geduldet werden, daß Christus unbekannt bleibt durch unser Schweigen und Sünder ungewarnt bleiben durch unsere Nachläs-

---

* Ein Gebäude, wo Spurgeon eine Zeitlang predigte, ehe sein Tabernakel gebaut war. A. d. Üb.

sigkeit. Wir müssen uns dazu schulen und erziehen, persönlich mit den Unbekehrten zu verhandeln. Wir dürfen uns nicht entschuldigen, sondern uns zu der lästigen Arbeit zwingen, bis sie leicht wird. Dieses ist eine der ehrenvollsten Arten des Seelengewinnens; und wenn sie mehr als gewöhnlichen Eifer und Mut erfordert, so ist um so mehr Grund vorhanden, sie zu erlernen. Geliebte, wir müssen Seelen gewinnen, wir können nicht leben und Menschen verdammt sehen; wir müssen sie zu Jesus bringen. Oh, so erhebt euch denn und arbeitet, laßt niemand aus eurer Umgebung sterben, ohne daß ihr ihn gewarnt, über ihn geweint und für ihn gesorgt habt. Ein Traktat ist ein nützliches Ding, aber ein lebendiges Wort ist besser. Euer Auge, euer Gesicht und euere Stimme werden alle mithelfen. Seid nicht so feige, ein Stück Papier zu geben, wo euere Rede so viel besser sein würde. Ich beschwöre euch, tut dieses, um Jesu willen.

Einige von euch könnten Briefe für eueren Herrn und Meister schreiben. Bei entfernten Freunden mögen ein paar liebevolle Zeilen viel Gutes wirken. Papier und Tinte werden niemals besser gebraucht als zum Gewinnen der Seelen. Vieles ist auf diese Weise getan worden. Könntet ihr nicht auch etwas tun? Wollt ihr es nicht versuchen? Einige von euch, die nicht viel sprechen oder schreiben können, könnten jedenfalls *viel leben.* Das ist eine schöne Art des Predigens, das Predigen mit eueren Füßen – ich meine, durch euer Leben, eueren Wandel und euer ganzes Verhalten. Jene liebende Frau, die im Geheimen über einen ungläubigen Mann weint, aber immer so freundlich gegen ihn ist; jener liebe Knabe, dessen Herz durch seines Vaters Lästerung gebrochen wird, der aber doch so viel gehorsamer ist, als er vor seiner Bekehrung zu sein pflegte; jener Diener, auf den sein Herr flucht, dem er jedoch seine Börse mit ungezähltem Golde anvertrauen könnte; jener Kaufmann, der als ein Presbyterianer verlacht wird, der aber dennoch gerade wie eine Schnur ist und keine schmutzige Handlung begehen würde, auch um alles Gold der Welt nicht; dieses sind die Männer und Frauen, welche die besten Predigten halten; dies sind praktische Prediger. Gebt uns euer heiliges Leben, und mit euerem heiligen Leben als Hebel wollen wir die Welt bewegen. Mit Gottes Hilfe wollen wir Prediger unsere Zungen gebrauchen, aber wir haben das Leben unserer Gemeindeglieder sehr nötig, um das zu illustrieren, was unsere Zungen zu sagen haben. Das Evangelium gleicht in etwa einem illustrierten Blatte. Des Predigers Worte sind die gedruckten Buchstaben, aber die Bilder sind die lebendigen Männer und Frauen, welche unsere Gemeinden bilden; und wie die Leute, wenn sie solche Zeitung in die Hand nehmen, sehr oft das Gedruckte nicht lesen, aber stets die Bilder ansehen, so ist es mit einer Gemeinde; die nicht dazu Gehörigen mögen nicht kommen, den Prediger zu hören, aber sie betrachten, beobachten und kritisieren stets das Leben der Mitglieder. Wenn ihr also Seelengewinner sein wollt, liebe Brüder und Schwestern, sehet zu, daß ihr das Evangelium lebt. »Ich habe keine größere Freude denn die, daß meine Kinder in der Wahrheit wandeln.«

Noch eins: *der Seelengewinner muß ein inniger und treuer Beter sein.* Ihr könnt nicht Seelen zu Gott bringen, wenn ihr nicht selbst zu Gott geht. Ihr müßt euere Streitaxt und euere Kriegswaffen aus dem Rüsthaus inniger Gemeinschaft mit Christus entnehmen. Wenn ihr viel allein mit Jesu seid, so werdet ihr seinen Geist einsaugen; ihr werdet von dem Feuer entflammt werden, das in seiner Brust brannte und sein Leben verzehrte. Ihr werdet mit den Tränen weinen, die auf Jerusalem fielen, als er es ins Verderben gehen sah; und wenn ihr nicht so beredt sprechen könnt wie er, so wird doch in dem, was ihr sagt, etwas von derselben Macht sein, mit welcher er die Herzen erbeben machte und die Gewissen der Menschen aufweckte. Meine lieben Hörer, besonders ihr Mitglieder der Gemeinde, mir ist immer so bange, daß einige von euch anfangen, auf ihren Lorbeeren auszuruhen und die Sache des Reiches Gottes leicht zu nehmen. Es sind einige von euch – ich segne euch und lobe Gott bei der Erinnerung an euch –, welche zur Zeit und zur Unzeit es ernst nehmen mit der Arbeit an den Seelen, und ihr seid die wahrhaft Weisen. Aber ich fürchte, es gibt andere, deren Hände träge sind, die sich begnügen, mich predigen zu lassen, aber nicht selber predigen; die Sitze mieten und in diesen Stühlen sitzen und hoffen, daß die Sache der Gemeinde gut gehe; aber das ist auch alles, was sie tun. O laßt mich euch alle voll Eifer sehen! Ein großes Heer von beinahe fünftausend Mitgliedern, was sollten wir nicht tun können, wenn wir alle lebendig wären und alle eifrig! Aber ein solches Heer ohne Begeisterung wird zu einem bloßen Pöbelhaufen, einer unlenksamen Masse, aus der Unheil erwächst und keine guten Früchte kommen. Wenn ihr alle Feuerbrände für Christus wäret, so könntet ihr die ganze Nation in Brand setzen. Wenn ihr alle Brunnen lebendigen Wassers wäret, wie viele durstige Seelen könnten trinken und erfrischt werden!

Geliebte, es ist noch eine Frage, die ich tun muß und dann schließe ich: *Sind eure eigenen Seelen gewonnen?* Sonst könnt ihr keine andern gewinnen. Seid ihr selber errettet? Meine Hörer, seid ihr selber errettet? Wie, wenn ihr heute Nacht diese Frage einem anderen und Größeren, als ich bin, beantworten müßtet? Wie, wenn der Knochenfinger des letzten großen Redners statt des meinen aufgehoben würde? Wie, wenn seine unbesiegbare Beredsamkeit euere Knochen in Stein wandelte und euere Augen gläsern machte und das Blut in euren Adern gefrieren ließe? Könntet ihr in eurer letzten Not hoffen, daß ihr errettet wäret? Wenn ihr nicht errettet seid, wie werdet ihr es je werden? Wann wollt ihr errettet werden, wenn nicht jetzt? Wird irgend eine Zeit besser sein als die jetzige? Der Weg, errettet zu werden, ist einfach, dem zu vertrauen, was des Menschen Sohn tat, als er Mensch wurde und die Strafe erlitt für alle, die ihm vertrauen. Für all die Seinen war Christus ein Stellvertreter. Die Seinen sind diejenigen, welche ihm vertrauen. Wenn ihr ihm vertraut, so ist er für eure Sünden gestraft worden, und ihr könnt nicht für sie gestraft werden, denn Gott kann die Sünde nicht zweimal strafen, erst in Christus und dann in euch. Wenn ihr Jesus vertraut, welcher jetzt zur Rechten Gottes lebet, so ist euch in diesem Augenblick vergeben und ihr sollt auf ewig errettet sein. O daß ihr ihm jetzt vertrauen wolltet! Vielleicht mag es für dich »jetzt oder nie« heißen. Möge es jetzt sein, gerade jetzt, und dann, wenn du Jesus vertraust lieber Freund, hast du nicht nötig zu zaudern, wenn die Frage gestellt wird: »Bist du errettet?« Denn du kannst antworten: »Ja, das bin ich, denn es stehet geschrieben: Wer an ihn glaubet, der wird nicht gerichtet.« Vertraut ihm denn, vertraut ihm jetzt, und dann helfe dir Gott, ein Seelengewinner zu werden, so wirst du weise sein, und Gott wird verherrlicht werden!

Seelen-Erretten ist unser Hauptgeschäft

»Ich bin jedermann allerlei geworden, auf daß ich allenthalben ja etliche selig mache.« 1. Kor. 9, 22.

»Auf daß ich durch alle Mittel etliche errette.« (N. d. engl. Üb.)

Es ist etwas Großartiges, einen Mann völlig von einer Hauptleidenschaft hingerissen zu sehen. Solch ein Mann ist sicherlich stark und wird, wenn seine Haupttriebkraft eine treffliche ist, auch trefflich sein. Der Mann mit *einem* Ziel ist in der Tat ein Mann. Ein Leben mit vielen Zielen gleicht dem Wasser, das durch unzählige Bäche rieselt, von denen keiner weit oder tief genug ist, auch nur eine Muschelschale von einem Boot zu tragen; aber ein Leben mit *einem* Ziel ist wie ein mächtiger Strom, der zwischen seinen Ufern dahinflutet, eine Menge Schiffe dem Ozean zuführt und Fruchtbarkeit zu beiden Seiten verbreitet. Gebt mir einen Mann, der nicht nur ein großes Ziel hat, sondern auch völlig davon hingerissen ist, seine Kräfte alle darauf richtet und voll Feuer und heftigem Eifer für sein höchstes Streben ist, so habt ihr mir eine der größten Quellen der Kraft, welche die Welt erzeugen kann, vor Augen gestellt. Gebt mir einen Mann, dessen Herz voll heiliger Liebe ist und dessen Kopf von einem erhabenen, himmlischen Gedanken erfüllt ist, und ein solcher Mann wird bekannt werden, wohin auch sein Los ihn wirft, und ich wage zu prophezeien, daß man sich seines Namens noch lange erinnern wird, wenn auch der Ort, wo sein Grab liegt, längst vergessen ist.

Ein solcher Mann war Paulus. Ich beabsichtige nicht, ihn auf einen hohen Sockel zu stellen, damit ihr ihn anblickt und bewundert, viel weniger, damit ihr niederkniet und ihn als einen Heiligen verehrt. Ich nenne Paulus, weil jeder von uns sein sollte, was er war; denn obwohl wir nicht sein Amt haben können, da wir keine Apostel sind, und obwohl wir nicht seine hohen Gaben oder seine Inspiration haben können, sollten wir doch denselben Geist haben, der ihn beseelte, und laßt mich hinzufügen, wir sollten ihn in demselben Maße haben. Bezweifelt ihr das? Ich frage euch, was war durch Gottes Gnade in Paulus, das nicht in euch sein könnte, und was hat

Jesus für Paulus mehr getan als für euch? Er war göttlich verwandelt, und das seid ihr auch, wenn ihr von der Finsternis zu seinem wunderbaren Lichte gekommen seid. Ihm war viel vergeben, und euch ist auch viel verziehen worden. Er war durch das Blut des Sohnes Gottes erlöst, und das seid ihr auch, wenigstens behauptet ihr, es zu sein. Er war voll von dem Geiste Gottes, und das seid ihr auch, wenn ihr wirklich so seid, wie ihr nach eurem christlichen Bekenntnis sein solltet. Da ihr also euer Heil Christus verdankt, durch sein teures Blut rein und durch den Heiligen Geist lebendig gemacht, so frage ich euch, warum nicht dieselbe Frucht aus demselben Samen kommen sollte? Warum nicht dieselbe Wirkung aus derselben Ursache? Sagt mir nicht, daß der Apostel eine Ausnahme sei und nicht als Regel oder Muster für gewöhnlichere Leute gelten könne, denn ich habe euch zu sagen, daß wir so sein müssen, wie Paulus war, wenn wir hoffen einmal dort zu sein, wo Paulus ist. Paulus hielt nicht dafür, daß er »es schon ergriffen habe oder schon vollkommen sei«. Sollen wir ihn dafür halten, ihn so ansehen, daß wir ihn als unnachahmbar betrachten und zufrieden sind, hinter dem zurückzubleiben, was er war? Nein, sondern als Gläubige laßt es unser beständiges Gebet sein, daß wir seine Nachfolger sein mögen, so weit er Christus nachfolgte, und daß wir da, wo er es unterließ, seine Füße in Christi Fußstapfen zu setzen, ihn sogar übertreffen möchten und noch eifriger, noch hingebender sein, als selbst der Apostel der Heiden es gewesen ist. O daß der Heilige Geist uns dahin brächte, unserem Herrn Jesus gleich zu sein!

Diesmal will ich mit euch reden über *das große Lebensziel des Paulus;* er sagt uns, es sei, »etliche selig zu machen«. Wir wollen darauf in das Herz des Paulus blicken und einige der wichtigen Gründe aufweisen, die es ihn für so wichtig halten ließen, daß wenigstens etliche selig gemacht würden; dann wollen wir einige der Mittel nennen, welche der Apostel zu diesem Zwecke brauchte; und alles mit der Absicht, daß ihr, meine lieben Hörer, suchen möchtet, »etliche selig zu machen«; daß ihr dies sucht aus starken Gründen, denen ihr nicht widerstehen könnt, und daß ihr es auf weise Art sucht, so daß es euch gelingt.

I. Zuerst also, Brüder: *Was war das große Ziel des Paulus in seinem täglichen Leben und Predigtamte?* Er sagt, es sei: »etliche selig zu machen«.

Es sind Prediger Christi hier gegenwärtig, zusammen mit Stadtmissionaren, Bibelfrauen, Sonntagsschullehrern und anderen Arbeitern im Weinberge meines Herrn, und ich bin kühn genug, jeden von ihnen zu fragen: Ist dies euer Zweck bei all eurem christlichen Dienst? Strebt ihr vor allem, Seelen zu erretten? Mir ist bange, einige haben dies große Ziel vergessen; aber, liebe Freunde, irgend etwas Geringeres ist nicht wert, der Lebenszweck eines Christen zu sein. Ich fürchte, es gibt einige, die in der Absicht predigen, die Menschen zu *amüsieren;* und so lange die Leute in Menge angezogen und ihnen die Ohren gekitzelt werden können, so daß sie mit Gefallen an dem, was sie gehört, weggehen, ist der Redner befriedigt, faltet die Hände und geht selbstzufrieden heim. Aber Paulus strebte nicht darnach, dem Publikum zu gefallen und eine Menge Hörer um sich zu sammeln. Wenn die Wahrheit ihnen nicht durchs Herz gegangen wäre, ihr Leben verändert und neue Menschen aus ihnen gemacht hätte, so wäre Paulus heimgegangen und hätte gerufen: »Aber wer glaubt unserer Predigt? Und wem wird der Arm des Herrn geoffenbaret?«

Es scheint die Meinung einer großen Partei in der jetzigen Zeit zu sein, daß der Zweck der christlichen Bemühungen sein sollte, die Menschen zu *erziehen.* Ich gebe zu, daß Erziehung an sich etwas sehr Wertvolles ist. Was für einen Wert andere auf Unwissenheit auch legen mögen, *wir* sind Förderer des Wissens, und je mehr es verbreitet werden kann, desto lieber wird es uns sein. Aber wenn die Gemeinde Gottes denkt, daß sie in die Welt gesandt sei, bloß um die geistigen Fähigkeiten der Menschen auszubilden, so befindet sie sich in einem schweren Irrtum, denn das Ziel des Christentums ist nicht, die Menschen für ihren weltlichen Beruf zu erziehen, auch nicht einmal, sie für die feineren Künste oder die höheren Berufsarten heranzubilden oder sie fähig zu machen, die Schönheit der Natur und die Reize der Poesie zu genießen. Jesus Christus kam nicht um derartiger Dinge willen in die Welt, sondern er kam, zu suchen und selig zu machen, was verloren ist. Mit demselben Auftrag hat er seine Gemeinde betraut; und sie begeht Verrat an dem Herrn, der sie sandte, wenn sie sich verführen läßt durch die Schönheiten des Geschmacks und der Kunst, und vergißt, daß der einzige Zweck, zu dem sie unter den Menschenkindern existiert, der ist, Christus, den Gekreuzigten, zu predigen. Die Aufgabe der Kirche ist Errettung.

Der Prediger soll alle Mittel gebrauchen, um etliche zu erretten; er ist kein Diener Christi, wenn dies nicht der *eine* Wunsch seines Herzens ist. Missionare sinken tief unter das, was sie sein sollen, herab, wenn sie damit zufrieden sind, zu zivilisieren; ihr erster Zweck ist, zu erretten. Das Gleiche gilt von dem Sonntagsschullehrer und von allen andern Arbeitern unter den Kindern. Wenn sie das Kind nur gelehrt haben, zu lesen, Gesänge auswendig zu lernen usw., so haben sie ihren wahren Beruf noch gar nicht berührt. Wir müssen die Kinder errettet haben. Diesen Nagel müssen wir hinein treiben, und der Hammer muß stets auf den Kopf desselben niederfallen, daß wir ja etliche erretten, denn sonst haben wir nichts getan.

Paulus sagt nicht einmal, daß er versuche, die Menschen *sittlich gut* zu machen. Das beste Beförderungsmittel der Sittlichkeit ist das Evangelium. Wenn ein Mensch errettet ist, wird er rechtschaffen; er wird mehr: er wird heilig. Aber zuerst auf Sittlichkeit abzielen heißt ganz und gar das Ziel verfehlen; und wenn wir es erreichten – was wir nicht tun werden –, so würden wir doch nicht das erreicht haben, wozu wir in die Welt gesandt sind. Die Erfahrung des Dr. Chalmers ist sehr wertvoll für die, welche meinen, die christlichen Prediger sollten bloß Sittlichkeit predigen, denn er sagt, in seiner ersten Gemeinde hätte er dies getan und hätte nichts Gutes darnach kommen sehen. Aber sobald er Christus, den Gekreuzigten, gepredigt habe, wäre eine Bewegung und viel Opposition entstanden, doch die Gnade hätte die Oberhand behalten. Wer Wohlgerüche wünscht, muß Blumen ziehen; wer die Sittlichkeit fördern will, muß Menschen errettet sehen. Wer wünscht, daß eine Leiche sich bewege, muß erst suchen, sie lebendig zu machen, und wer ein tugendhaftes Leben zu sehen wünscht, sollte erst wünschen, eine innere Erneuerung durch den Heiligen Geist zu sehen. Wir sollen nicht zufrieden sein, wenn wir die Menschen ihre Pflichten gegen ihre Nächsten oder sogar ihre Pflichten gegen Gott gelehrt haben; dies würde für Moses genügen, aber nicht für Christus. Das Gesetz ist durch Moses gekommen, aber Gnade und Wahrheit ist durch Jesus Christus gekommen. Wir lehren die Menschen, was sie sein sollten, aber wir tun weit mehr; durch die Kraft des Evangeliums und die Macht des Geistes Gottes machen wir sie zu dem, was sie sein sollen. Wir legen nicht vor Blinde die Dinge, die sie sehen sollten, sondern wir tun im Namen Jesu ihre Augen auf. Wir sagen dem Gefangenen nicht, wie frei er sein sollte, sondern wir öffnen die Tür und nehmen seine Fesseln ab. Wir begnügen uns nicht, den Menschen zu sagen, was sie sein müssen, sondern wir zeigen ihnen, wie sie es werden können und wie Jesus Christus umsonst alles, was zum ewigen Leben nötig ist, allen denen darbietet, die kommen und ihr Vertrauen auf ihn setzen.

Nun beachtet, Brüder, wenn ich oder ihr oder einer von uns oder wir alle unser Leben damit zugebracht haben, die Menschen zu amüsieren oder zu erziehen oder sie sittlich zu beeinflussen, so werden wir in einer traurigen Lage sein, wenn wir am jüngsten Tage Rechenschaft ablegen sollen und wir werden einen traurigen Bericht zu geben haben; denn was wird es einem Manne nützen, gebildet gewesen zu sein, wenn er nun verdammt wird? Welchen Gewinn wird es ihm bringen, amüsiert worden zu sein, wenn die Posaune erschallt und Himmel und Erde beben und der Abgrund weit seinen feurigen Rachen öffnet und die unerrettete Seele verschlingt? Was wird es selbst einem Manne helfen, sittlich besser geworden zu sein, wenn er doch zur Linken des Richters steht und das »Gehet hin von mir, ihr Verfluchten« hören wird? Oh, ich beschwöre euch, liebe Freunde, besonders euch, die ihr in Sonntags- und Lumpenschulen und anderswo arbeitet, denkt nicht, daß ihr irgend etwas getan habt, wenn die Seelen der Kinder nicht errettet sind. Laßt es feststehen, daß dies Anfang und Ende des Werkes ist, und werft eure ganze Kraft im Namen Jesu und durch die Macht des ewigen Geistes in dieses Mühen hinein, daß ihr ja allenthalben etliche selig macht und einige zu Jesu bringt, damit sie vom zukünftigen Zorn befreit werden.

Was meinte aber Paulus, wenn er sagte, daß er etliche *selig zu machen* oder zu *»erretten«* wünschte? Was heißt errettet werden? Paulus meinte nicht weniger damit, als *daß einige wiedergeboren werden möchten;* denn kein Mensch ist errettet, bis er zu einer neuen Kreatur in Christus Jesus gemacht ist. Die alte Natur kann nicht errettet werden, sie ist tot und verdorben; das Beste was damit getan werden kann, ist, sie zu kreuzigen und in dem Grabe Christi begraben zu lassen. Es muß durch die Macht des Heiligen Geistes eine neue Natur in uns eingepflanzt werden, sonst können wir nicht selig werden. Wir müssen so sehr neue Schöpfungen werden, als wenn wir noch nie gewesen wären; wir müssen ein zweites Mal so frisch von der Hand des ewigen Gottes kommen, als wenn wir heute von der göttlichen Weisheit geformt wären, wie Adam es im Paradiese war. Die Worte des Heilandes lauten: »Der Wind bläset, wo er will, und du hörest sein Sausen wohl; aber du weißt nicht, von wannen er kommt und wohin er fährt. Also ist ein jeglicher, der aus dem Geiste geboren ist.« – »Es sei denn, daß jemand von neuem (von oben) geboren werde, kann er das Reich Gottes nicht sehen.« Dies meinte Paulus also, daß die Menschen neue Kreaturen in Christus Jesus sein müssen, daß wir niemals ruhen dürfen, bis wir eine solche Veränderung in ihnen gewirkt sehen. Dies muß das Ziel unseres Lehrens und Betens sein, in der Tat das Ziel unseres Lebens, daß »etliche« wiedergeboren werden.

Er meinte außerdem, *daß einige von ihrer früheren Missetat gereinigt werden möchten durch das Verdienst des Sühnopfers des Sohnes Gottes.* Niemand kann von seiner Sünde anders errettet werden als durch das Sühnopfer. Unter dem jüdischen Gesetz stand geschrieben: »Verflucht sei, wer nicht alle Worte dieses Gesetzes erfüllet, daß er darnach tue.« Dieser Fluch ist niemals aufgehoben worden, aber der einzige Weg, ihm zu entfliehen, ist dieser: Jesus ward ein Fluch für uns, denn es steht geschrieben: »Verflucht ist jedermann, der am Holz hänget.« Nun, wer an Jesus glaubt, wer seine Hand auf das Haupt Jesu von Nazareth, des Sündenbockes für sein Volk, legt, der hat seine Sünde nicht mehr. Sein Glaube ist ein sicherer Beweis, daß seine Missetaten vormals auf das Haupt des großen Stellvertreters gelegt worden sind. Der Herr Jesus Christus wurde an unserer Statt gestraft und wir sind nicht mehr dem Zorne Gottes ausgesetzt. Siehe, das Sünden versöhnende Opfer ist geschlachtet und am Altar dargebracht, und der Herr hat es angenommen und es ist ihm so wohlgefällig, daß er erklärt hat, wer an Jesus glaubt, soll völlige und ewige Vergebung empfangen. Nun, wir sehnen uns, Menschen so begnadigt zu sehen. Wir schmachten danach, den verlorenen Sohn an des Vaters Brust, das verirrte Schaf auf die Schulter des guten Hirten, den verlorenen Groschen in des Eigentümers Hand zu legen; und ehe dies getan ist, ist nichts getan, ich meine, Brüder, nichts Geistliches, nichts Ewiges, nichts, was der ängstlichen Sorge eines Christenlebens wert ist, nichts, was verdient, daß ein unsterblicher Geist all sein Feuer daran verwendet. O Herr, unsere Seele verlangt danach, Jesus durch die Errettung der

Blut-Erkauften belohnt zu sehen! Hilf uns, durch deine Gnade, Seelen zu ihm zu führen!

Noch eins: Wenn der Apostel wünschte, daß er einige erretten möge, so meinte er, daß sie, nachdem sie wiedergeboren und begnadigt seien, *auch gereinigt und heilig gemacht werden möchten,* denn ein Mensch ist nicht errettet, so lange er in Sünden lebt. Mag er sagen, was er will, er kann nicht von der Sünde errettet sein, so lange er ihr Sklave ist. Wie ist ein Trunkenbold vom Trunke errettet, wenn er immer noch an Gelagen teilnimmt wie vorher? Wie könnt ihr sagen, daß der Flucher von der Lästerung errettet ist, wenn er immer noch ruchlos redet? Worte müssen in ihrem wahren Sinne gebraucht werden. Nun, das große Ziel der Arbeit eines Christen sollte sein, daß einige von ihren Sünden errettet, gereinigt und zu Vorbildern der Lauterkeit, Keuschheit, Ehrlichkeit und Gerechtigkeit gemacht würden, und wo dies nicht der Fall ist, da haben wir vergeblich gearbeitet und unsre Kraft unnütz verbraucht.

Nun, ich beteuere vor euch allen, daß ich in diesem Gebetshause niemals etwas anderes gesucht habe als die Bekehrung von Seelen, und ich rufe Himmel und Erde zu Zeugen an, und eure Gewissen auch, daß ich nie für etwas anderes gearbeitet habe als dafür, daß ich euch zu Christus brächte, damit ich euch zuletzt Gott darstellen könnte als »angenehm in dem Geliebten«. Ich habe nicht gesucht, einen verderbten Geschmack zu befriedigen durch neue Lehren oder neues Zeremoniell, sondern ich bin bei dem einfachen Evangelium geblieben. Ich habe keinen Teil des Wortes Gottes euch vorenthalten, sondern mich bemüht, euch den ganzen Rat Gottes zu verkünden. Ich habe keine Feinheiten der Rede gesucht, sondern habe deutlich gesprochen und geradewegs in eure Herzen und Gewissen hinein; und wenn ihr nicht errettet seid, so betraure und beklage ich vor Gott, daß ich bis zu diesem Tage, obwohl ich euch Hunderte von Malen gepredigt habe, doch vergeblich gepredigt habe. Wenn ihr euch nicht Christus hingegeben habt, wenn ihr nicht in dem mit Blut gefüllten Born gewaschen seid, so seid ihr wüste Stücke Landes, von denen noch keine Ernte gekommen ist.

Ihr sagt mir vielleicht, daß ihr durch euer Kommen hierhier von vielen Sünden zurückgehalten seid und viele Wahrheiten gelernt habt. So weit gut; aber wäre ich imstande, bloß dafür zu leben, um euch gewisse Wahrheiten zu lehren und euch von offenen Sünden zurückzuhalten? Wie könnte das mich befriedigen, wenn ich wüßte, daß ihr noch unerrettet seid und deshalb nach dem Tode in die Flammen der Hölle geworfen werden müßtet? Nein, Geliebte, vor dem Herrn: Ich halte nichts für wert, mein Leben, meine Seele und meine Kraft daran zu setzen, als das Gewinnen eurer Seelen für Christus. Nichts als eure Errettung kann mir je das Gefühl geben, daß meines Herzens Wunsch erfüllt ist. Ich bitte jeden Arbeiter hier, dahin zu sehen, daß er niemals abläßt, auf diese Zielscheibe sein Geschoß zu richten, und zwar auf den Mittelpunkt derselben, nämlich, daß er Seelen für Christus gewinne und in seinem Blut gewaschen sehe. Laßt das Herz der Arbeiter weh tun und sich sehnen, und laßt ihre Stimme rufen, bis der Hals heiser ist; aber laßt sie dafür halten, daß sie durchaus nichts vollbracht haben, bis wenigstens einige Menschen wirklich errettet sind. Wie der Fischer wünscht, Fische in seinem Netz zu fangen, wie der Jäger sich sehnt, seine Beute heimzutragen, wie die Mutter schmachtet, ihr verlorenes Kind an ihre Brust zu drücken, so verlangt uns nach der Errettung von Seelen; und wir müssen diese haben, sonst können wir nicht leben. Errette sie, o Herr, errette sie um Christi willen!

II. Der Apostel hatte wichtige Gründe, warum er ein solches Ziel sich erwählte.

Wäre er hier, so, denke ich, würde er euch sagen, daß seine Gründe ungefähr folgende waren, Seelen zu erretten: Wenn *sie nicht errettet werden, welche Unehre wird Gott damit angetan!* Dachtet ihr je daran, wie viel Unehre dem Herrn, unserem Gott, in jeder Stunde des Tages angetan wird? Nehmt, wenn ihr wollt, diese Stunde des Gebets, wenn wir hier versammelt sind, dem Anschein nach zum Gebet. Wenn die Gedanken dieser großen Versammlung alle gelesen werden könnten, wie viele von ihnen würden dem Höchsten Unehre antun! Und erst außerhalb jedes Gebetshauses, außerhalb jeder Stätte der Gottesverehrung, denkt an die Tausende, die Zehntausende, die Hunderttausende, die diesen ganzen Tag sich auch nicht einmal den Anschein gegeben, den Gott zu verehren, der sie geschaffen und der sie erhält! Denkt daran, wie oft die Tür der Branntweinschenke sich in ihren Angeln gedreht hat während dieser Stunde, wie viele Male Gottes Name in der Trinkstube gelästert worden ist! Es gibt schlimmere Dinge als dies, wenn etwas schlimmer sein kann, aber ich will den Schleier nicht heben. Geht mit euren Gedanken in eine spätere Stunde hinein, wenn der Schleier der Dunkelheit sich herabgelassen hat. Die Scham gestattet uns nicht, daran zu denken, wie Gottes Name verunehrt wird in denen, deren erster Vater nach dem Bilde Gottes gemacht war, die sich aber jetzt so verunreinigen, daß sie die Sklaven Satans und die Beute bestialischer Lüste sind! Wehe, wehe dieser Stadt, sie ist voll Greuel, von denen der Apostel spricht: »Denn was heimlich von ihnen geschieht, das ist auch schändlich zu sagen.«

Christliche Männer und Frauen, nichts als das Evangelium kann das soziale Übel hinwegfegen. Laster sind wie Giftschlangen, und nur die Stimme Jesu kann sie aus dem Lande treiben. Das Evangelium ist der große Besen, womit man den Schmutz dieser Stadt hinauskehren kann, und nichts anderes wird helfen. Wollt ihr um Gottes willen, dessen Name jeden Tag gelästert wird, suchen, einige zu erretten? Wenn ihr eure Gedanken weiter gehen lassen wollt, zu allen großen Städten Europas, ja, und noch weiter, zu allen Götzendienern Chinas und Indiens, zu den Verehrern des falschen Propheten und des Antichrists – was für Massen von Sünden haben wir da! Was für »ein Rauch« muß diese falsche Gottesverehrung in der Nase Gottes sein! (Jes. 65, 5) Wie oft muß er seine Hand an das Heft seines Schwertes legen, als wenn er sprechen wollte: »Ich werde mich rächen an meinen Feinden.« Aber er trägt es geduldig. Laßt uns nicht gleichgültig gegen seine Langmut werden, sondern Tag und Nacht laßt uns zu ihm rufen, und täglich laßt uns für ihn arbeiten, daß wir ja ihrer etliche erretten um seiner Ehre willen.

Denkt auch, liebe Freunde, *an das große Elend dieses unseres menschlichen Geschlechtes*. Es würde etwas Schreckliches sein, wenn ihr irgend eine Vorstellung bekommen könntet von der Menge des Elendes in den Hospitälern und Arbeitshäusern Londons. Nun, ich wollte kein Wort gegen die Armut sagen, wo immer sie kommt, ist sie ein bitteres Übel. Aber ihr werdet bei sorgfältiger Beobachtung wahrnehmen, daß, während einige wenige durch unvermeidliche Umstände arm geworden sind, ein sehr großer Teil der Armut in London bloß die Folge von Verschwendung, Mangel an Vorsorge, Trägheit und Trunksucht ist. O diese Trunksucht! Sie ist das Hauptübel. Wenn wir nur den Trunk loswerden könnten, so könnten wir den Teufel selbst überwinden. Die Trunkenheit, die durch die höllischen Schankwirtschaften erzeugt wird, die diese ganze Stadt verpesten, ist Schrecken erregend. Nein, ich sprach nicht in Hast, und mir entfuhr kein hastiges Wort; viele dieser Trinkhäuser sind nicht weniger als höllisch, in einiger Hinsicht sind sie schlimmer; denn die Hölle hat ihren Nutzen als der göttliche Widerspruch gegen die Sünde, aber zu Gunsten des Branntweinpalastes läßt sich nichts sagen. Die Laster dieser Zeit verursachen drei Viertel aller Armut. Wenn ihr die Häuser sehen könntet, die elenden Wohnstätten, wo die Frauen zittern, wenn sie den Fußtritt ihres heimkehrenden Mannes hören, wo kleine Kinder sich voll Furcht auf ihrem Strohhaufen zusammenkauern, weil das menschliche Vieh, das sich einen »Mann« nennt, nach Hause getaumelt kommt von dem Platz, wo es seiner Begierde gefrönt hat, – wenn ihr dies sehen könntet und daran gedenken, daß das gleiche zehntausend Mal an diesem Abend gesehen wird, so denke ich, würdet ihr sprechen: »Gott helfe uns, daß wir ja etliche erretten!« Da die große Axt, welche an die Wurzel des tödlichen Upasbaumes gelegt werden muß, das Evangelium von Christus ist, so möge Gott uns helfen, diese Axt daran zu legen und beständig damit zu arbeiten, bis der ungeheure Stamm des Giftbaumes hin und her zu schwanken beginnt und niederstürzt und London und die Welt errettet ist von dem Elend und dem Jammer, der jetzt von jedem Zweige tröpfelt!

Der Christ hat noch andere Gründe, weshalb er etliche zu erretten sucht: da ist besonders *die schreckliche Zukunft unbußfertiger Seelen zu nennen.* Nicht jeder Blick kann durch den Schleier dringen, der vor mir hängt, aber der, dessen Auge mit himmlischer Augensalbe gesalbt ist, sieht hindurch, und was erblickt er! Myriaden auf Myriaden Geister, die sich vom Körper trennen und in furchtbarer Prozession vorüberziehen – *wohin?* Unerrettet und unwiedergeboren, ungewaschen in dem teuren Blut, sehen wir sie hinaufziehen zu den ernsten Schranken, von denen in Stille der Urteilsspruch ausgeht, und sie werden verbannt von dem Angesichte Gottes, verbannt in Schrecken, die nicht zu beschreiben, nicht einmal vorstellbar sind. Dies allein ist genug, uns bei Tag und Nacht traurig werden zu lassen. Eine furchtbare Feierlichkeit schwebt über dieser Entscheidung ihres Geschickes. Und dann: die Posaune der Auferstehung ertönt. Jene Geister kommen aus ihrem Gefängnis heraus. Ich sehe sie zu der Erde zurückkehren, von dem Abgrund sich erheben zu den Leibern, in welchen sie lebten. Und nun sehe ich sie stehen – Massen, Massen, Massen – in dem Tal der Entscheidung. Und *Er* kommt, sitzend auf einem großen weißen Throne, mit der Krone auf dem Haupte und den Büchern vor ihm, und da stehen sie als Gefangene vor den Schranken. Ich sehe sie jetzt im Geist, wie sie zittern! Wie sie beben gleich Espenlaub im Winde! Wohin können sie fliehen? Felsen können sie nicht verbergen, Berge werden nicht ihr Inneres öffnen, um sie zu verstecken! Was wird aus ihnen werden? Der Engel des Gerichts nimmt die Sichel, schneidet sie, wie der Schnitter das Unkraut für den Ofen, und wenn er sie gesammelt, wirft er sie hinab, wo Verzweiflung ihre ewige Qual sein wird. Weh ist mir, mein Herz ist betrübt, wenn ich ihr Geschick sehe und das furchtbare Geschrei ihres zu späten Erwachens höre. Errettet einige, o Christen! Durch jedes Mittel errettet einige! Bei jenen Flammen und der äußersten Finsternis und dem Weinen und Heulen und Zähneknirschen, sucht einige zu erretten! Laßt dies, wie beim Apostel, das große, das alles beherrschende Ziel eures Lebens sein, daß ihr ja etliche errettet.

Denn wie anders ergeht es denen, die errettet sind, *beachtet nur den Gegensatz!* Ihre Geister steigen zum Himmel auf, und nach der Auferstehung erheben sich auch ihre Leiber, und da preisen sie die erlösende Liebe. Keine Finger sind behender auf den Harfensaiten als ihre! Keine Töne lieblicher als die ihrigen, wenn sie singen: »Ihm, der uns geliebet hat und gewaschen von den Sünden mit seinem Blut und hat uns zu Königen und Priestern gemacht vor Gott und seinem Vater, demselbigen sei Ehre und Gewalt von Ewigkeit zu Ewigkeit.«

Was für eine Seligkeit, die früheren Empörer zu Gott heimgebracht und Erben des Zornes zu Besitzern des Himmels gemacht zu sehen! All dieses ist in der Errettung mit einbegriffen. O daß Myriaden in diesen seligen Zustand kommen möchten! »Errettet etliche«, o errettet wenigstens etliche. Strebt danach, daß *einige* dort in der Herrlichkeit seien! Schaut auf euren Herrn. Er ist euer Vorbild. Er verließ den Himmel, um einige zu erretten. Er ging ans Kreuz, ins Grab, um »etliche zu erretten«; dies war das große Ziel seines Lebens, sein Leben für seine Schafe hinzugeben. Er liebte seine Gemeinde und gab sich selbst für sie, auf daß er sie sich heiligte. Folgt eurem Meister nach. Lernt seine Selbstverleugnung und seine Hingebung, damit ihr durch alle Mittel etliche errettet.

Meine Seele verlangt danach, selbst einige zu erretten, aber mein Wunsch geht weiter. Ich möchte, daß *jeder von euch*, meine geliebten Freunde, die ihr Mitglieder dieser Gemeinde seid, geistliche Kinder zeugte. Ja, meine ehrwürdigen Brüder, ihr seid nicht zu alt für den Dienst Gottes. Ja, meine jungen Freunde, ihr jungen Männer und Mädchen, ihr seid nicht zu jung, um Rekruten in des Königs Dienst zu sein. Wenn das Reich jemals unseres Herrn werden wird – und das wird es –, so wird es doch nie durch ein paar Prediger, Missionare oder Evangelisten dahin kommen. Es muß dadurch geschehen, daß jeder von euch es predigt – im Laden und am Kamin, beim Umhergehen draußen und beim Sitzen in der Kammer. Ihr alle müßt euch immer bemühen, einige zu erretten. Ich möchte euch alle von neuem heute abend anwerben und des Königs Farben euch anheften. Ich möchte, daß ihr von neuem meinen Herrn lieb gewännet und die erste Liebe wieder wach in euch würde.

Ich möchte die Frage an euch stellen, die ihr errettet seid – *wie viele andere habt ihr zu Christus gebracht?* Ihr könnt es selbst nicht tun, das weiß ich; aber ich meine, wie viele hat der Geist Gottes durch euch zu ihm gebracht? Wie viele, sagte ich? Ist es ganz gewiß, daß ihr irgend jemand zu Jesu geführt habt? Könnt ihr euch nicht eines einzigen erinnern? Dann bemitleide ich euch! Der Herr sprach zu Jeremia in bezug auf Chanja: »Schreibet an diesen Mann als kinderlos.« Das wurde als ein furchtbarer Fluch betrachtet. Soll ich euch als kinderlos anschreiben, meine lieben Freunde? Eure Kinder sind nicht errettet, euere Frau ist nicht errettet, und ihr seid geistlich kinderlos. Könnt ihr diesen Gedanken ertragen? Ich bitte euch, erwacht aus eurem Schlummer und bittet den Meister, euch nützlich zu machen. »Ich wünschte, die Heiligen kümmerten sich um uns Sünder«, sagte ein junger Mann. »Sie kümmern sich um euch«, antwortete einer, »sie kümmern sich sehr viel um euch.« – »Warum zeigen sie es denn nicht?« sagte er, »ich habe oft gewünscht, ein Gespräch über Religion zu führen, aber mein Freund, der ein Mitglied der Gemeinde ist, berührt diesen Gegenstand nie und scheint ihn absichtlich zu vermeiden, wenn ich bei ihm bin.« Laßt sie das nicht sagen. Erzählt ihnen von Christus und göttlichen Dingen und fast den Entschluß, jeder von euch, daß die Menschen, wenn sie verderben, nicht verderben sollen aus Mangel an euren Gebeten und nicht aus Mangel an eurer ernsten und liebevollen Belehrung. Gott gebe jedem von euch Gnade, zu beschließen, auf jede Weise einige zu erretten, und dann diesen Entschluß auszuführen.

III. Aber meine Zeit ist fast dahin und deshalb muß ich zuletzt noch *die gesegnetsten Methoden, welche der Apostel anwandte,* nennen.

Wie ging er, der sich so sehnte, etliche zu erretten, ans Werk? Nun, zu allererst, *indem er einfach das Evangelium von Christus predigte.* Er versuchte nicht, Sensation zu erregen durch überraschende Behauptungen, und er predigte ebensowenig Irrlehre, um den Beifall der Menge zu erlangen. Ich fürchte, einige Evangelisten predigen etwas, wovon sie selbst wissen, daß es unwahr ist. Sie halten gewisse Lehren zurück, nicht weil sie unwahr sind, sondern weil sie ihnen nicht Spielraum genug für ihre Faseleien gewähren, und sie sprechen in unbestimmter Weise, in der Hoffnung, mehr Herzen zu erreichen. Wie ernst ein Mann es auch mit der Errettung von Sündern nehmen mag, ich glaube nicht, daß er das Recht hat, irgend eine Behauptung aufzustellen, die sein nüchternes Urteil nicht billigt. Ich meine, ich habe von Dingen gehört, die bei Erweckungsversammlungen gesagt und getan wurden, aber nicht der gesunden Lehre gemäß waren und stets entschuldigt wurden mit »der Aufregung bei dieser Gelegenheit«. Ich halte dafür, daß ich kein Recht habe, eine falsche Lehre zu behaupten, selbst wenn ich wüßte, daß sie eine Seele retten würde. Diese Voraussetzung ist natürlich abgeschmackt; aber sie läßt euch sehen, was ich meine. Meine Aufgabe ist, den Menschen Wahrheit einzuprägen, nicht Lüge, und ich werde keine Entschuldigung haben, wenn ich unter irgend einem Vorwande den Leuten eine Lüge aufhefte. Seid versichert, daß Vorenthaltung eines Teils des Evangeliums weder die rechte noch die wahre Methode ist, Menschen zu erretten. Verkündet dem Sünder alle Lehren. Wenn ihr calvinistische Lehre glaubt, wie ich hoffe, daß ihr es tut, so stottert nicht und stammelt nicht, sondern sprecht sie aus. Verlaßt euch darauf, viele Erweckungen sind bald wieder vergangen, weil kein vollständiges Evangelium verkündet wurde. Gebt den Leuten jede Wahrheit, jede Wahrheit in heiliges Feuer getauft, und jede Wahrheit wird ihre eigene nützliche Wirkung auf die Seele haben.

Aber die große Wahrheit ist das Kreuz, die Wahrheit: »Also hat Gott die Welt geliebt, daß er seinen eingebornen Sohn gab, auf daß alle, die an ihn glauben, nicht verloren werden, sondern das ewige

Leben haben.« Bruder, bleibe dabei. Das ist die Glocke, die du läuten mußt. Läute sie, Mann! Läute sie! Fahre fort, sie zu läuten. Laß diesen Ton erklingen auf deiner silbernen Posaune, oder wenn du nur ein Widderhorn bist, so laß ihn erklingen, und die Mauern Jerichos werden umfallen. Ach! die feinen Sachen unserer »gebildeten« neueren Theologen! Ich höre sie aufschreien und meinen altmodischen Rat tadeln. Dies Reden von dem gekreuzigten Christus soll veraltet, nur herkömmlich und altväterlich sein und durchaus nicht passend für den verfeinerten Geschmack dieses wundervollen Zeitalters. Es ist erstaunlich, wie gelehrt wir alle inzwischen geworden sind. Wir werden so sehr weise, mir ist bange, wir werden binnen kurzem zu Narren heranreifen, selbst wenn wir jetzt noch nicht soweit gekommen sind. Die Leute verlangen heutzutage »Denken«, so sagt man; die Arbeiter wollen dahin gehen, wo die Wissenschaft vergöttert und »tiefes Denken« verehrt wird. Ich habe bemerkt, daß im allgemeinen, wo immer das neuere »Denken« das alte Evangelium vertreibt, mehr Spinnen als Leute sind; wo aber die einfache Predigt von Jesus Christus ist, da ist der Raum voll bis an die Türen. Nichts anders wird auf die Länge ein Gotteshaus füllen als die Predigt von Christus dem Gekreuzigten. Aber in dieser Sache, ob sie beliebt oder unbeliebt ist, haben wir unsern Entschluß gefaßt und unsern Fuß niedergesetzt. Gar keinen Zweifel haben wir in bezug auf unsern eignen Weg. Wenn es närrisch ist, die Versöhnung durch das Blut zu predigen, so wollen wir Narren sein; und wenn es Wahnwitz ist, bei der alten Wahrheit zu bleiben, gerade so, wie Paulus sie verkündete, in ihrer ganzen Einfachheit, ohne irgend eine Verfeinerung oder Verbesserung, so haben wir vor, dabei zu bleiben, selbst wenn wir an den Pranger gestellt werden als unfähig, mit der Zeit fortzuschreiten; denn wir sind überzeugt, daß diese »törichte Predigt« ein göttlicher Erlaß ist, und daß das Kreuz Christi, das so vielen ein Anstoß ist und von noch mehreren verlacht wird, immer noch die Macht Gottes und die Weisheit Gottes ist. Ja, gerade bei dieser altmodischen Wahrheit – wenn du glaubest, wirst du selig werden – wollen wir fest bleiben, und möge Gott seinen Segen darauf legen nach seinem ewigen Ratschluß! Wir erwarten nicht, daß solches Predigen beliebt sein werde, aber wir wissen, daß Gott es binnen kurzem rechtfertigen wird. Mittlerweile werden wir nicht stutzig, wenn eine blinde Welt die Wahrheit lästert, die wir lieben, und sie für kindische Faselei und wahnwitzige Träume hält, denn die Gefahr, die sie nicht kennt, leugnet sie, verlacht das einzige Heilmittel und geht zugrunde.

Ferner *gebrauchte Paulus viel Gebet.* Das Evangelium allein wird nicht gesegnet; wir müssen beten über unserer Predigt. Ein großer Maler wurde gefragt, womit er seine Farben mische, und er erwiderte, er mische sie mit Verstand. Das war gut für einen Maler, aber wenn jemand einen Prediger fragte, womit er die Wahrheit mische, so sollte er imstande sein zu antworten: mit Gebet, mit viel Gebet. Als ein armer Mann an der Straße Steine klopfte, lag er auf seinen Knien, während er die Streiche führte, und ein Prediger, der vorbeiging, sagte: »Ach, Freund, hier sind Sie bei Ihrer schweren Arbeit; Ihre Arbeit gleicht der meinigen; Sie haben Steine zu brechen und ich auch.« – »Ja«, antwortete der Mann, »und wenn Sie harte Herzen brechen wollen, müssen sie es tun, wie ich es tue, auf Ihren Knien.« Der Mann hatte recht, niemand kann den Hammer des Evangeliums richtig gebrauchen, wenn er nicht viel auf den Knien ist, aber der Hammer zersplittert bald steinige Herzen, wenn ein Mann zu beten weiß. Überwindet Gott, so werdet ihr Menschen überwinden. Geradewegs vom Gebetskämmerlein laßt uns auf die Kanzel kommen, mit dem Salböl des Geistes Gottes frisch gesalbt. Was wir im Verborgenen empfangen, sollen wir freudig öffentlich austeilen. Laßt uns niemals wagen, mit Menschen für Gott zu sprechen, ehe wir mit Gott für Menschen gesprochen haben. Ja, liebe Hörer, wenn ihr Segen für euer Lehren in der Sonntagsschule oder für irgend eine andere Form christlicher Arbeit wünscht, so mischt sie mit brünstiger Fürbitte.

Und dann beachtet etwas anderes. *Paulus ging stets an seine Arbeit mit einem großen Mitgefühl für die, mit welchen er es zu tun hatte, einer Teilnahme, die ihn sich jedem anpassen ließ.* Wenn er mit einem Juden sprach, so stieß er nicht sofort heraus, daß der Apostel der Heiden sei, sondern er sagte, er wäre ein Jude, wie er es war. Er warf keine Fragen über Nationalitäten oder Zeremonien auf. Er wollte den Juden von dem sagen, von dem Jesaia sprach: »Er war der Allerverachtetste und Unwerteste, voll Schmerzen und Krankheit«, damit er an Jesus glaube und errettet werde. Wenn er einen Heiden traf, so zeigte der Apostel der Heiden nie etwas von der Bedenklichkeit, die ihm von seiner jüdischen Erziehung her hätte ankleben können. Er aß, wie der Heide aß, und trank wie er, setzte sich zu ihm und redete mit ihm; er war sozusagen mit ihm ein Heide; er rührte nie eine Frage über Beschneidung oder Vorhaut an, sondern wünschte einzig und allein, ihm von Christus zu sagen, der in die Welt kam, beide, Juden und Heiden, zu erretten und sie eins zu machen. Wenn Paulus einen Scythen antraf, sprach er mit ihm in der barbarischen Zunge und nicht in klassischem Griechisch. Wenn er einen Griechen antraf, so sprach er mit ihm, wie er es auf dem Areopag tat, in einer Sprache, die für den gebildeten Athener paßte. Er ward allen alles, damit er durch jedes Mittel einige errette.

So laßt es mit euch sein; euer Hauptgeschäft im Leben ist, Menschen durch die Kraft des Heiligen Geistes zum Glauben an Jesus zu leiten, und jedes andere sollte diesem Zwecke dienstbar gemacht werden. Wenn ihr nur erlangt, daß sie errettet werden, so wird alles übrige zu seiner Zeit zurecht kommen. Hudson Taylor, ein teurer Mann Gottes, der viel im Innern Chinas gearbeitet hat, findet es dienlich, sich wie ein Chinese zu kleiden und einen Zopf zu tragen. Er mischt sich stets unter die Leute und lebt möglichst so wie sie. Dies halte ich für eine wirklich lobenswerte Klugheit. Ich kann es verstehen, daß wir mehr Einfluß auf eine Versammlung von Chinesen gewinnen dadurch, daß wir so viel wie möglich Chinesen werden; und wenn dies der Fall ist, so sind wir verpflichtet, dem Chinesen ein Chinese zu werden, um ihn zu erretten. Es würde nicht unpassend sein, ein Zulu zu werden, um die Zulus zu erretten, obgleich wir acht haben müssen, daß wir es in einem andern Sinne tun, als Colenso* es tat. Wenn wir uns auf eine Stufe stellen können mit denen, welchen wir wohlzutun suchen, werden wir wahrscheinlicher unsern Zweck erreichen, als wenn wir Fremde und Ausländer bleiben und dann von Liebe und Einheit reden. Sich selbst vergessen, um andere zu erretten, daß ist der Gedanke des Apostels. Alle Eigentümlichkeiten über Bord werfen und in tausend gleichgültigen Punkten nachgeben, um Menschen zu Jesu zu bringen, das ist Weisheit, wenn wir unsers Herrn Reich vergrößern wollen. Möge nie eine Grille von uns oder ein Herkommen, an dem wir festhalten, eine Seele hindern, das Evangelium schätzen zu lernen – das wäre schrecklich. Weit besser ist es, daß wir persönlich Unbequemlich-

---

* Bischof Colenso neigte sich bekanntlich neutheologischen Ansichten zu, und Spurgeon sagte einmal von ihm, die Zulus hätten ihn bekehrt, statt daß er die Zulus bekehrt hätte. A. d. Üb.

keiten erdulden, weil wir in gleichgültigen Dingen nachgeben, als einen Sünder durch Streit über Kleinigkeiten vom Kommen abhalten.

Wenn Jesus heute hier wäre, so bin ich gewiß, er würde keinen dieser bunten Lappen anziehen, woran der Puseyite sich ergötzt. Ich kann mir unsern Herrn Jesus Christus nicht in solcher Weise herausgeputzt vorstellen. Wie? Der Apostel sagt unsern Frauen, daß sie sich züchtig kleiden sollen, und ich denke nicht, Christus will, daß seine Prediger ein Beispiel von Narrheit geben sollen. Aber selbst in der Kleidung kann etwas nach dem Grundsatz unseres Textes getan werden. Als Jesus Christus hienieden war, was trug er da? Um es deutlich zu sagen, er trug einen Kittel. Er trug die gewöhnliche Tracht seiner Landsleute, und ich denke, er will, daß seine Prediger die Kleidung tragen, die am meisten der gewöhnlichen Kleidung ihrer Hörer gleicht, um sich sogar darin ihnen gleich zu stellen. Er will, daß ihr Lehrer, wenn ihr die Kinder erretten wollt, zu ihnen sprecht, wie Kinder, und euch zu Kindern macht, wenn ihr könnt. Ihr, die ihr die Herzen junger Leute erreichen wollt, müßt versuchen, jung zu sein. Ihr, die ihr Kranke besuchen wollt, müßt Mitgefühl für ihre Krankheit haben. Sprecht mit ihnen, wie ihr wünscht, daß man mit euch spräche, wenn ihr krank wäret. Kommt herab zu denen, die nicht zu euch hinauf kommen können. Ihr könnt nicht Leute aus dem Wasser ziehen, ohne euch zu bücken und sie zu ergreifen. Wenn ihr mit schlechten Charakteren zu tun habt, müßt ihr zu ihnen herunterkommen, nicht zu ihrer Sünde, aber zu ihrer Rauheit und ihrer Sprechweise, damit ihr sie erfassen könnt. Ich bete zu Gott, daß wir die heilige Kunst lernen, Seelen durch Anpassung zu gewinnen. Man nannte Whitefields Kapelle »die Seelenfalle«. Whitefield war erfreut und hoffte, sie würde immer eine Seelenfalle bleiben. O daß alle unsere Gotteshäuser Seelenfallen wären und jeder Christ ein Menschenfischer, der sein Bestes täte, wie der Fischer es tut, durch Kunst und List die zu fangen, nach denen er fischt! Mögen wir alle Mittel gebrauchen, um einen so großen Preis zu gewinnen, wie eine zu ewiger Herrlichkeit bestimmte Seele es ist. Der Taucher taucht tief, um Perlen zu finden, und wir müssen jede Arbeit und Gefahr übernehmen, um eine Seele zu gewinnen. Rafft euch auf, meine Brüder, zu diesem gottgewollten Werk. Möge der Herr euch darin segnen.

Unterweisung im Seelengewinnen

»Und er sprach zu ihnen: Folget mir nach, ich will euch zu Menschenfischern machen.« Matth. 4, 19.

Wenn Christus uns durch seine Gnade beruft, so sollten wir nicht bloß an das denken, was wir sind, sondern auch an das, *wozu er uns machen kann.* Es heißt: »Folget mir nach, *und ich will euch . . . machen.*« Wir sollten Reue fühlen über das, was wir gewesen sind, aber uns freuen über das, was wir sein können. Es heißt nicht: Folget mir nach, weil ihr etwas seid. Es heißt nicht: Folget mir nach, weil ihr etwas aus euch machen könnt; sondern: Folget mir nach, weil ich etwas aus euch machen will. Wahrlich, ich könnte von jedem unter uns, sobald er bekehrt ist, sagen: »Es ist noch nicht erschienen, was wir sein werden.« Es war nicht eben wahrscheinlich, daß Fischer sich zu Aposteln entwickeln würden und daß Männer, welche gewandt mit dem Netze umgingen, ebenso gewandt im Predigen und im Unterrichten der Neubekehrten sein würden. Man hätte sagen können: Wie kann das sein? Man kann nicht aus galiläischen Fischern Gründer von Gemeinden machen. Gerade dies war es, was Jesus tat; und wenn wir im Gefühl unserer eigenen Unwürdigkeit uns tief vor Gott demütigen, so dürfen wir Mut fassen, Jesu zu folgen um deswillen, was er aus uns machen kann. Was sagte die betrübte Hanna, als sie ihren Lobgesang anstimmte? »Er hebet auf den Dürftigen aus dem Staube und erhöhet den Armen aus dem Kot, daß er ihn unter die Fürsten setze.« Wir vermögen nicht zu sagen, was Gott aus uns machen wird in der neuen Schöpfung, da es ganz unmöglich gewesen wäre, vorherzusagen, was er aus dem Chaos in der alten Schöpfung machen würde. Wer hätte sich all das Schöne vorstellen können, das aus der Finsternis und der Unordnung hervorkam durch das eine Wort: »Es werde Licht!«? Und wer kann sagen, was für liebliche Entfaltungen von göttlich Schönem in dem Leben eines Menschen, das früher finster war, sich zeigen mögen, wenn Gottes Gnade zu ihm gesprochen hat: »Es werde Licht!«? O ihr, die ihr jetzt nichts Wünschenswertes in euch seht, kommt und folgt Christus nach um dessentwillen, was er aus euch machen kann! Hört ihr nicht seine freundliche Stimme euch rufen und sagen: »Folget mir nach, ich will euch zu Menschenfischern machen?«

Denkt daran, daß *wir noch nicht zu allem gemacht sind, was wir sein sollen,* auch nicht zu allem, als wir wünschen sollten zu sein, wenn wir selber gefischt und gefangen sind. Dies ist es, was die Gnade Gottes zuerst für uns tut; aber es ist nicht alles. Wir sind gleich wie Fische, leben in der Sünde als in unserm Element wie die Fische im Meer; und der Herr kommt und fängt uns mit dem Netz des Evangeliums und befreit uns von dem Leben in der Sünde und von der Liebe zur Sünde. Aber er hat noch nicht alles für uns getan, was er tun kann, noch nicht alles, was wir wünschen; denn es ist ein anderes und ein höheres Wunder, uns, die wir Fische waren, zu Fischern zu machen, die Erretteten zu Errettern, die Bekehrten zu Bekehrern, die Empfänger des Evangeliums zu Mitteilern dieses Evangeliums an andere. Ich denke, ich kann zu jedem der hier Gegenwärtigen sagen: Wenn du selbst errettet bist, so ist das Werk so lang nur halb getan, bis du gebraucht wirst, andere zu Christus zu bringen. Du bist erst halb zu dem Bilde deines Herrn gemacht. Du hast noch nicht die volle Entwicklung des Lebens aus Gott in dir erreicht, bis du angefangen hast, auf irgend eine, wenn auch schwache Weise andern von der Gnade Gottes zu erzählen. Ich hoffe, du wirst keine Ruhe für deine Füße finden, bis du das Werkzeug gewesen bist, viele zu dem Heiland zu bringen, der deine Zuversicht und deine Hoffnung ist. Sein Wort lautet: Folget mir nach, nicht nur, damit ihr errettet werdet, auch nicht bloß, damit ihr geheiligt werdet; sondern: »Folget mir nach, ich will euch zu Menschenfischern machen.« Folget Christus nach mit dieser Absicht und mit diesem Ziel; und fürchtet, daß ihr ihm nicht vollkommen nachfolgt, wenn er nicht in einem gewissen Maße euch als Menschenfischer gebraucht. Jeder muß sich dem Geschäft eines Menschenfängers widmen. Wenn Christus uns gefangen hat, müssen wir andere fangen. Wenn wir von ihm ergriffen sind, müssen wir seine Polizisten sein und Empörer für ihn ergreifen. Laßt uns ihn um Gnade bitten, daß wir fischen gehen und unsere Netze so auswerfen, daß wir eine Menge Fische fangen. O daß der Heilige Geist unter uns einige Meister im Fischen erweckte, die in manches Meer mit ihren Booten hineinsegelten und große Schwärme von Fischen fingen!

Meine Verkündigung wird heute sehr einfach sein, aber ich hoffe ungemein praktisch; denn meine Sehnsucht geht danach, daß nicht einer von euch, der den Herrn liebhat, in seinem Dienst zurückbleiben möge. Was sagt das Hohelied von gewissen Schafen, die aus der Schwemme kommen? Es sagt: »Sie tragen allzumal Zwillinge und ist keines unfruchtbar unter ihnen.« Möge es so mit allen Gliedern dieser Gemeinde sein und mit allen Christen, die diese Predigt hören oder lesen! Der Tag ist sehr dunkel. Am Himmel hängen schwere Gewitterwolken. Die Menschen lassen sich wenig träumen, welche Stürme bald diese Stadt erschüttern können und das ganze soziale Gebäude dieses Landes, selbst bis zu einer völligen Auflösung der Gesellschaft. So finster mag die Nacht werden, daß die Sterne zu fallen scheinen wie angefaulte Frucht vom Baume. Die Zeiten sind böse. Jetzt, wenn nie zuvor, muß jeder Glühwurm seinen Funken zeigen. Ihr, die ihr nur das kleinste Pfenniglicht habt, müßt es unter dem Scheffel hervorholen und auf den Leuchter setzen. Ihr seid alle nötig. Lot war ein armseliges Menschenkind. Er war eine sehr, sehr kümmerliche Gestalt eines Gläubigen; aber doch hätte er ein großer Segen für Sodom werden können, wenn er für dasselbe gebetet hätte. Und armselige Christen, deren, wie ich fürchte, viele sind, sollen es sich sagen lassen; man beginnt jede bekehrte Seele in diesen bösen Tagen zu schätzen und zu bitten, daß jede den Herrn verherrlichen möge. Ich bete, daß jeder Gerechte, gequält wie er ist durch die ungerechten Werke der Gottlosen, dringender in seinem Gebet werde, als er je gewesen, und zu seinem Gott zurückkehre und mehr geistliches Leben erhalte, damit er ein Segen für seine Umgebung werde. Ich rede darum zuerst mit euch über dieses Anliegen. O daß der Geist Gottes jeden von euch seine persönliche Verantwortlichkeit empfinden ließe! *Hier ist für die Gläubigen etwas zu tun:* »Folget mir nach.«

Aber zweitens: *hier ist etwas für ihren großen Herrn und Meister zu tun:* »Ich will euch zu Menschenfischern machen.« Ihr werdet nicht von selbst zu Fischern werden, aber Jesus will euch dazu machen, wenn ihr ihm nur nachfolgt. Und dann zuletzt, hier ist *eine gute Illustration* nach unsers Meisters Gewohnheit, denn »ohne Gleichnis redete er nicht zu ihnen«. Er gibt uns ein Bild von dem, was Christen sein sollten: *Menschenfischer.* Wir können daraus einige nützliche Winke entnehmen, und ich bitte den Heiligen Geist, sie an uns zu segnen.

I. Ich will es als ausgemacht ansehen, daß jeder Gläubige hier nützlich zu werden wünscht. Tut er es nicht, so nehme ich mir die Freiheit, in Frage zu stellen, ob er ein wahrer Gläubiger sein kann. Nun denn, wenn ihr wirklich nützlich zu werden wünscht, so ist *hier etwas für euch zu diesem Zweck zu tun: »Folget mir nach.«*

Wie wird man ein tauglicher Prediger? »Junger Mann«, sagt einer, »gehe auf die Hochschule.« – »Junger Mann«, sagt Christus, *»folge mir nach,* und ich will dich zu einem Menschenfischer machen.« Wie soll jemand nützlich werden? »Besuche eine Fortbildungsschule«,* sagt einer. Ganz recht; aber es gibt eine noch sicherere Antwort: Folge Jesu nach. Die große Fortbildungsschule für christliche Arbeiter hat Christus an der Spitze; und er steht an der Spitze, nicht nur als Lehrer, sondern als Führer. Wir sollen nicht nur von ihm durch Studium lernen, sondern ihm auch im Handeln folgen. *»Folget mir nach,* ich will euch zu Menschenfischern machen.« Die Anweisung ist sehr deutlich und einfach, und ich glaube, daß sie ausschließlich ist, so daß keiner anderswie ein Fischer werden kann. Das Verfahren mag sehr einfach scheinen; aber sicherlich ist es sehr wirksam. Der Herr Jesus Christus, der das Menschenfischen kannte, schrieb selbst die Regel vor: »Folget mir nach«, wenn ihr Menschenfischer werden wollt. Wünscht ihr nützlich zu sein, so bleibt auf meiner Spur.

Ich verstehe dies zuerst in diesem Sinne: *Sondert euch ab für Christus.* Diese Männer sollten ihr Gewerbe aufgeben; sie sollten ihre Gefährten verlassen; sie sollten in der Tat die Welt verlassen, damit ihr einziges Geschäft sei, in ihres Meisters Namen Menschenfischer zu sein. *Wir* sind nicht berufen, unser tägliches Geschäft aufzugeben oder unsere Familie zu verlassen. Das wäre eher ein Weglaufen von der Fischerei als ein Arbeiten daran im Namen Gottes; aber wir sind ganz bestimmt berufen, von den Gottlosen auszugehen, uns abzusondern, und kein Unreines anzurühren. Wir können nicht Menschenfischer sein, wenn wir unter den Menschen in demselben Element mit ihnen bleiben. Fische werden keine Fischer sein. Der Sünder wird nicht den Sünder bekehren. Der Ungöttliche wird nicht den Ungöttlichen bekehren. Und was noch mehr zur Sache

---

* In England gibt es Fortbildungsschulen für die, welche auf irgend eine Weise ihre Freistunden dem Dienst im Reiche Gottes widmen wollen. A. d. Üb.

gehört: der weltliche Christ wird nicht die Welt bekehren. Wenn ihr von der Welt seid, so wird ohne Zweifel die Welt das Ihre lieben; aber ihr könnt nicht die Welt erretten. Wenn ihr finster seid und dem Reich der Finsternis angehöret, so könnt ihr nicht die Finsternis vertreiben. Wenn ihr mit den Armeen des Bösen marschiert, so könnt ihr sie nicht schlagen. Ich glaube, *eine* Ursache, weshalb die Gemeinde Gottes gegenwärtig so wenig Einfluß auf die Welt hat, ist die, daß die Welt so viel Einfluß auf die Gemeinde hat. Heutzutage hören wir Abseitsstehende behaupten, daß sie dieses tun dürfen und jenes tun dürfen, während ihre puritanischen Vorväter lieber am Marterpfahl gestorben wären, als daß sie solche Dinge geduldet hätten. Sie behaupten, daß sie leben können wie Weltkinder, und meine traurige Antwort, wenn sie mir diese Freiheit gestatten, lautet: »Tut es, wenn ihr wollt.« Es mag *Euch* nicht viel Schaden tun, denn ihr seid schon so schlecht. Euer Begehren zeigt, wie faul eure Herzen sind. Wenn euch nach solcher Hundekost hungert, so geht, Hunde, und eßt den Unrat! Weltliche Vergnügungen sind passende Speise für Scheinheilige und Heuchler. Wenn ihr Gottes Kinder wäret, so würde der bloße Gedanke an die bösen Freuden der Welt euch anwidern, und eure Frage würde nicht die sein: »Wie weit dürfen wir mit der Welt gehen?«, sondern: »Wie weit können wir von der Welt wegkommen? Wie weit können wir aus ihr herausgehen?« Ihr würdet eher in Versuchung sein, in solcher Zeit wie dieser sehr streng zu werden und ultra-puritanisch in eurem Fernbleiben von der Sünde, als zu fragen: »Wie kann ich mich anderen gleich machen und handeln, wie sie es tun?«

Brüder, der Wert der Gemeinde in der Welt besteht darin, daß sie dem Salz inmitten der Fäulnis gleicht; aber wenn das Salz dumm geworden ist, wozu ist es gut? Wenn es möglich wäre, daß das Salz selber faulen könnte, so würde es nur zur Vermehrung der allgemeinen Fäulnis dienen. Der schlimmste Tag, den die Welt je sah, war der, an dem die Kinder Gottes sich mit den Menschentöchtern verbanden. Da kam die Sintflut; denn der einzige Damm gegen eine Flut des Gerichts über die Welt ist die Absonderung der Heiligen von ihren Sünden. Deine Pflicht als Christ ist, fest an deinem Platze zu stehen und fest an Gott zu halten, den befleckten Rock des Fleisches zu hassen und dazu entschlossen zu sein, was immer andere tun, daß du und dein Haus dem Herrn dienen wollen.

Kommt, ihr Kinder Gottes, ihr müßt mit eurem Herrn »draußen vor dem Lager« stehen. Jesus ruft euch heute und spricht: »Folget mir nach.« Fand man Jesus im Theater? War er bei Wettrennen zugegen? Sah man Jesus bei einer der Lustbarkeiten des herodianischen Hofes? Nein. Er war »heilig, unschuldig, unbefleckt und von den Sündern abgesondert«. In *einem* Sinne mischte sich niemand so völlig unter die Sünder, wie er es tat, wenn er wie ein Arzt unter sie ging und ihre Kranken heilte; aber in einem andern Sinne war eine Kluft befestigt zwischen den Weltmenschen und dem Heiland, über die er nie zu gehen versuchte und über die sie nicht gehen konnten, um ihn zu beflecken.

Die erste Lehre, welche die Kirche zu lernen hat, ist diese: Folgt Jesus nach in den abgesonderten Stand, so wird er euch zu Menschenfischern machen. Wenn ihr nicht euer Kreuz auf euch nehmt und Widerspruch erhebt gegen eine ungöttliche Welt, könnt ihr nicht hoffen, daß der heilige Jesus euch dazu macht.

Eine zweite Aussage unseres Textes lautet sehr klar: *Bleibet bei Jesus,* dann werdet ihr zu Menschenfischern gemacht werden. Diese Jünger, welche Jesus berief, sollten kommen und mit ihm leben. Sie sollten jeden Tag mit ihm zusammen sein. Sie sollten ihn öffentlich das ewige Evangelium predigen hören und überdies noch für sich allein köstliche Erklärungen des gesprochenen Wortes empfangen. Sie sollten seine nächsten Diener und seine vertrauten Freunde sein. Sie sollten seine Wunder sehen und seine Gebete hören; und was noch mehr ist, sie sollten bei ihm sein und eins mit ihm werden in seiner heiligen Arbeit. Es wurde ihnen gegeben, mit ihm zu Tische zu sitzen und sogar ihre Füße von ihm gewaschen zu sehen. Viele von ihnen erfüllten das Wort: »Wo du bleibest, da bleibe ich auch«; sie waren bei ihm in seinen Leiden und Verfolgungen. Sie waren Zeugen seiner verborgenen Schmerzen, sie sahen seine vielen Tränen, sie beobachteten das Leiden und das Mitleid seiner Seele und nahmen so nach ihrem Maße seinen Geist in sich auf und lernten, Menschenfischer zu werden.

Zu Jesu Füßen müssen wir die Kunst und das Geheimnis des Seelengewinnens lernen: mit Christus leben ist die beste Erziehung zu fruchtbarem Wirken. Es ist ein großes Gut für einen Mann, wenn er mit einem christlichen Prediger, dessen Herz für Jesus brennt, verbunden ist. Die beste Heranbildung für einen jungen Mann ist die, welche die Waldenser Pastoren zu geben pflegten, wenn jeder alte Mann einen jungen bei sich hatte, der überall mit ihm ging, wenn er an einem Bergabhang zu predigen hatte, bei ihm im Hause lebte, seine Gebete hörte und seine tägliche Frömmigkeit sah. Dies war ein schöner Lehrkursus, nicht wahr? Aber er läßt sich nicht vergleichen mit dem der Apostel, die mit Jesus selbst lebten und seine täglichen Gefährten waren. Unvergleichlich war die Heranbildung der Zwölfe. Kein Wunder, daß sie wurden, was sie waren, bei einem solchen himmlischen Lehrer, der sie mit seinem eigenen Geiste durchdrang. In seiner leiblichen Gegenwart ist er jetzt nicht unter uns; aber seine geistliche Macht ist uns vielleicht völliger bekannt als den Aposteln in den zwei oder drei Jahren, da der Herr dem Leibe nach bei ihnen war. Es gibt einige unter uns, denen er innig nahe ist. Wir wissen mehr von ihm als von unserm liebsten irdischen Freunde. Wir sind nie imstande gewesen, unsers Freundes Herz in all seinen Irrungen und Windungen zu lesen, aber wir kennen das Herz unsers himmlischen Freundes. Wir haben unser Haupt an seine Brust gelehnt und eine Gemeinschaft mit ihm genossen, wie wir sie nicht mit unsern eigenen Verwandten haben könnten. Dies ist die sicherste Weise, wie wir lernen können, Gutes zu tun. Lebt mit Jesus, folget Jesus nach, so wird er euch zu Menschenfischern machen. Seht, wie er das Werk tut, und lernt so, wie ihr es tun müßt. Ein Christ sollte ein Lehrling Jesu sein, um das Geschäft seines Heilandes zu lernen. Wir können nie die Menschen erretten, indem wir ihnen eine Erlösung anbieten, denn wir haben keine darzubieten; aber wir können lernen, sie zu erretten, indem wir sie warnen, dem zukünftigen Zorn zu entfliehen und ihnen das große Heilmittel vor Augen stellen. Seht, wie Jesus errettet, so werdet ihr lernen, wie es zu tun ist. Ihr könnt es nirgend anders lernen. Lebt in Gemeinschaft mit Christus, so werdet ihr nach Herz und Geist fähig werden, zu lehren und Seelen zu gewinnen.

Eine dritte Bedeutung muß indes diesem »Folget mir nach« gegeben werden, und zwar diese: »*Gehorcht mir,* dann werdet ihr wissen, was zu tun ist, um Menschen zu erretten. Wir müssen nicht davon reden, daß wir Gemeinschaft mit Christus haben oder daß wir von der Welt abgesondert sind für ihn, wenn wir ihn nicht in allen Dingen zu unserem Herrn und Meister machen. Einige öffentliche Lehrer sind nicht in allen Punkten ihrer Überzeugung treu; wie können sie einen Segen erwarten? Ein Christ, der gern fruchtbar wirken will, sollte es sehr genau in jedem Punkt mit dem Gehorsam gegen seinen Herrn nehmen. Ich habe durchaus keinen Zweifel, daß Gott unsere Gemeinden segnet, selbst wenn sie sehr fehlerhaft sind, denn seine Barmherzigkeit währet ewiglich. Wenn ein gewisses Maß von Irrtum in der Lehre und in der Praxis ist, so mag er immer noch sich herablassen, das Predigtamt zu gebrauchen, denn er ist sehr gnädig. Aber ein großes Maß von Segen muß notwendig aller Lehre vorenthalten bleiben, die wissentlich oder augenscheinlich fehlerhaft ist. Gott kann sein Siegel auf die Wahrheit setzen, die darin ist, aber nicht auf den Irrtum, der sich darin findet. Aus Irrtümern in christlichen Anordnungen und anderen Dingen, besonders aus Irrtümern des Herzens und Geistes, könnten Übel entstehen, die wir nie erwartet haben. Solche Übel können schon jetzt in der gegenwärtigen Zeit sich finden und in zukünftigen Geschlechtern noch größeres Unheil wirken.

Wenn wir wünschen, viel von Gott gebraucht zu werden, müssen wir unserem Herrn Jesus in allen Dingen nachfolgen und ihm in jedem Punkte gehorchen. Mangel an Gehorsam wird Mangel an Frucht zur Folge haben. Jeder von uns muß, wenn er wünscht, sein Kind errettet, seine Sonntagsschule gesegnet oder seine Zuhörer bekehrt zu sehen, Sorge tragen, daß er selbst, der des Herrn Geräte trägt, rein sei. Alles an uns, was den Geist des Herrn betrübt, nimmt uns einen Teil unserer Kraft, Gutes zu wirken. Der Herr ist sehr gnädig und mitleidig; aber dennoch ist er ein eifersüchtiger Gott. Er ist zuweilen streng und eifersüchtig gegen die Seinen, welche eine Pflicht, die sie kennen, doch versäumen oder in Verbindungen leben, die vor seinem Auge nicht rein sind. Er wird ihr Werk verdorren lassen, ihre Kraft mindern und sie demütigen, bis zuletzt jeder von ihnen sagt: »Herr, ich will deinen Weg gehen. Ich will tun, was du mich tun heißest, denn sonst wirst du mich nicht annehmen.« Der Herr sprach zu seinen Jüngern: »Gehet hin in alle Welt, und predigt das Evangelium aller Kreatur. Wer da glaubet und getauft wird, der wird selig werden«; und er verhieß ihnen, daß Zeichen folgen sollten, und diese folgten und werden folgen. Aber wir müssen zurückkehren zur apostolischen Praxis und zur apostolischen Lehre; wir müssen die Menschengebote und die Einfälle unseres eigenen Kopfes beiseite stellen, wir müssen tun, was Christus uns sagt, wie Christus es uns sagt und weil Christus es uns sagt. Bestimmt und deutlich müssen wir uns als Knechte fühlen und wenn wir das nicht tun, so können wir nicht erwarten, daß unser Herr mit uns und durch uns wirkt. Laßt uns entschlossen sein, daß wir, so weit unser Licht geht, dem Gebot unseres Herrn und Meisters so treu sein wollen, wie die Magnetnadel dem Pol ist. Jesus spricht: »Folget mir nach, ich will euch zu Menschenfischern machen.« Mit diesem Worte will er auch sagen: Wenn ihr über mich hinausgeht oder von mir abfallt, könnt ihr das Netz auswerfen, wo ihr wollt, aber es soll Nacht für euch sein, und in solcher Nacht sollt ihr nichts fangen. Wenn ihr aber tun werdet, wie ich euch heiße, so werdet ihr euer Netz auf der richtigen Seite des Schiffes auswerfen, und ihr werdet finden.

Ferner, denke ich, ist in meinem Text eine große Lehre für die enthalten, welche ihre eigenen Gedanken predigen, anstatt die Gedanken Christi zu verkündigen. Diese Jünger sollen Christus nachfolgen, damit sie ihm zuhörten, seine Lehre in sich aufnähmen und dann *hingingen und lehrten, was er sie gelehrt hatte.* Ihr Herr sprach: »Was ich euch sage in der Finsternis, das redet im Licht; und was ihr höret in das Ohr, das predigt auf den Dächern.« Wenn sie die Botschaft Christi treu ausrichten wollen, wird er sie zu Menschenfischern machen. Aber ihr wißt, die prahlerische Weise ist heutzutage diese: Ich will nicht dieses alte, alte Evangelium predigen, diese schale puritanische Lehre. Ich will in meinem Studierzimmer sitzen und das Mitternachtsöl brennen und eine neue Theorie erfinden; dann will ich hervortreten mit meinen funkelnden neuen Gedanken und sie weit und breit bekannt machen. Viele folgen nicht Christus, sondern sich selber, und von ihnen mag der Herr sprechen: »Du sollst sehen, wessen Wort stehen wird, meines oder ihres« (Jer. 44, 28). Andere sind gottlos klug und meinen, daß gewisse Wahrheiten, die offenbar Gottes Wort sind, besser verschwiegen werden. Ihr müßt nicht rauh sein, sondern sanft predigen. Von Strafe der Sünde reden, von ewiger Verdammnis sprechen, nun, das sind unmoderne Lehren. Mag sein, daß sie im Worte Gottes zu finden sind, aber sie passen nicht für den Geist unseres Zeitalters; wir müssen etwas davon abschälen! – Brüder in Christus, ich will keinen Teil hieran haben. Wollt ihr es? Oh, meine Seele, komme du nicht in ihren Rat! Gewisse, nicht in der Bibel gelehrte

Dinge hat unser erleuchtetes Zeitalter entdeckt. Die sogenannte Entwicklungslehre mag ganz klar der Lehre des ersten Buch Moses entgegengesetzt sein, aber das macht nichts. Sie wollen nicht Schriftgläubige sein, sondern eigenartige Denker. Das ist der prahlerische Ehrgeiz unserer Zeit.

Merkt euch, in dem Verhältnis, wie die neue Theologie gepredigt wird, vermehrt sich das Laster dieser Generation. Zu einem großen Teil schreibe ich die Liederlichkeit unserer Zeit der Schlaffheit der Lehre zu, die von den Lehrern gepredigt wird. Von der Kanzel haben sie das Volk gelehrt, daß Sünde eine Kleinigkeit sei. Von der Kanzel haben diese Verräter Gottes und seines Christus die Leute gelehrt, daß keine Hölle zu fürchten sei. Eine kleine, kleine Hölle mag es vielleicht geben; aber gerechte Strafe für Sünde wird nicht gepredigt. Das teure Sühnopfer Christi ist verlacht und falsch dargestellt worden von denen, welche gelobt hatten, es zu predigen. Sie haben den Leuten dem Namen nach das Evangelium gegeben, aber das Evangelium selbst ist unter ihren Händen verdampft. Von Hunderten von Kanzeln ist das Evangelium so gänzlich verschwunden, wie der Waldvogel aus seinen alten Nestern. Und noch haben diese Prediger die Stelle und den Namen von Dienern Christi. Was ist die Folge davon? Die Zuhörerzahl wird kleiner und kleiner; und so muß es sein. Jesus spricht: »Folget *mir* nach, ich will euch zu Menschenfischern machen«; aber wenn ihr auf eurem eignen Wege geht, mit eurem eignen Netze, so werdet ihr nichts ausrichten und der Herr verheißt euch keine Hilfe dabei. Des Herrn Vorschriften machen ihn selber zu unserem Führer und Beispiel. Es heißt »Folget *mir* nach, folget *mir* nach. Predigt *mein* Evangelium. Predigt, was ich predigte. Lehret, was ich lehrte, und bleibt dabei.« Mit jener Unterwerfung, die dem geziemt, dessen Streben es ist, ein Nachahmer zu sein, und niemals ein Original; ahmt Jesus nach, selbst im Jota und Strichlein. Tut dies, so wird er euch zu Menschenfischern machen; aber wenn ihr es nicht tut, so werdet ihr vergeblich fischen.

Ich schließe diesen Teil meiner Rede, indem ich sage, daß wir nicht Menschenfischer sein werden, wenn wir nicht Christus in noch einer andern Hinsicht folgen, wenn wir nicht versuchen, in allen Punkten *seiner Heiligkeit nachzuleben*. Heiligkeit ist die wesentlichste Macht, welche Männer und Frauen besitzen können. Wir mögen rechte Lehre predigen, aber wir müssen auch rechte Lehre leben. Gott verhüte, daß wir etwas anderes predigen; aber es wird alles vergeblich sein, wenn nicht hinter dem Zeugnis ein Leben steht. Ein unheiliger Prediger kann sogar die Wahrheit verächtlich machen. In dem Maße, wie unsere lebendige, praktische Heiligung abnimmt, wird unsere Kraft abnehmen. Unsere Kraft liegt in diesem Worte: »Folget mir nach.« Seid Jesu ähnlich! In allen Dingen versucht zu denken und zu sprechen und zu handeln, wie Jesus es tat, so wird er euch zu Menschenfischern machen. Dies wird Selbstverleugnung erfordern. Wir müssen täglich unser Kreuz auf uns nehmen. Es mag Willigkeit erfordern, unsern Ruf aufzugeben – Willigkeit, für Narren, Idioten und dergleichen gehalten zu werden, da man geneigt ist, diejenigen so zu nennen, die sich genau an ihren Meister halten. Wir müssen freudig allem entsagen, das wie Ehre und persönlicher Ruhm aussieht, damit wir ganz und gar Christi sind und seinen Namen verherrlichen. Wir müssen sein Leben führen und bereit sein, seinen Tod zu sterben, wenn's nötig ist. O Brüder, Schwestern, wenn wir dieses tun und Jesu nachfolgen und unsere Füße in die Fußstapfen seiner durchbohrten Füße setzen, so wird er uns zu Menschenfischern machen! Wenn es ihm gefallen sollte, uns sterben zu lassen, ohne daß wir viele Seelen zum Kreuze gebracht hätten, so werden wir aus unserem Grabe noch sprechen. Auf die eine oder andere Weise wird der Herr ein heiliges Leben zu einem einflußreichen machen. Es ist nicht möglich, daß ein Leben, welches eine Nachfolge Christi genannt werden kann, ein erfolgloses vor den Augen des Höchsten sein sollte. »Folget mir nach«, und dabei steht ein »Ich will«, von dem Gott sich nie zurückziehen kann: »Folget mir nach, ich will euch zu Menschenfischern machen.«

So viel über den ersten Punkt. Es ist etwas für uns zu tun: wir werden berufen, Jesu nachzufolgen. Heiliger Geist, leite uns, daß wir es tun!

II. Aber zweitens: *es ist etwas für den Herrn zu tun*. Wenn seine Diener ihm nachfolgen, sagt er: »Ich will euch zu Menschenfischern machen!« Laßt uns nie vergessen, daß *er es ist, der bewirkt, daß wir ihm folgen*. Es geschieht alles durch seinen Geist. Ich habe davon gesprochen, daß wir in ihm bleiben, ihm gehorchen, auf ihn hören und ihn nachahmen sollen. Aber nichts von diesem allem vermögen wir zu tun, wenn er es nicht in uns wirkt. »An mir soll man deine Frucht finden«, ist ein Spruch, den wir keinen Augenblick vergessen dürfen. Wenn wir ihm nachfolgen, so ist er es, der uns dazu bringt und der uns zu Menschenfischern macht.

Aber weiter, wenn wir Christus nachfolgen, will er uns zu Menschenfischern machen *durch alle unsere Erfahrungen*. Ich bin gewiß, daß der, welcher sich wirklich der Aufgabe widmet, zu erretten, alles, was er fühlt, und besonders seine Trübsale, dabei dienlich finden wird. Ich bin oft sehr dankbar gegen Gott, daß ich zuweilen furchtbare Niedergeschlagenheit des Geistes empfunden habe. Ich kenne das Grenzland der Verzweiflung und den schrecklichen Rand jenes Abgrunds der Finsternis, den meine Füße beinahe berührt hätten; aber Hunderte von Malen bin ich imstande gewesen, Brüdern und Schwestern, die in denselben Zustand geraten waren, eine hilfreiche Hand zu leihen, was ich nicht hätte können, wenn ich nicht ihr Verzagen gekannt hätte. Darum glaube ich, daß die dunkelste und entsetzlichste Erfahrung eines Gotteskindes ihm helfen wird, ein Menschenfischer zu sein, wenn es nur Christus nachfolgt. Halte dich nah an deinen Herrn, und er wird jeden Schritt zu einem Segen für dich machen. Wenn Gott dich reich machen sollte, wird er dich fähig machen, mit jenen unwissenden Reichen zu sprechen, deren es so viele in dieser Stadt gibt und die so oft die Ursache ihrer schlimmsten Sünde sind. Und wenn es dem Herrn gefällt, dich arm zu lassen, so kannst du hingehen und mit jenen gottlosen und unwissenden Armen sprechen, die so viel Sünde in dieser Stadt verursachen und so sehr das Evangelium nötig haben. Der Zug der Vorsehung wird dich dahin leiten, wo du Menschen fischen kannst. Die Räder der Vorsehung sind voller Augen, und alle diese Augen werden dahin sehen, euch zu helfen, Seelengewinner zu sein. Ihr werdet oft überrascht sein, zu finden, wie Gott in einem Hause gewesen ist, das ihr besucht; ehe ihr dahin kommt, hat seine Hand schon in den Kammern desselben gearbeitet. Wenn ihr mit jemand besonders zu sprechen wünscht, so hat die Vorsehung Gottes schon an seiner Seele gewirkt und ihn bereitet für das Wort, welches *ihr* sagen konntet, das aber niemand anders hätte sagen können. Oh, folget Christus, so werdet ihr finden, daß er euch durch jede Erfahrung, durch die ihr hindurch geht, zu Menschenfischern macht!

Noch mehr, wenn ihr ihm folgt, wird er euch zu solchen machen *durch deutliche Mahnungen in eurem Herzen.* Es gibt viele Mahnungen des Geistes Gottes, welche Christen nicht wahrnehmen, wenn sie in einem unempfindlichen Zustande sind; aber wenn das Herz recht zu Gott steht und in Gemeinschaft mit Gott lebt, so haben wir eine heilige Empfindlichkeit, so daß der Herr nicht nötig hat, laut zu rufen, denn sein leisestes Flüstern wird gehört. Ja, er braucht nicht einmal zu flüstern. Er wird uns mit seinen Augen leiten. O wie viele mauleselartige Christen gibt es, die durch Zaum und Gebiß zurückgehalten werden und dann und wann einen Schlag mit der Peitsche bekommen müssen! Aber der Christ, welcher seinem Herrn folgt, soll sanft geleitet werden. Ich sage nicht, daß der Geist Gottes zu euch sagen wird: »Gehe hinzu, und halte dich zu diesem Wagen«, oder daß ihr in eurem Ohr ein Wort hören werdet; aber in eurer Seele werdet ihr des Herrn Willen hören, so deutlich wie der Geist zu Philippus sprach: »Gehe hinzu, und halte dich zu diesem Wagen.« Sobald ihr jemand seht, wird der Gedanke durch eure Seele fahren: »Geh hin und sprich mit ihm.« Jede Gelegenheit zum Wirken wird euch ein Ruf werden. Wenn ihr bereit seid, wird die Tür sich vor euch auftun und ihr werdet eine Stimme hinter euch sagen hören: »Dies ist der Weg, denselbigen gehet.« Wenn ihr Gnade genug besitzt, um auf dem rechten Wege zu gehen, so werdet ihr nie lange ohne einen Fingerzeig sein, welches der rechte Weg ist. Dieser rechte Weg wird euch zu einem Fluß oder einem Meer leiten, wo ihr euer Netz auswerfen und Menschen fischen könnt.

Weiter glaube ich, daß der Herr hiermit meinte, *daß er seinen Nachfolgern den Heiligen Geist geben wollte.* Sie sollten ihm nachfolgen, und dann, wenn sie ihn in das Heiligtum des Höchsten hatten hinauffahren sehen, sollten sie eine kleine Weile zu Jerusalem bleiben, bis der Heilige Geist auf sie käme und sie mit einer geheimnisvollen Macht bekleidete. Dies Wort wurde zu Petrus und Andreas gesprochen, und ihr wißt, wie es an Petrus erfüllt wurde. Was für ein Heer von Fischen brachte er ans Land das erste Mal, als er sein Netz in der Kraft des Heiligen Geistes auswarf!

Brüder, wir haben keine Vorstellung davon, was Gott durch die Schar Gläubiger, die heute abend hier im Tabernakel versammelt sind, tun könnte. Wenn wir jetzt voll des Heiligen Geistes würden, so wären wir genug, um London zu evangelisieren. Es sind genug hier, um das Heil der ganzen Welt verkündigen zu können. Gott sieht aber nicht auf die Zahl; er sieht das Herz an. Laßt uns suchen, zu einem Segen für unsere Mitmenschen gemacht zu werden; und wenn wir es suchen, laßt uns die weisende Stimme hören: »Folget mir nach, ich will euch zu Menschenfischern machen.« Ihr Männer und Frauen, die ihr vor mir sitzt, ihr seid am Ufer eines großen Meeres von menschlichem Leben, das voll von Menschenseelen ist. Ihr lebt in der Mitte von Millionen; aber wenn ihr Jesus nachfolgen wollt und ihm treu sein und tun, was er euch heißt, so wird er euch zu Menschenfischern machen. Sprecht nicht: »Wer soll diese Stadt erretten?« Der Schwächste soll stark genug sein. Gideons Gerstenbrot soll die Gezelte schlagen und sie niederwerfen. Simson soll mit dem Kinnbacken, den er von der Erde aufnimmt, wo er lag und in der Sonne bleichte, die Philister schlagen. Seid getrost und unverzagt. Laßt eure Verantwortlichkeit euch näher zu eurem Herrn treiben. Laßt das Grauen vor der überhandnehmenden Sünde euch drängen, in das teure Angesicht dessen zu blicken, der vor langer Zeit über Jerusalem weinte und jetzt über London weint. Umfaßt ihn, und laßt ihn niemals fahren. Durch die starken und mächtigen Triebe des göttlichen Lebens in euch, das durch den Geist Gottes zur Reife gebracht ist, lernt diese Lehre aus eures Herrn eigenem Munde: »Folget mir nach, ich will euch zu Menschenfischern machen.« Ihr seid nicht dazu tauglich, aber er will euch tauglich machen. Ihr könnt es in eigener Kraft nicht tun; aber er wird euch helfen. Ihr versteht nicht, Netze auszuspannen und Schwärme von Fischen ans Land zu ziehen; aber er wird euch lehren. Folget ihm nur nach.

Ich wünschte, daß ich dies wie mit Donnerstimme sagen könnte, daß die ganze Gemeinde Gottes es hörte. Ich wünschte, ich könnte es in Sternen an den Himmel schreiben: »Jesus spricht: Folget mir nach, ich will euch zu Menschenfischern machen.« Wenn ihr dies vergeßt, so wird die Verheißung niemals die eure sein. Wenn ihr einer andern Spur folget oder einem andern Führer nachfolgt, so werdet ihr vergebens fischen. Gott verleihe uns, völlig zu glauben, daß Jesus große Dinge in uns tun kann und dann große Dinge durch uns zum Wohle unserer Mitmenschen!

III. Über den letzten Punkt könnt ihr in euren einsamen Betrachtungen mit viel Gewinn nachdenken. Wir haben hier *ein Bild, das voll Belehrung ist.* Ich will euch nur zwei oder drei Gedanken sagen, die ihr gebrauchen könnt. »Ich will euch zu *Menschenfischern* machen.« Das heißt: Ihr seid bisher Fischer von Fischen gewesen.

Ein Fischer ist ein Mann, *der sehr abhängig ist und sehr viel Vertrauen haben muß.* Er kann die Fische nicht sehen. Wer im Meere fischt, muß das Netz aufs Geratewohl auswerfen. Fischen ist eine Tat des Glaubens. Ich habe oft im Mittelmeer Männer mit ihren Booten ausfahren und große Strecken des Meeres mit ihren Netzen umspannen sehen, und doch, wenn sie das Netz ans Land zogen, hatten sie nicht so viel Fische, wie ich in meiner Hand hätte halten können. Ein paar elende kleine Fischlein bildeten den ganzen Fang. Dennoch gingen sie wieder hin und warfen das große Netz mehrmals am Tage aus in der Hoffnung, etwas zu erzielen. Niemand ist so abhängig von Gott wie der Prediger. O dieses Fischen von der Kanzel des Tabernakels! Was für ein Glaubenswerk! Ich kann nicht sagen, daß eine Seele dadurch zu Gott gebracht werden wird. Ich kann nicht darüber urteilen, ob meine Predigt für die Anwesenden paßt, ausgenommen, daß ich glaube, Gott wird mich leiten beim Auswerfen des Netzes. Ich erwarte, daß er Errettung wirken wird, und bin darin von ihm abhängig. Ich liebe diese vollständige Abhängigkeit, und wenn mir eine gewisse Macht in der Predigt angeboten werden könnte, die ganz zu meiner Verfügung stünde und durch die ich Sünder erretten könnte, so würde ich den Herrn bitten, er möge sie mir vorenthalten, denn es ist viel köstlicher, jederzeit ganz und gar abhängig von ihm zu sein. Es ist gut, ein Narr zu sein, wenn Christus dir zur Weisheit gemacht wird. Es ist gut, schwach zu sein, weil Christus dann völliger unsere Stärke wird. Geht ans Werk, die ihr Menschenfischer sein wollt, und fühlt dabei eure Untüchtigkeit. Ihr die ihr keine Kraft habt, versucht dies göttliche Werk. Eures Herrn Kraft wird gesehen werden, wenn die eure gänzlich geschwunden ist. Ein Fischer ist ein abhängiger Mann, er muß hinaufblicken jedes Mal, wenn er das Netz hinunter läßt; aber er ist ein Mann voll Vertrauen, und deshalb wirft er das Netz fröhlich aus.

Ein Fischer, der für sein Brot arbeitet, *ist ein fleißiger und beharrlicher Mann.* Die Fischer sind mit Tagesanbruch auf und fahren bis spät am Nachmittag fort zu fischen. So lange die Hände arbeiten können, fischen sie. Möge der Herr Jesus uns zu fleißigen, beharrlichen, unermüdlichen Menschenfischern machen! »Frühe säe deinen Samen und laß deine Hand des Abends nicht ab; denn du weißt nicht, ob dies oder das geraten wird.«

Der Fischer ist in seiner Kunst *verständig und wachsam.* Es sieht aus, als wenn es leicht wäre, ein Fischer zu sein, aber ihr würdet finden, daß es kein Kinderspiel ist, wenn ihr wirklich daran teilnehmen wolltet. Es ist eine Kunst darin, vom Flicken des Netzes an bis zum Ziehen ans Ufer. Wie fleißig ist der Fischer, die Fische am Heraus-springen aus dem Netz zu hindern! Ich hörte einmal nachts einen großen Lärm auf dem Meere, als wenn eine ungeheure Trommel von einem Riesen geschlagen würde; ich blickte hinaus und sah, daß die Fischer von Mentone das Wasser schlugen, um die Fische in das Netz zu treiben oder sie am Herausspringen zu hindern, wenn sie einmal darin waren. O ja! und ihr und ich werden oft die Ecken des Evangelium-Netzes zu bewachen haben, damit Sünder, welche beinahe gefangen sind, nicht die Flucht ergreifen. Sie sind sehr schlau, diese Fische, und sie brauchen die Schlauheit bei ihrem Be-mühen, das Heil zu meiden. Wir werden stets bei unserem Geschäft sein und all unsern Verstand brauchen müssen und mehr als unsern eigenen Verstand, wenn uns das Menschenfischen gelingen soll.

Der Fischer *hat eine sehr mühsame Arbeit.* Es ist durchaus kein leichter Beruf. Er sitzt nicht im Lehnstuhl und fängt Fische. Er muß bei schlechtem Wetter ausgehen. Wenn der, »welcher auf die Wol-ken siehet«, nicht erntet, so bin ich gewiß, daß der, welcher auf die Wolken siehet, niemals fischen wird. Wenn wir niemals eine Arbeit für Christus tun, außer wenn wir uns ganz aufgelegt dazu fühlen, so werden wir nicht viel tun. Wenn wir nicht beten wollen, weil wir nicht beten können, so werden wir niemals beten; und wenn wir sa-gen: »Ich will heute nicht predigen, weil ich fühle, daß ich nicht predigen könnte«, so werden wir niemals etwas predigen, was des Predigens wert ist. Wir müssen immer dabei sein, bis wir uns ganz abnutzen, müssen unsere ganze Seele in die Arbeit hineinlegen, in jedem Wetter, um Christi willen.

Der Fischer ist ein *kühner* Mann. Er erprobt das stürmische Meer. Ein wenig Salzwasser im Gesicht schadet ihm nichts; er ist tau-sendmal durchnäßt worden, es macht ihm nichts aus. Er erwartete nie, als er Fischer wurde, daß er im Schoß der Bequemlichkeit schlafen würde. So wird der wahre Prediger Christi, der nach Seelen fischt, niemals ein wenig Gefahr scheuen. Er wird verpflichtet sein, manches zu tun oder zu sagen, was die Leute nicht lieben; und einige Christen mögen sogar seine Äußerungen zu streng nennen. Er muß das tun und sagen, was zum Wohl der Seelen dient. Es ist nicht seine Sache, zu fragen, was andere von seiner Lehre oder von ihm selber denken werden; sondern im Namen des allmächtigen Gottes muß er sprechen: »Ob das Meer tobet und alles, was darinnen ist, will ich doch auf meines Herrn Befehl das Netz auswerfen.«

Ein Letztes: Der Mann, welchen Christus zu einem Menschenfischer macht, hat Erfolg. »Aber«, sagt jemand, »ich habe immer gehört, daß Christi Prediger treu sein sollen, daß sie jedoch des Erfolges nicht sicher sein können.« Ich habe diese Rede gehört und ich weiß, daß sie in *einem* Sinne wahr ist, aber in einem andern bezweifle ich es. Wer treu ist, der hat nach Gottes Weise und nach Gottes Urteil Erfolg, mehr oder weniger. Zum Beispiel, hier ist ein Bruder, der sagt, daß er treu sei. Natürlich muß ich ihm glauben, doch hörte ich nie von einem Sünder, der unter seinem Predigtamt bekehrt worden wäre. In der Tat, ich sollte denken, der sicherste Platz für einen, der nicht errettet werden wollte, wäre unter der Predigt dieses Herrn, weil er nichts predigt, von dem anzunehmen ist, daß es jemanden erwecken, Eindruck auf ihn machen oder ihn von der Sünde überführen könne. Dieser Bruder ist »treu«; so sagt er. Nun, wenn irgend jemand in der Welt zu euch sagte: »Ich bin ein Fischer, aber ich habe niemals etwas gefangen«, so würdet ihr euch wundern, wie er denn ein Fischer genannt werden kann. Ein Landmann, der nie Weizen oder irgend etwas anderes erntete, ist der ein Landmann? Wenn Jesus Christus spricht: »Folget mir nach, ich will euch zu Menschenfischern machen«, so meint er, daß ihr wirklich Menschen fangen sollt, daß ihr wirklich einige erretten sollt; denn wer nie Fische fing, ist kein Fischer. Wer nach jahrelanger Arbeit nie einen Sünder errettete, ist kein Prediger Christi. Wenn das Ergebnis seines Lebenswerkes Null ist, so hat er einen Fehler gemacht, als er es unternahm. Geh du mit dem Feuer Gottes in deiner Hand und wirf es unter die Stoppeln, und die Stoppeln werden brennen. Sei dessen gewiß. Gehe hin und streue den guten Samen aus; nicht alles mag auf fruchtbare Stellen fallen, aber einiges. Sei dessen gewiß. Leuchte nur, und das eine oder andere Auge wird dadurch erhellt werden. Du mußt, du wirst Erfolg haben. Aber erinnere dich an das Wort des Herrn: »Folget mir nach.« Halte dich nahe zu Jesus, und tue, wie Jesus tat, so wird er dich zu einem Menschenfischer machen.

Vielleicht spreche ich zu einem aufmerksamen Hörer, der noch gar nicht bekehrt ist. Freund, ich habe dir dasselbe zu sagen. Du darfst auch Jesus nachfolgen, und dann kann er dich, sogar dich, gebrauchen. Ich weiß nicht, ob er dich nicht in dieses Haus gebracht hat, damit du errettet werdest und in künftigen Jahren für ihn und zu seiner Ehre sprechen mögest. Erinnere dich, wie er Saul von Tarsus berief und ihn zum Apostel der Heiden machte. Gebesserte Wilddiebe werden die besten Wildhüter; und errettete Sünder werden die tüchtigsten Prediger. O daß du heute abend von deinem alten Herrn wegliefest, ohne ihm auch nur eine Minute vorher zu kündigen; denn wenn du ihm kündigst, so wird er dich halten. Eile zu Jesus und sage: »Hier ist ein armer, weggelaufener Sklave! Willst du mich befreien und mich zu deinem Eigentum machen?« Gedenke, es steht geschrieben: »Wer zu mir kommt, den werde ich nicht hinausstoßen.« Niemals kam ein weggelaufener Sklave mitten in der Nacht zu Jesu, ohne daß er ihn aufnahm; und niemals lieferte er einen seinem alten Herrn wieder aus. Wenn Jesus dich frei macht, so sollst du wahrhaft frei sein. Fliehe denn zu Jesus sogleich. Möge sein guter Geist dir helfen, so wird er dich nach und nach zu einem Gewinner anderer machen, zu seinem Preise! Gott segne euch! Amen.

Ermutigung für Seelengewinner

»Liebe Brüder, so jemand unter euch irren würde von der Wahrheit, und jemand bekehrte ihn, der soll wissen, daß,* wer den Sünder bekehret hat von dem Irrtum seines Weges, der hat einer Seele vom Tode geholfen und wird bedecken die Menge der Sünden« (Jak. 5, 19. 20).

Jakobus ist in hohem Grade praktisch. Wenn er wirklich der Jakobus war, welcher den Beinamen »der Gerechte« hatte, so kann ich verstehen, wie er sich den erwarb, denn dieser Charakterzug zeigt sich in seiner Epistel; und wenn er »der Bruder des Herrn« war, so tat er gut, eine so große Ähnlichkeit mit seinem großen Anverwandten und Herrn zu zeigen, der sein Amt mit der praktischen Bergpredigt begann. Wir sollten sehr dankbar sein, daß wir in der Heiligen Schrift Speise für alle Klassen von Gläubigen und Beschäftigung für alle Fähigkeiten der Heiligen haben. Es war gut, die Nachdenkenden mit reichlichem Stoff zum Denken zu versehen: Paulus hat sie damit versehen; er hat uns gesunde Lehre gegeben, die im Ebenmaß und in genauer Ordnung aufgestellt ist; er hat uns tiefe Gedanken und tiefsinnige Belehrung gegeben; er hat uns einen Blick in die Tiefen Gottes eröffnet. Kein Mensch, der zum Denken geneigt ist, wird ohne Geistesnahrung sein, so lange die Briefe des Paulus noch vorhanden sind, denn er speist die Seele mit heiligem Manna. Für diejenigen, welche mehr zu mystischen Dingen neigen, hat Johannes Worte geschrieben, die von Andacht glühen und von Liebe flammen. Wir haben seine einfachen, aber erhabenen Briefe – Briefe, die bei einem oberflächlichen Blick in ihren Ausdrücken für Kinder passend scheinen, aber bei näherer Prüfung sich als zu erhaben zeigen, um von den bedeutendsten Männern völlig erfaßt zu werden. Von demselben Apostel mit dem Adlerauge und den Adlerschwingen haben wir die wundervollen Gesichte der Offenbarung, wo Ehrfurcht, Andacht und Einbildungskraft ihren Flug ausdehnen und Raum genug finden können.

---

* »Wer den Sünder bekehret aus dem Irrtum seines Weges, der wird eine Seele vom Tode erretten und bedecken eine Menge Sünden.« Nach d. engl. Üb.

Es wird indessen immer eine Klasse von Menschen geben, die mehr praktisch als beschaulich sind, mehr tätig als phantasiereich, und es ist ein Geschenk der Weisheit Gottes, daß auch ein Jakobus da war, dem es die Hauptsache ist, ihren »lautern Sinn zu erwecken und zu erinnern« und ihnen zu helfen, in den Tugenden, die der Heilige Geist verleiht, zu beharren. Der mir vorliegende Spruch ist vielleicht der am meisten praktische Vers des ganzen Briefes. Die ganze Epistel ist brennend, aber dieser steigt in Flammen zum Himmel auf: er ist der Höhepunkt sowohl wie der Schluß des Briefes. Es ist kein Wort zuviel darin. Er ist wie ein bloßes Schwert, aus seiner mit Juwelen besetzten Scheide gezogen, so daß man nur die scharfe Schneide sieht. Ich wünschte, ich könnte predigen nach dem Muster dieses Spruches; und wenn ich es nicht vermag, so will ich wenigstens beten, daß ihr nach dem Muster desselben handelt. Wirkliches Leben für den Herrn Jesus tut an vielen Stellen sehr not. Wir haben genug christlichen Zierrat; aber solide, alltägliche, wirkliche Arbeit für Gott ist das, was uns nötig ist. Wenn unser Leben, so sehr es ihm auch an Blätterschmuck literarischer oder feinerer Begabung und Bildung fehlen mag, doch Frucht für Gott trägt in Gestalt von Seelen, die durch unsere Bemühungen bekehrt sind, wird es ein erfülltes sein; wir werden dann vor Gott stehen in der Schönheit des Ölbaumes, die in seiner Fruchtbarkeit besteht.

Ich möchte eure Aufmerksamkeit sehr ernstlich auf dreierlei lenken. Zuerst: Es ist *ein besonderer Fall, von dem hier die Rede ist:* »So jemand unter euch irren würde von der Wahrheit und jemand bekehrete ihn.« Indem er von diesem besonderen Fall redet, spricht der Apostel *eine allgemeine Tatsache* aus: »Wer den Sünder bekehret hat von dem Irrtum seines Weges, der hat einer Seele vom Tode geholfen, und wird bedecken die Menge der Sünden.« Wenn ich über diese zwei Punkte gesprochen habe, so will ich, drittens, noch eine *besondere Anwendung* des Textes machen, die gar nicht vom Apostel beabsichtigt, aber doch, wie ich glaube, durchaus gerechtfertigt ist – eine Anwendung des Textes auf vermehrte Bemühungen um die Bekehrung der Kinder.

I. Hier *ist von einem besonderen Fall die Rede.* Leset den Vers, so werdet ihr sehen, daß er sich auf *einen Rückfälligen* bezieht. Die Worte, »So jemand unter euch« müssen sich auf einen, der sich zu Christus bekannt hat, beziehen. Der Fremde ist eine Zeitlang der

Wahrheit nachgefolgt; aber in einer bösen Stunde ist er in einen Irrtum der Lehre geraten und von der Wahrheit abgewichen. Er geriet nicht in einen Irrtum, der minder wichtige Dinge betraf, die man mit dem Saum des Evangeliums vergleichen könnte, sondern an einem ganz entscheidenden Punkt: er wich von dem Glauben in seinen Grundlehren ab. Es gibt einige Wahrheiten, die geglaubt werden müssen; sie sind notwendig zum Heile, und wenn sie nicht von Herzen angenommen werden, so wird die Seele ins Verderben gehen. Dieser Mann hat sich als rechtgläubig bekannt, aber er hat sich dann in einem wesentlichen Punkte von der Wahrheit abgekehrt. Nun, in jenen Tagen sagten die Heiligen nicht, wie die falschen Heiligen jetzt tun: »Wir müssen sehr milde sein und diesem Bruder seine Meinung lassen; er sieht die Wahrheit von einem andern Standpunkt an und hat eine andere Art, sie auszudrücken, aber seine Meinungen sind so gut wie unsere eigenen, und wir müssen nicht sagen, daß er im Irrtum sei.« Das ist gegenwärtig die gebräuchliche Weise, mit göttlicher Wahrheit zu tändeln und allen Angenehmes zu sagen. So wird das Evangelium verfälscht und »ein anderes Evangelium« verbreitet.

Ich möchte die neuen liberalen Theologen wohl fragen, ob es irgendeine Wahrheit irgendeiner Art gäbe, die es wert wäre, daß ein Mensch dafür sich verbrennen ließe oder ins Gefängnis ginge. Ich glaube nicht, daß sie mir eine Antwort geben könnten; denn wenn ihre Art von Weitherzigkeit das richtige wäre, so würden die Märtyrer Narren erster Größe gewesen sein. Nach dem, was ich von ihren Schriften und ihren Lehren sehe, scheint es mir, daß die neueren Denker den ganzen Gehalt der geoffenbarten Wahrheit mit gänzlicher Gleichgültigkeit behandeln. Obgleich es ihnen vielleicht leid tut, daß wildere Geister zu weit im Freidenken gehen, und obgleich sie vielleicht wünschten, daß diese gemäßigter wären, so ist doch im Ganzen ihre Liberalität so groß, daß sie keiner Sache gewiß genug sind, um das Gegenteil davon als tödlichen Irrtum verdammen zu können. Für sie sind Schwarz und Weiß Ausdrücke, die man auf dieselbe Farbe anwenden kann, wenn man sie von verschiedenen Standpunkten betrachtet. Ja und Nein sind gleich wahr nach ihrer Schätzung. Ihre Theologie wechselt wie die Sandbänke von Goodwin, und sie betrachten alle Festigkeit als Engstirnigkeit. Irrtümer und Wahrheiten sind gleichermaßen einbegriffen in dem Kreis ihrer christlichen Liebe. Diese Weise war es nicht, in welcher die Apostel den Irrtum beurteilten. Sie mahnten nicht zu weitherziger Milde gegen Falschheit und stellten nicht den Irrenden als einen tiefen Denker dar, dessen Ansichten »von erfrischender Originalität« seien; weit weniger noch äußerten sie gottlosen Unsinn über die Wahrscheinlichkeit, daß im ehrlichen Zweifel mehr Glaube lebe als in der Hälfte aller Glaubensbekenntnisse. Sie glaubten nicht an die Rechtfertigung durch den Zweifel, wie unsere Modernen es tun; sie bemühten sich, den irrenden Bruder zu bekehren; sie betrachteten ihn als einen, der Bekehrung nötig hatte, und als einen, der, wenn er nicht bekehrt würde, den Tod seiner Seele erleide und mit einer Menge Sünden bedeckt sein würde. Sie nahmen es nicht so leicht wie unsere gebildeten Freunde von der Schule des »Neuen Denkens«, die endlich gelernt haben, daß ein Mensch die Gottheit Christi leugnen, das Werk des Heiligen Geistes ignorieren, die Inspiration verwerfen, an die Versöhnung nicht glauben, die Wiedergeburt für unnötig erachten, und bei all diesem doch ein ebenso guter Christ sein kann wie der frömmste Gläubige! O Gott, befreie uns von diesem trügerischen Unglauben, der, während er dem Irrenden Schaden tut und oft seine Besserung verhindert, unserem eigenen Herzen noch schädlicher wird, weil er uns lehrt, daß die Wahrheit unwichtig sei und die Lüge eine Kleinigkeit, und so unsere Treue gegen den Gott der Wahrheit vernichtet und uns zu Verrätern anstatt zu getreuen Untertanen des Königs aller Könige macht!

Es scheint nach unserem Text, daß dieser Mann, nachdem er von der Wahrheit abgeirrt war, *auch in seinem Wandel irrte*, wie das die natürliche Folge eines Irrtums in der Lehre ist; denn der zwanzigste Vers, der selbstverständlich in Verbindung mit dem neunzehnten gelesen werden muß, spricht von ihm als von »einem Sünder, der von dem Irrtum seines Weges bekehrt« ist. Sein Weg ward verkehrt, nachdem sein Denken verkehrt geworden war. Man kann nicht von der Wahrheit abweichen, ohne in nicht langer Zeit, in einem gewissen Grade wenigstens, auch von der Gerechtigkeit im Wandel abzuweichen. Dieser Mann war vom rechten Handeln abgeirrt, weil er vom rechten Glauben abgeirrt war. Gesetzt den Fall, ein Mann saugt eine Lehre an, die ihn dahin führt, gering von Christus zu denken, so wird er bald geringen Glauben an ihn haben und geringen Gehorsam gegen ihn, und wird so in Selbstgerechtigkeit oder

Zügellosigkeit hinein geraten. Laßt ihn leicht von der Sündenstrafe denken, so ist es natürlich, daß er Sünde mit weniger Gewissensbissen begehen und alle Schranken durchbrechen wird. Laßt ihn die Notwendigkeit des Sühnopfers leugnen, und dieselbe Folge wird eintreten, wenn er nach seinem Glauben handelt. Jeder Irrtum erzeugt sein eigenes Gewächs, wie jede Fäulnis ihren eigenen Pilz. Es ist vergeblich, sich einzubilden, daß die Heiligkeit ebenso leicht durch irrige als durch wahre Lehre hervorgebracht werde. Lieset man Trauben von den Dornen oder Feigen von den Disteln? Die Tatsachen der Geschichte beweisen das Gegenteil. Wenn die Wahrheit vorherrschend ist, findet sich Sittlichkeit und Heiligkeit; aber wenn der Irrtum herrscht, zieht sich das gottselige Leben zurück.

Der Punkt, worauf bei diesem Sünder im Denken und Tun abgezielt wurde, war seine Bekehrung, ihn zur Umkehr, zum rechten Denken und Handeln zu bringen. Ach! ich fürchte, viele Christen sehen die Rückfälligen nicht in diesem Lichte an und betrachten sie auch nicht als solche, für deren Bekehrung man Hoffnung haben könnte. Ich habe gesehen, daß jemand, der in Irrtum geraten war, wie ein Wolf gehetzt wurde. Er war bis zu einem gewissen Grade im Unrecht, aber dieses Unrecht wurde vergrößert und ihm immer wieder vorgehalten, bis er zum Trotz getrieben wurde: der Fehler wurde zu einem doppelten Unrecht gesteigert durch wilde Angriffe darauf. Der Mann wurde dahin getrieben – es war Sünde von ihm, das gebe ich zu –, weiter auf verkehrtem Wege fortzuschreiten, weil er es nicht ertragen konnte, statt widerlegt getadelt zu werden. Und wenn jemand in seinem Wandel etwas Tadelnswertes begangen hat, so wird sein Fehler oft ausposaunt, geht von Mund zu Mund, wird vergrößert, bis der arme Irrende sich herabgewürdigt fühlt, alle Selbstachtung verliert und noch schrecklicheren Sünden sich überläßt. Das Streben einiger Christen scheint zu sein, das Glied abzunehmen, statt es zu heilen. Die Gerechtigkeit regiert statt der Barmherzigkeit. Hinweg mit ihm! Er ist zu schmutzig, um gewaschen, zu krank, um geheilt zu werden. Dies ist nicht nach Christi Sinne und auch nicht nach dem Muster der apostolischen Gemeinden.

Wenn in den Tagen des Jakobus jemand von der Wahrheit und der Heiligkeit abgeirrt war, so fanden sich Brüder, die seine Besserung suchten und deren Freude es war, solch eine Seele vom Tode zu retten und eine Menge Sünden zu bedecken. Es ist etwas sehr Bedeutsames in dem Ausdruck: »Liebe Brüder, so jemand *unter euch* irren würde von der Wahrheit.« Er erinnert an jenes andere Wort: »Und siehe auf dich selbst, daß du nicht auch versucht werdest« und an die Ermahnung: »Darum, wer sich läßt dünken, er stehe, mag wohl zusehen, daß er nicht falle.« Der, welcher geirrt hat, war einer unter euch, einer, mit dem ihr am Abendmahlstische saßet, einer, mit dem ihr fromme Gespräche geführt; er ist betrogen und durch Satans List verführt worden; aber richtet ihn nicht hart; vor allem laßt ihn nicht mitleidslos umkommen. Wenn er je ein erretteter Mann war, so ist er noch immer euer Bruder, und ihr solltet es euch angelegen sein lassen, den Verlorenen zurückzubringen und eures Vaters Herz fröhlich zu machen. Trotz aller seiner Fehltritte ist er noch eins von Gottes Kindern; geht ihm nach und ruht nicht, bis ihr ihn wieder heimbringt. Und wenn er kein Kind Gottes ist, wenn das, was er seine Bekehrung nannte, ein Irrtum war oder ein bloßes Vorgeben, wenn er nur ein Bekenntnis ablegte, aber keine wirkliche Gottesfurcht besaß, so geht ihm doch nach mit der heiligen Dringlichkeit der Liebe, in dem Gedanken daran, wie furchtbar sein Geschick sein wird, wenn er gewagt hat, ein Heuchler zu sein und heilige Dinge mit seinen unheiligen Händen zu entweihen. Weint um so mehr über ihn, wenn ihr euch zu dem Verdacht gezwungen seht, daß er ein absichtlicher Betrüger gewesen sei, denn es ist siebenfache Ursache zum Weinen da. Wenn ihr den Gedanken nicht abweisen könnt, daß er nie aufrichtig gewesen, sondern sich unter falschem Vorwand in die Gemeinde hineingeschlichen hat, so sage ich, trauert um so mehr über ihn, denn sein Geschick muß um so schrecklicher werden, und deshalb sollte euer Mitleid mit ihm um so größer sein. Sucht immer noch seine Bekehrung.

Der Text gibt uns klare Andeutungen *über die Personen, welche auf die Bekehrung irrender Brüder hinarbeiten sollen.* Es heißt: »So jemand unter euch irren würde von der Wahrheit und *jemand* bekehrete ihn.« Jemand. Wer? Ein Prediger? Nein, irgend jemand von den Brüdern. Wenn der Pastor das Werkzeug zur Wiederbringung eines Irrenden ist, so ist er ein glücklicher Mann, und eine gute Tat ist getan; aber hier ist nichts gesagt von Predigern oder Pastoren, nicht einmal eine Andeutung ist gegeben – es wird jedem Mitglied der Gemeinde freigestellt. Der klare Schluß ist, wie ich denke, dieser, daß jedes Mitglied, das seinen Bruder von der Wahrheit abirren oder im Wandel Fehltritte tun sieht, sich bemühen sollte in der Kraft des Heiligen Geistes, diesen Sünder von dem Irrtum seines Weges zu bekehren. Gehet immerhin den Fremden nach, aber versäumt nicht eure eigenen Brüder. Es ist nicht bloß die Aufgabe gewisser von der Gemeinde dazu gewählter Berufsarbeiter, sondern jedes Gliedes an dem Leibe Jesu Christi, das Beste aller andern Glieder zu suchen. Doch gibt es gewisse Mitglieder, für die diese Pflicht noch gebietender sein kann. Wenn z. B. ein junger Gläubiger rückfällig wird, so haben seine Eltern, wenn sie Gläubige sind, eine siebenfache Pflicht, die Bekehrung ihres Kindes zu suchen. Die Wiederbringung eines Ehemanns sollte niemand so ernstlich suchen wie seine Frau, und das gleiche gilt vom Manne in bezug auf seine Frau. Auch in Freundschaftsverhältnissen gilt das: der, mit dem du am meisten umgegangen bist, sollte deinem Herzen am nächsten liegen; und wenn du bemerkst, daß er irre gegangen, solltest du vor allen andern mit freundlichem Eifer als ein Hirte gegen ihn handeln. Du bist verpflichtet, gegen all deine Mitchristen so zu handeln, aber doppelt verbunden denen gegenüber, bei denen du schon durch Freundschaft oder Verwandtschaft Einfluß erlangt hast. Ich bitte euch darum, wacht einer über den andern in dem Herrn, und so ein Bruder etwa von einem Fehler übereilet würde, »so helfet ihm wieder zurecht mit sanftmütigem Geist, die ihr geistlich seid«. Ihr seht eure Pflicht; versäumt sie niemals.

Brüder, es sollte uns aufmuntern, wenn wir wissen, daß *der Versuch, einen Mann zu bekehren, der von der Wahrheit abgeirrt, ein hoffnungsvoller ist,* es ist einer, bei dem man Erfolg erwarten kann, und wenn dieser kommt, so wird es ein sehr erfreulicher sein. Wahrlich, es ist eine große Freude, die wilden, irregehenden Sünder zu fangen; aber die Freude der Freuden ist es, das verlorene Schaf zu finden, das einst wirklich in der Hürde war und sich traurig verirrt hatte. Es ist ein Großes, ein Stück Erz in Silber zu verwandeln, aber für das arme Weib war es Freude genug, das Silberstück zu finden, das schon Silber war und auf dem des Königs Stempel sich noch fand, obwohl sie es eine Zeitlang verloren hatte. Wenn ein Fremder hereingebracht und als Sohn angenommen wird, so gibt es ein Fest; aber das fröhlichste Fest und die lauteste Musik sind für den Sohn, der immer ein Sohn war, aber verloren und nun gefunden und nachdem er tot gewesen, wieder lebendig geworden ist. Ich sage, läutet die Glocken zweimal für den wiedergebrachten Rückfälligen; läutet sie, bis der Turm schwankt und wankt. Johannes war froh, als er den armen, rückfälligen, aber weinenden Petrus fand, der seinen Herrn verleugnet hatte; er tröstete und ermunterte ihn und blieb mit ihm zusammen, bis der Herr selber gesprochen: »Simon Jona, hast du mich lieb?« Es mag nicht so glänzend scheinen, einen Rückfälligen wieder zu bringen, als eine Hure oder einen Trunkenbold zu bessern. Aber vor Gottes Augen ist es kein geringes Wunder der Gnade, und dem, der das Werkzeug dazu war, gewährt es keinen geringen Trost. Sucht also, meine Brüder, die, welche bei uns waren, aber von uns gegangen sind; sucht diejenigen, welche sich immer noch unter den Hörern finden, die aber der Gemeinde Unehre gebracht und von uns hinausgetan sind, und das mit Recht, weil wir ihre Unreinheit nicht zulassen konnten; sucht sie mit Gebet und Tränen und Bitte, ob Gott ihnen vielleicht Buße geben möge, damit sie errettet werden.

Hier möchte ich zu den Rückfälligen, die anwesend sind, sagen: laßt diesen Text euch ermuntern, wenn ihr den Wunsch habt, euch zu Gott zu wenden. Kehret wieder, ihr abtrünnigen Kinder, denn der Herr hat sein Volk geheißen, euch zu suchen. Wenn er sich nicht um euch kümmerte, so hätte er nicht von unserem Suchen nach euch gesprochen. Aber nachdem er das getan und es all den Seinen zur Pflicht gemacht hat, die zu suchen, welche vom Glauben abirren, ist eine offene Tür für euch da, und Hunderte sitzen an der Pforte gleich Türhütern, um euch zu bewillkommnen. Kommt zurück zu dem Gott, den ihr verlassen habt; oder wenn ihr ihn nie gekannt habt, so möge sein Geist heute eure Herzen brechen und euch zu wahrer Buße führen, damit ihr in Wahrheit errettet werdet! Gott segne euch, arme Rückfällige! Wenn er euch nicht errettet, wird eine Menge Sünden auf euch liegen und ihr müßt ewig sterben. Gott habe Erbarmen mit euch um Christi willen!

II. Wir haben über den besonderen Fall gesprochen, und wir wollen jetzt bei *einer allgemeinen Tatsache* verweilen.

Diese allgemeine Tatsache ist wichtig, und wir sind verpflichtet, ihr besondere Aufmerksamkeit zuzuwenden, da sie eingeleitet wird mit den Worten: »Der soll wissen.« Wenn jemand von euch das Werkzeug gewesen ist, einen Rückfälligen wiederzubringen, so heißt es: »Der soll wissen.« Das heißt, er soll daran denken, dessen gewiß sein, dadurch getröstet sein, dadurch angefeuert werden. »Der soll wissen«, und es niemals bezweifeln. Höre es nicht bloß, lieber Mitarbeiter, sondern senke es tief in dein Herz hinein. Wenn ein vom Heiligen Geist inspirierter Apostel sagt: »Der soll wissen«, so beschwöre ich dich, laß nicht irgend welche Gleichgültigkeit dich abhalten, dich des vollen Gewichtes der Wahrheit zu vergewissern.

Was ist es, das du wissen sollst? Wissen, *wer den Sünder von dem Irrtum seines Weges bekehrt hat, der hat einer Seele vom Tode geholfen.* Dies ist des Wissens wert, nicht wahr? Eine Seele vom Tode erretten ist kein Geringes. Wir haben Männer unter uns, die wir jedesmal ehren, wenn wir unser Auge auf sie richten, denn sie haben oft kostbares Leben gerettet; sie sind mit dem Rettungsboot gerudert oder sie haben sich in den Strom gestürzt, um Ertrinkende zu retten; sie sind bereit gewesen, ihr eigenes Leben zu wagen unter brennendem Gebälk, um andere vor den verzehrenden Flammen zu retten. Wahre Helden sind sie, viel würdiger des Ruhms als eure blutbefleckten Männer des Krieges. Gott segne die tapferen Herzen! Möge es England nie an würdigen Männern fehlen, die seinen Küsten den Ruhm der Menschenfreundlichkeit erwerben! Wenn wir einen Mitmenschen der Gefahr ausgesetzt sehen, so schlägt unser Puls rasch und der Wunsch, ihn zu retten, bewegt uns. Ist es nicht so?

Aber das Erretten einer Seele vom Tode ist eine weit größere Sache. Laßt uns daran denken, was dieser Tod ist. Er ist nicht ein Nichtsein; ich weiß nicht, ob ich einen Finger rühren würde, um meinen Mitmenschen vom bloßen Nichtsein zu erretten. Ich sehe keinen großen Schaden in der Vernichtung; sicherlich aber nichts, was mich als eine Strafe für die Sünde in Schrecken setzen würde, gerade, wie ich keine große Freude in bloßem ewigem Dasein sehe. Wenn das alles wäre, was unter ewigem Leben zu verstehen ist, so sehe ich keinen Schrecken im Aufhören des Daseins. Ich möchte ebenso gern nicht sein als sein, soweit bloßes farbloses Dasein oder Nicht-Dasein in Frage kommt. Aber »ewiges Leben« bedeutet in der Schrift etwas ganz anderes als ewiges Dasein; es bedeutet ein Dasein, in welchem alle Fähigkeiten in der Fülle der Freude entwickelt sind; ein Dasein, nicht wie das des trockenen Krauts im Heu, sondern wie das der Blume in ihrer ganzen Schönheit. »Sterben«

bedeutet in der Schrift und auch in der gewöhnlichen Sprache nicht, aufhören zu sein. Sehr groß ist der Unterschied zwischen den beiden Worten sterben und vernichtet werden. Sterben ist in dem ersten Tode die Trennung des Leibes von der Seele; es ist die Auflösung unseres Körpers in die Elemente, aus denen er zusammengesetzt ist. Den zweiten Tod sterben, heißt den Menschen, Leib und Geist, von seinem Gott trennen, welcher das Leben und die Freude unseres Menschseins ist. Dies ist das ewige Verderben von dem Angesichte des Herrn und von der Herrlichkeit seiner Macht; dies heißt, daß der Palast des Menschseins zerstört und in eine öde Ruine verwandelt wird, die der heulende Drache der Reue und die schreiende Eule der Verzweiflung auf ewig bewohnen.

Die Beschreibungen, welche die Heilige Schrift von dem zweiten Tode gibt, sind entsetzlich im höchsten Grade. Sie spricht von einem »Wurm, der niemals stirbt«, und von einem »Feuer, das niemals verlöscht«, von »dem Schrecken des Herrn«, von »Zerscheitern«, von »dem Rauch ihrer Qual«, der »aufsteigen wird von Ewigkeit zu Ewigkeit«, und von »dem feurigen Pfuhl«. Ich will nicht all diese schrecklichen Dinge zusammen bringen, aber es sind Worte in der Schrift, welche, wenn sie erwogen werden, machen können, daß einem die Haut schaudert und die Haare zu Berge stehen bei dem bloßen Gedanken an das kommende Gericht. Unsere Freude ist, daß wir, wenn wir in Gottes Hand das Mittel gewesen sind, einen Menschen von dem Irrtum seines Weges zu bekehren, eine Seele von diesem ewigen Tode errettet haben. Jene grauenvolle Hölle wird der Errettete nicht kennen, jenen Zorn wird er nicht fühlen, jene Verbannung von dem Angesichte Gottes wird nicht über ihn verhängt werden. Ist nicht eine Freude, die Welten wert ist, in all diesem? Denkt an das, was diesem Bilde noch hinzuzufügen ist: Wenn ihr eine Seele vom Tode errettet habt, so habt ihr sie in das ewige Leben eingeführt. Durch Gottes Gnade wird dann noch ein Sänger mehr unter jener weißgekleideten Schar sein, die Gottes Lob singt, noch eine Hand mehr, welche ewiglich die Saiten anbetender Dankbarkeit rührt, noch ein Sünder mehr als Lohn des Erlösers für seine Leiden. O welches Glück, eine Seele vom Tode errettet zu haben!

Und es ist noch hinzugefügt, daß ihr in solchem Falle *eine Menge Sünden bedeckt habt*. Wir verstehen dies so, daß mit der Bekehrung eines Sünders all seine Sünden durch das Versöhnungsblut Jesu bedeckt sind. Wie viele dieser Sünden sind, kann niemand sagen; aber wenn ein Mensch von dem Irrtum seines Weges bekehrt ist, so wird die ganze Masse der Sünde in dem Roten Meer des Blutes Jesu ertränkt und auf ewig hinweggewaschen sein. Nun, erinnert euch, daß euer Heiland in diese Welt kam in einer zweifachen Absicht: er kam, den Tod aufzuheben und die Sünde hinwegzunehmen. Wenn ihr einen Sünder von dem Irrtum seines Weges bekehrt, so werdet ihr in diesen beiden Werken ihm gleich gemacht; nach eurer Weise überwindet ihr in der Kraft des Geistes Gottes den Tod dadurch, daß ihr eine Seele dem zweiten Tode entreißt, und ihr nehmt auch die Sünde vor den Augen Gottes hinweg, indem ihr eine Menge Sünden mit der Versöhnung des Herrn Jesus Christus bedeckt.

Beachtet hier, daß der Apostel den Seelengewinnern keinen andern Beweggrund nennt. Er sagt nicht: »Wenn ihr einen Sünder von dem Irrtum seines Weges bekehrt, so werdet ihr Ehre einbringen.« Wahre Menschenliebe verachtet einen solchen Beweggrund. Er sagt nicht: »Wenn ihr einen Sünder von dem Irrtum seines Weges bekehret, so werdet ihr die Hochachtung der Gemeinde und die Liebe des Bekehrten gewinnen.« Dies wird der Fall sein, aber wir haben viel edlere Triebfedern. Die Freude des Gutestuns wird in dem Guten selber bestehen; der Lohn einer Liebestat wird in ihrem eigenen Ergebnis gefunden. Wenn wir eine Seele vom Tode errettet haben und eine Menge Sünden bedeckt, das ist Lohn genug, ob auch kein Ohr je von der Tat hört und keine Feder sie je berichtet. Möge es vergessen werden, daß wir die Werkzeuge waren, wenn nur Gutes bewirkt wird. Es wird uns Freude machen, selbst wenn wir nicht gewürdigt werden und in dem kalten Schatten der Vergessenheit bleiben. Ja, wenn andere die Ehre für das Gute, das der Herr durch uns gewirkt hat, erhalten, so wollen wir nicht murren, es soll uns Freude genug sein, zu wissen, daß eine Seele vom Tode errettet und eine Menge Sünden bedeckt ist.

Und, liebe Brüder, laßt uns daran gedenken, daß das Erretten der Seelen vom Tode dem Herrn Jesus Ehre bringt; denn es gibt keine Errettung der Seelen, ausgenommen durch sein Blut. Ihr und ich, was können wir tun, eine Seele vom Tode zu erretten? Von uns selber nichts, ebensowenig wie die Feder, die auf dem Tische liegt, die »Pilgerreise« schreiben könnte. Aber laßt einen Bunyan die Feder ergreifen, und das unvergleichliche Werk ist geschrieben. So könnet ihr und ich nichts tun, um Seelen zu bekehren, bis Gottes ewiger Geist uns in die Hand nimmt; aber dann kann er Wunder durch uns wirken und sich Ruhm durch uns verschaffen, während es für uns Freude genug sein wird, zu wissen, daß Jesus geehrt und der Heilige Geist verherrlicht wird. Niemand spricht von Homers Feder, niemand hat sie in ein goldenes Futteral gelegt oder ihre berühmten Taten veröffentlicht. Auch wir wünschen keine Ehre unter den Menschen; es wird uns genug sein, wenn wir die Feder in der Hand des Heilandes gewesen sind, womit er seinen Gnadenbund auf die fleischernen Tafeln der Menschenherzen geschrieben hat. Dies ist der goldene Lohn für einen Mann, der wirklich seinen Herrn liebt: Jesus ist verherrlicht, Sünder sind errettet.

Nun möchte ich euch darauf aufmerksam machen, daß *alles, was der Apostel hier sagt, sich auf die Bekehrung eines Einzigen bezieht.* »So jemand unter euch irren würde von der Wahrheit, und jemand bekehrte *ihn*, der soll wissen, daß wer *den Sünder* bekehrt hat von dem Irrtum *seines* Weges, der hat *einer Seele* vom Tode geholfen.« Hast du nie gewünscht, daß du ein Whitefield wärest? Hast du, junger Mann, nie in deiner innersten Seele ein großes Verlangen gefühlt, ein zweiter McCheyne oder Moffat zu sein? Hege dieses Verlangen, aber zu gleicher Zeit sei glücklich, *einen* Sünder zu Jesus Christus zu bringen, denn schon dem, der nur einen bekehrt, wird zu wissen getan, daß nichts Geringes geschehen ist; denn er hat eine Seele vom Tode errettet und eine Menge Sünden bedeckt.

Und es wird nichts gesagt über denjenigen, der das Werkzeug hierbei ist. Es heißt nicht: »Wenn ein Prediger jemand bekehrt oder wenn ein berühmter und beredter Theologe es getan.« Wenn diese Tat von dem Kleinsten in unserem Israel getan ist, wenn ein Kind seinem Vater von Jesus erzählt, wenn eine Dienstmagd einen Traktat hinlegt, wo irgend eine arme Seele ihn findet und das Heil empfängt, wenn der einfachste Prediger an der Straßenecke zu einem Diebe oder einer Hure spricht und deren Seele errettet wird, so soll er wissen, daß wer einen Sünder von dem Irrtum seines Weges bekehrt, sei er, wer er wolle, der hat eine Seele vom Tode errettet.

Nun, Geliebte, was folgt hieraus? Laßt uns danach verlangen, bei der Bekehrung von Sündern gebraucht zu werden. Jakobus spricht in dieser Stelle weder von dem Heiligen Geist noch von dem Herrn

Jesus Christus, denn er schrieb an solche, denen es sicherlich bekannt war, wie es bei dem allen auf die Hilfe des Heiligen Geistes und des Sohnes Gottes ankommt. Aber es mag doch hier angemessen sein, euch darauf hinzuweisen, daß wir unseren Mitmenschen im Geistlichen nichts Gutes tun können ohne den Geist Gottes und ihnen nicht zum Segen werden, wenn wir ihnen nicht »Jesus Christus, den Gekreuzigten« predigen. Gott muß uns gebrauchen; aber, laßt uns danach verlangen, gebraucht zu werden, beten, gebraucht zu werden und darnach schmachten, gebraucht zu werden! Liebe Brüder und Schwestern, laßt uns uns reinigen von allem, was es hindern könnte, daß wir vom Herrn gebraucht werden. Wenn etwas da ist, was wir tun oder unterlassen, etwas Böses, das wir in uns dulden oder eine Gnade, die wir vernachlässigen, was uns untauglich macht, von Gott gebraucht zu werden, so laßt uns den Herrn bitten, uns zu reinigen, auszubessern und zu scheuern, bis wir Gefäße sind, die zum Gebrauch des Meisters taugen. Dann laßt uns achten auf Gelegenheiten, nützlich zu sein; laßt uns Ohren und Augen offen halten, bereit, jeden Anlaß zum Gutestun zu benutzen; laßt uns nicht zufrieden sein, bis wir nützlich geworden sind, sondern dies zum Hauptzweck und Streben unsers Lebens machen. Auf die eine oder andere Weise müssen und wollen wir Seelen zu Jesus Christus bringen. Wie Rahel rief: »Schaffe mir Kinder; wo nicht, so sterbe ich«, so sollte niemand von euch zufrieden sein, wenn er unfruchtbar im Reiche Gottes ist. Schreiet und seufzet, bist ihr einen Brand aus dem Feuer gerissen und wenigstens *einen* Sünder zu Jesus Christus gebracht habt, so daß auch ihr eine Seele vom Tode gerettet und eine Menge Sünden bedeckt habt.

III. Und nun laßt uns auf ein paar Minuten uns noch dem Punkt zuwenden, der nicht im Text ist. Ich wollte eine besondere Anwendung von diesem allem auf die Bekehrung von Kindern machen.

Liebe Freunde, ich hoffe, ihr vergeßt nicht ganz und gar die Sonntagsschule, und doch ist mir bange, viele Christen wissen kaum, daß es überhaupt Sonntagsschulen gibt; sie wissen es vom Hörensagen, aber nicht durch eigene Beobachtung. Wahrscheinlich haben sie im Laufe von zwanzig Jahren nie die Schule besucht noch sich darum gekümmert. Sie würden froh sein zu hören, daß ein Erfolg erreicht wäre, aber obgleich sie nichts von der Sache, weder in der einen noch in der andern Art, gehört haben, sind sie wohl zufrieden. In den meisten Gemeinden findet man eine Schar junger und feuriger Gemüter, die sich der Sonntagsschularbeit widmen; indes ist eine große Anzahl anderer da, welche die Schule sehr heben könnten, aber nie etwas dergleichen versuchen. Man möchte sie entschuldigen, wenn sie andere Arbeit zu tun hätten. Aber unglücklicherweise tun sie nichts für das Reich Gottes, sondern schlagen nur die Zeit tot, während diese Arbeit, die zur Hand liegt und ihren Beistand verlangt, ganz vernachlässigt wird. Ich will nicht sagen, daß hier solche Faule sind, aber ich bin nicht imstande zu glauben, daß wir ganz frei von ihnen sind, und deshalb will ich das Gewissen bitten, bei den Schuldigen seine Arbeit zu tun.

Kinder müssen errettet werden; Kinder können errettet werden; Kinder sollen durch Werkzeuge errettet werden. *Kinder können errettet werden, während sie noch Kinder sind.* Er, der sprach: »Lasset die Kindlein zu mir kommen und wehret ihnen nicht, denn solcher ist das Reich Gottes«, beabsichtigte nie, daß seine Gemeinde sagen sollte: »Wir wollen später nach den Kindern sehen, wenn sie erwachsen sind.« Er beabsichtigte, daß es eine Sache des Gebets und ernster Bemühungen sein sollte, die Kinder als Kinder zu Gott zu bekehren.

Die Bekehrung eines Kindes erfordert dasselbe Werk der göttlichen Gnade und hat dieselben gesegneten Folgen wie die Bekehrung eines Erwachsenen. Es ist die Errettung der Seele vom Tode und das Bedecken einer Menge Sünden. Aber bei der Bekehrung eines Kindes ist außerdem noch die Freude da, daß sehr vielem Bösen dadurch vorgebeugt ist. Die Bekehrung bewahrt ein Kind vor einer Menge Sünden. Wenn Gottes ewige Barmherzigkeit dein Lehren an einem kleinen Plauderer segnet, wie glücklich wird das Leben dieses Knaben sein im Vergleich mit dem, was es gewesen wäre, wenn er in Torheit, Sünde und Schande aufgewachsen und erst nach langer Zeit bekehrt worden wäre! Es ist die höchste Weisheit und die beste Klugheit, für unsere Kinder zu beten, daß ihre Herzen, während sie noch jung sind, dem Heiland gegeben werden. Den verlorenen Sohn wiederzubringen, ist gut, aber ihn davor zu bewahren, je ein verlorner Sohn zu werden, ist besser. Den Dieb und den Trunkenbold zurückzuführen ist eine lobenswerte Tat, aber so zu handeln, daß der Knabe nie ein Dieb oder ein Trunkenbold wird, ist weit besser. Daher steht die Sonntagsschule sehr hoch in der Reihe menschenfreundlicher Unternehmungen, und Christen sollten sehr eifrig darin wirken. Wer ein Kind von dem Irrtum seines Weges bekehrt, bedeckt eine Menge Sünden und verhindert auch eine Menge.

Außerdem *gibt dies der Gemeinde die Hoffnung, mit den besten der Männer und Frauen versehen zu werden.* Die Samuele und Salomos der Gemeinde werden in ihrer Jugend weise gemacht. David und Josia waren zarten Herzens im zarten Alter. Leset das Leben der bedeutendsten Prediger, und ihr werdet gewöhnlich finden, daß sie früh Christen wurden. Obgleich nicht schlechthin notwendig, ist es doch sehr günstig für die Entwicklung eines christlichen Charakters, wenn der Grund desselben in früher Frömmigkeit gelegt ist. Ich erwarte nicht, die Gemeinden Jesu Christi für gewöhnlich von denen aufgebaut zu sehen, welche fast ihr Leben hindurch in Sünden gelebt haben, sondern dadurch, daß in ihrer Mitte junge Männer und Mädchen in der Zucht und Vermahnung zum Herrn aufwachsen und Pfeiler in dem Hause unseres Gottes werden. Wenn wir starke Christen wollen, so müssen wir auf die blicken, welche in ihrer Jugend Christen waren. Bäume müssen in den Höfen unsers Herrn gepflanzt werden, während sie noch jung sind, wenn sie lange leben und gut gedeihen sollen.

Und, Brüder, ich fühle, daß die Arbeit des Unterrichts der Jugend in dieser Zeit eine größere Wichtigkeit hat als je zuvor; denn es gibt jetzt solche, die in unsere Häuser schleichen und Männer und Frauen mit ihrer falschen Lehre verführen. Laßt die Sonntagsschullehrer Englands ihre Kinder gut lehren. Laßt sie nicht bloß ihre Zeit mit frommen Reden ausfüllen, sondern sie in dem ganzen Evangelium und den Lehren von der Gnade so unterweisen, daß sie dieselben verstehen, und laßt sie für die Kinder beten und niemals zufrieden sein, wenn die Kinder nicht zu dem Herrn Jesus Christus bekehrt und in die Gemeinde aufgenommen sind. Dann werde ich mich nicht vor dem Papsttum fürchten. Römische Priester sagten in frühern Zeiten, sie hätten England wieder zu Rom zurückführen können, wenn nicht die Unterweisung der Kinder gewesen wäre. Wir haben Katechismen beiseite gelegt, ich denke, ohne hinreichenden Grund. Jedenfalls, wenn wir keine Katechismen gebrauchen, müssen wir entschiedene, deutliche, einfache Belehrung bringen, müssen ermahnen und beten um echte Bekehrung der Kinder zu dem Herrn Jesus Christus. Der Geist Gottes wartet darauf, uns in dieser Bemühung zu helfen. Er ist mit uns, wenn wir mit ihm sind. Er ist bereit, den einfachsten Lehrer zu segnen, und sogar die Kleinkinderklassen sollen nicht ohne einen Segen sein. Er kann uns Worte und Gedanken geben, die für unsere kleinen Zuhörer passen. Er kann uns so segnen, daß wir es verstehen, ein Wort zu rechter Zeit in das jugendliche Ohr zu sprechen. Und ach, wenn es nicht so wäre, wenn sich keine Lehrer fänden, oder wenn sie untreu wären, so würden wir die Kinder, die in unsern Schulen gewesen sind, zurück in die Welt geben und sie wie ihre Eltern die Religion hassen sehen wegen der Langeweile, die sie in der Sonntagsschule empfunden haben, und wir würden eine Rasse von Ungläubigen oder ein Geschlecht von Abergläubischen hervorbringen; die goldene Gelegenheit würde verloren sein und sehr ernste Verantwortlichkeit würde auf uns ruhen! Ich bitte alle, die das Volk lieb haben, für die Sonntagsschule zu beten; ich bitte alle, welche den Herrn Jesus Christus lieb haben und wünschen, daß sein Reich komme, sehr freundlich gegen die Jugend zu sein und zu beten, daß ihre Herzen für Jesus gewonnen werden.

Ich habe nicht gesprochen, wie ich hätte sprechen mögen, aber die Sache liegt mir sehr am Herzen. Es ist eine, die schwer auf allen Gewissen lasten sollte; aber ich muß sie jetzt verlassen. Gott muß eure Gedanken völlig in dieselbe hineinführen. Ich verlasse sie, aber nicht, ehe ich diese Fragen getan habe: Was habt ihr für die Bekehrung der Kinder getan, jeder von euch? Was habt ihr für die Bekehrung eurer eigenen Kinder getan? Seid ihr ganz rein in dieser Sache? Legt ihr je eure Arme um eures Knaben Nacken und betet für ihn und mit ihm? Vater, du wirst finden, daß ein solches Tun viel Einfluß auf deinen Sohn haben wird. Mutter, redest du je mit deiner kleinen Tochter von Christus, dem Gekreuzigten? Unter Gottes Hand kannst du ebensowohl eine geistliche wie eine leibliche Mutter für dies dein geliebtes Kind sein. Was tut ihr, die ihr Vormünder und Lehrer der Jugend seid? Seid ihr rein betreffs ihrer Seele? Ihr Lehrer an Wochentagen sowohl wie ihr, die ihr am Sonntag arbeitet, tut ihr alles, was ihr solltet, daß eure Knaben und Mädchen früh dahin gebracht werden, sich zum Herrn zu bekennen? Ich überlasse es euch, darüber nachzudenken.

Ihr werdet einen großen Lohn empfangen, wenn ihr in den Himmel kommt – wie ich hoffe, daß es geschehen wird – und dann viele liebe

Kinder dort findet, die euch in den ewigen Wohnungen willkommen heißen. Es wird noch einen Himmel zu eurem eigenen Himmel hinzufügen, wenn ihr dort himmlische Wesen trefft, die euch als den Lehrer begrüßen, der sie zu Jesus gebracht hat. Ich möchte nicht allein zum Himmel gehen; möchtet ihr das? Ich möchte nicht eine Krone im Himmel haben ohne einen Stern darin, weil nie eine Seele durch mich errettet wurde: möchtet ihr das? Dort gehen sie, die heilige Herde der bluterkauften Schafe, der große Hirte führt sie; vielen von ihnen folgen Zwillinge, und andere haben jedes sein Lamm; möchtest du ein unfruchtbares Schaf in der Herde des großen Hirten sein? – Die Szene ändert sich. Hört den Tritt eines großen Heeres. Ich höre die Kriegsmusik, die Siegeslieder tönen in meinen Ohren. Die Krieger ziehen heim und jeder bringt seine Trophäe auf der Schulter, zur Ehre seines großen Anführers. Sie strömen ein durch die Perlentore, sie ziehen im Triumph zu dem himmlischen Kapitol, die goldenen Gassen entlang, und jeder Krieger trägt sein Teil der Beute. Wirst du da sein? Und wenn du da bist, wirst du ohne eine Trophäe einhergehen und nichts zum Glanz des Triumphes beitragen? Wirst du nichts haben, was du in der Schlacht gewonnen, nichts, was du je für Jesus mit deinem Schwert oder Bogen genommen hast? – Wiederum ist eine andere Szene vor mir. Ich höre sie das Erntefest feiern und ich sehe die Schnitter, jeder seine Garbe tragend. Einige von ihnen sind gebeugt unter den Haufen Garben, die auf ihren glücklichen Schultern liegen. Sie gingen hin mit Weinen, aber sie kommen mit Freuden und bringen ihre Garben. Dort kommt einer, der nur eine kleine Hand voll trägt, aber es ist reiches Korn; ihm war nur ein kleines Stück Land und wenig Saatkorn anvertraut, doch ist es sehr vervielfältigt worden.

Wirst du da sein ohne auch nur eine einzige Ähre? Hast du nie gepflügt und gesäet und deshalb nie geerntet? Daran könnte der Freudenruf jedes Schnitters dir wohl einen neuen Stich durchs Herz geben, wenn du daran denkst, daß du nicht säetest und deshalb nicht ernten konntest. Wenn du meinen Herrn nicht lieb hast, so behaupte nicht, daß du ihn hast. Wenn er dich nie mit seinem Blut erkauft hat, so lüge ihm nicht und komme nicht zu seinem Tisch, und sage nicht, daß du sein Diener bist; aber wenn seine teuren Wunden dich erkauft haben, so gib dich ihm hin, und wenn du ihn lieb hast, so weide seine Schafe und weide seine Lämmer. Er steht hier, ungesehen von meinen Augen, aber erkannt von meinem Glauben, er zeigt euch die Wundenmale in seinen Händen und seinen Füßen, und er spricht zu euch: »Friede sei mit euch! Gleichwie mich der Vater gesandt hat, so sende ich euch. Gehet hin in alle Welt und prediget das Evangelium aller Kreatur.« Und wisset dies: »Wer einen Sünder von dem Irrtum seines Weges bekehret, der wird eine Seele vom Tode erretten und eine Menge der Sünden bedecken.« Guter Herr, hilf uns, dir zu dienen! Amen.